ISBN 978-0-666-08322-7
PIBN 10451006

This book is a reproduction of an important historical work. Forgotten Books uses
state-of-the-art technology to digitally reconstruct the work, preserving the original format
whilst repairing imperfections present in the aged copy. In rare cases, an imperfection in
the original, such as a blemish or missing page, may be replicated in our edition. We do,
however, repair the vast majority of imperfections successfully; any imperfections that
remain are intentionally left to preserve the state of such historical works.

# Heinrich Mann

# Macht und Mensch

Kurt Wolff Verlag / München

Sechstes bis zehntes Tausend

Copyright 1919 by Kurt Wolff Verlag, München und Leipzig

Gedruckt bei E. Haberland, Leipzig.

Der deutschen Republik

# Inhalt

# Geist und Tat
## (1910)

### I

Von allen, die je schrieben, hat den größten, greifbarsten Erfolg Rousseau gehabt. Wer ist er? Ein trauriger Figaro, der nichts liebt als seine Leidenschaft und tiefernst genommen werden will. Ein Landstreicher, der ein Volk sucht und einen Staat erträumt. Ein Kranker, der sich nach guter, gesunder Natur sehnt. Ein Menschenfeind, der mit einer fernen, geläuterten, geistigen und gütigen Menschheit rechnet. Ein Feind der Privilegierten, der Gräfinnen begehren muß; der die eigene Niedrigkeit, die eigenen Laster haßt und sich, unfähig, je dem Schlamm zu entrinnen, immer von neuem mit den Tränen und Gesichten der Seele reinigt, seine ausgesetzten Kinder in einem Roman erzieht, seine schöne Liebe in einem Roman liebt; der so gerecht und wahr in seinem Roman vom Staat ist, daß ein ganzes Volk von diesem Augenblick ab sich gerecht und wahr will, und über sein armes Leben hinaus ein so verklärter Kämpfer ist, daß nun ein ganzes Volk, das geistigste und tätigste, das je da war, seinen Kampf weiterkämpft.

1 Mann, Macht

Seine idealistischen Romane fanden ein Volk von Lesern, das sie darstellte. Dies Volk machte die Revolution nicht, solange es nur hungerte: es machte sie, als es erfuhr, daß es eine Gerechtigkeit und eine Wahrheit gäbe, die in ihm beleidigt seien. Auch seine Nachbarn erfuhren es; aber obwohl sie nicht weniger hungerten, handelten sie doch nicht. „Revolutionen sind selten," sagt Napoleon, „weil das menschliche Leben zu kurz ist. Jeder denkt bei sich selbst, es lohnt sich nicht, die bestehende Ordnung umzustürzen." Die Franzosen von 1790 dachten, daß es sich lohne. Ihre feurige Naivität, ihr Glaube an den Geist machte sie fähig, den Traum eines Dichters auf die Erde herabzureißen. Und wars nur der Augenblick, als die Grenzen der Provinzen fielen, der Adel abdankte, auf weiten Feldern die Zehntausende der Föderationen sich Liebe schwuren; als Bauern einander sagten, daß die Revolution nicht Frankreich gehöre, sondern der Menschheit, und Abgesandte aller Völker herbeizogen, um der französischen Nation Ehre und Bruderschaft zu entbieten: dieser einzige Augenblick, den so viel Blut bezahlt hat, warf dennoch über die Jahrhunderte voraus den märchenhaften Schein, der sie nun weniger trostlos macht. Nur noch eins gilt seitdem für die Menschheit: diesem vorweggenommenen und entflogenen Augenblick nachdrängen, ihn wieder einholen. Die Geschichte hat keinen anderen Sinn mehr, als jener großen Stunde Dauer zu geben und dem Geist, der das Geschlecht jenes Jahres

2

beseelte, die Welt zum Körper. Was entgegensteht, alle verzögernden Mächte, jeder Triumph ungerechter Gewalt wird zum Zwischenfall vor der Ewigkeit des Geistes, der damals aufleuchtete. Aber ein Volk war nötig, das sich hingab, ihn darzustellen. Und das ihm Treue hielt. Das seit hundert Jahren Irrtümer und Zusammenbrüche nicht scheut, Despotismus und Niederlagen, Bürgerkrieg und grausame Rückschläge übersteht, um nach jeder Wirrsal und Erschlaffung eine Etappe weiter zu gelangen auf dem Wege, den der Geist befiehlt. Ein Volk mußte geschaffen sein, für den Geist zu streiten, mußte die Ratio militans selbst sein. Die Notwendigkeit der Dinge? Die „Entwicklung"? Sie wird in aller Welt nie etwas anderes zeitigen als ein Mindestmaß von Lebensmöglichkeit. Nicht Freiheit: nur Lebenkönnen. Nicht Gerechtigkeit: nur Lebenkönnen. Nicht Menschenwürde: nur Lebenkönnen. Auf die Entwicklung bauen, heißt, sich der Natur anheimstellen; und noch niemand sah sie verschwenden. Der Geist, die Revolte des Menschen gegen die Natur, ihre Langsamkeit und Härte: der Geist, der in einer Stunde den Himmel verschenkt, verschwendet Generationen für einen Funken vom Brand des Ideals. Ein Volk war nötig, das sich ihm darbrachte und von dessen stolzem Opferwillen die anderen leben konnten.

Sie haben es leicht gehabt, die Literaten Frankreichs, die, von Rousseau bis Zola, der bestehenden Macht entgegentraten: sie hatten ein Volk. Ein Volk mit literarischen Instinkten, das die Macht bezweifelt, und von so warmem Blut, daß sie ihm unerträglich wird, sobald sie durch die Vernunft widerlegt ist. Was alles mußte zusammenkommen, damit dem Geist Krieger erstanden! Nordische Menschen, vom Blut und noch mehr von der Kultur des Südens durchdrungen. Die Synthese Europas. Das Geschlecht mächtig wie im Süden, aber die ganze Künstlerschaft, die es verleiht, auf den Geist geworfen. Der Geist ist hier nicht das luftige Gespenst, das wir kennen, — und drunten trottet plump das Leben weiter. Der Geist ist das Leben selbst, er bildet es, auf die Gefahr, es abzukürzen. Möglich immerhin, daß Gerechtigkeit das Leben beeinträchtigt, und daß Wahrheit zu Abgründen führt. Ließe sich denn nicht auskommen unter einer überlieferten Herrschaft, angesichts der Vorrechte einiger, bei der formalen Unterworfenheit unter einen längst abgestoßenen Glauben? Man könnte genießen, erraffen, was die Mächtigen übrig lassen, könnte, seines heimlichen Wissens und gepflegten Innenlebens froh, abwarten, daß die Zeit von selbst reif wird. Hier aber ist ein Volk, das die erhaltenden Lügen verachtet. Das es verschmäht, ein Leben hinzufristen, über das sich nicht ungestraft nachdenken ließe. Die Pflege der Persönlichkeit scheint ihm eitel, wenn sie nicht um sich greift, erobert und beglückt. Kriegerisches Wohlwollen ist hier und generöser Leichtsinn. Sie haben nicht gefragt, diese Franzosen, wohin der Vernunfttraum eines Dichters, eines fragwürdigen Kranken, sie führen werde. Sie haben nach ihm gehandelt, weil er ihnen auf einmal die Welt erhellte; haben alles durch ihn erfahren, Schuld, Sieg, Buße — und sind, arme menschliche Tiere wie alle andern, weil sie den Mut hatten, sich zu begeistern, dennoch der Vergeistigung heute näher als andere: haben im ganzen der Nation einen Ausgleich und Gewinn errungen an Menschenwürde und sittlicher Kraft. Mögen sie, kaum, daß ein Freiheitskampf beendet, sich in neuen Ketten sehen; mögen Freiheit und Gerechtigkeit zurückweichen vor dem, der ihnen entgegengeht. und erst mit dem letzten Atemzug der Menschheit erfüllt sein: wenigstens verbaut hier nicht mehr die eiserne Wand der Autorität die Zukunft. Kein Machthaber hält sich fortan gegen den Geist, dessen Strom ihn heraustrug und hinwegraffen wird . . . . „Die französischen Soldaten können ihre Vernunft gebrauchen," sagte Napoleon. „Drum sind sie weiches Wachs in der Hand dessen, der sie bei ihrer Vernunft faßt; und doch sind sie die unerschrockensten der ganzen Welt." — Die Geistesführer Frankreichs, von Rousseau bis Zola, hatten es leicht, sie hatten Soldaten.

## II

In Deutschland hätten sie es schwerer. Sie hätten es mit einem Volk zu tun, das leben will, nichts weiter wie. Niemand hat gesehn, daß hier, wo so viel

5

gedacht ward, die Kraft der Nation je gesammelt worden wäre, um Erkenntnisse zur Tat zu machen. Die Abschaffung ungerechter Gewalt hat keine Hand bewegt. Man denkt weiter als irgendwer, man denkt bis ans Ende der reinen Vernunft, man denkt bis zum Nichts: und im Lande herrscht Gottes Gnade und die Faust. Wozu etwas ändern. Was anderswo geschaffen, hat man in Theorien schon überholt. Man lebt langsam und schwer, man ist nicht bildnerisch genug begabt, um durchaus das Leben formen zu müssen nach dem Geist. Mögen neben und über den Dingen die Ideen ihre Spiele aufführen. Wenn sie hinunterlangten und eingriffen, sie würden Unordnung und etwas nicht Absehbares stiften. Man klammert sich an Lügen und Ungerechtigkeit, als ahnte man hinter der Wahrheit einen Abgrund. Das Mißtrauen gegen den Geist ist Mißtrauen gegen den Menschen selbst, ist Mangel an Selbstvertrauen. Da jeder einzelne sich lieber beschirmt und dienend sieht, wie sollte er an die Demokratie glauben, an ein Volk von Herren. Die angestammten und bewährten Herren mögen manchmal, unbeleckt wie sie sind, der hochgebildeten Nation auf die Nerven fallen: mit ihnen aber ist sie gewiß, zu leben, sicherer zu leben als die, die nur der Geist führt. Auch beherrschen sich diese Herren und werden schwerlich der Überspannung der Gewalt verfallen, die Explosionen schafft. Das extrem Tyrannische ist hier so unwahrscheinlich wie die Gleichheit. Keine

6

Grausamkeit, aber auch keine Liebe. Nirgends liegen zwischen den Klassen solche Eisberge von Fremdheit. Man liebt einander nicht und liebt nicht die Menschen. Die Monarchie, der Herrenstaat ist eine Organisation der Menschenfeindschaft und ihre Schule. Die Masse der Kleinen, die hier wie überall die größere Wärme des Geschlechts enthält, wird zu entlegenen Hoffnungen verdammt und verdorben für die tätige Verbrüderung, die ein Volk groß macht. Kein großes Volk: nur große Männer. Was es hat an Liebe und allen Ehrgeiz, alles Selbstbewußtsein setzt dies Volk in seine großen Männer.

Seine großen Männer! Hat man je ermessen, was sie dies Volk schon gekostet haben? Wieviel Talent, Entschließungskraft und adliger Sinn unterdrückt worden ist, was an Demut, Neid, Selbstverachtung gezüchtet ward, und was versäumt ward in hundert Jahren an der Nivellierung, der moralischen Höher=legung der Nation, damit in unermeßlichen Abständen je ein Manneswunder und Ausbund aller Herrlichkeit erscheinen konnte, übermästet von der Entsagung ganzer Geschlechter und dem lebenden Dünger der Nation ent=sprossen wie eine tierisch fette Zauberblume. Nun liegt und betet an! Ihr, die schaffende Macht nicht kennt, braucht nicht zu wissen, wie es um die Mächtigen steht, und daß auch der Größte, gerade der Größte nur in den Stunden groß ist, da er schafft: daß die Ver=ehrung seiner Person eine leere Puppe trifft. Wie=viel tote Zeit im Leben des großen Mannes, da er sich ausgeleert und klein weiß. Wieviel Schwindel und gewaltsame Überhebung, um tagein tagaus zu vertreten, was er zuweilen war. Welch wahnwitzige Selbstsucht, von der Masse derer aufgehäuft, die abdanken in seine Hand. Welche Entfernung vom Menschlichen, welche Vereisung. Was für Leiden auch, Überreiztheit und Angst des Zusammenbruchs. Was für schaurige Einblicke eines, der absolut zu sein hat, ins Nichts. Er saugt nicht nur Tatkraft und Stolz seines Volkes in sich auf, der große Mann: er kauft ihm auch die Abgründe ab, vor denen das wohltemperierte Dasein der Gewöhnlichen zurückschreckt ... Aber das dürfte nicht sein, und er dürfte nicht sein. Ein Volk von heute hat kein Recht auf so große Männer. Es hat kein Recht, sich von ihnen der Selbstbestimmung entheben, korrumpieren, gar anstecken zu lassen und sich, Wollwarenfabrikant oder Schmock, ein Übermenschentum einzureden, während noch sein Menschentum rückständig ist.

Der Letzte aber, dem all diese Verirrung und Feigheit erlaubt wäre, der Mensch des Geistes, der Literat: gerade er hat sie geweiht und verbreitet. Seine Natur: die Definition der Welt, die helle Vollkommenheit des Wortes verpflichtet ihn zur Verachtung der dumpfen, unsauberen Macht. Vom Geist ist ihm die Würde des Menschen auferlegt. Sein ganzes Leben opfert der Wahrheit den Nutzen. Die Erscheinungen löst er auf, vermag das Große klein zu sehen und im Kleinen das durch Menschlichkeit Große: der-

gestalt, daß ihm Gleichheit zur letzten Forderung der
Vernunft wird ... Gerade er aber wirkt in Deutschland seit Jahrzehnten für die Beschönigung des Un-
geistigen, für die sophistische Rechtfertigung des Ungerechten, für seinen Todfeind, die Macht. Welche
seltsame Verderbnis brachte ihn dahin? Was erklärt
diesen Nietzsche, der dem Typus sein Genie geliehen
hat, und alle die, die ihm nachgetreten sind? Ist es
der überwältigende Erfolg der Macht, den diese Zeit
und dies Land sahen? Die Hoffnungslosigkeit, die
eigene Natur durchzusetzen, heute und hier? Der
Drang zu wirken, sei es gegen sich selbst: durch Steige-
rung und Verklärung des Feindes, als bewunderter
Anwalt des Bösen? Ist es die perverse Abdankung
des allzu Wissenden, der sich im schlechten, unbewuß-
ten Leben wälzt wie ein entflohener Sträfling? Vom
tragischen Ehrgeiz bis zu elender Eitelkeit, von der
albernen Sucht, besonders zu sein, bis zum panischen
Schrecken der Vereinsamung und dem Ekel am Nihi-
lismus: die abtrünnigen Literaten haben viele Entschuldigungen. Sie haben vor allem eine in der ungeheuerlich angewachsenen Entfernung, die, nach so
langer Unwirksamkeit, die deutschen Geister vom Volk
trennt. Aber was taten sie, um sie zu verringern?
Sie haben das Leben des Volkes nur als Symbol genommen für die eigenen hohen Erlebnisse. Sie haben der Welt eine Statistenrolle zugeteilt, ihre schöne
Leidenschaft nie in die Kämpfe dort unten eingemischt,
haben die Demokratie nicht gekannt und haben sie

verachtet. Sie verachten das parlamentarische Regime, bevor es erreicht ist, die öffentliche Meinung, bevor sie anerkannt ist. Sie tun, als hätten sie hinter sich, wofür nur die andern geblutet haben, und maßen sich die Miene der Übersättigung an, obwohl sie niemals weder kämpften noch genossen. Sie sollten herrschen, der Geist sollte herrschen, dadurch, daß das Volk herrscht. Sie sollten diesem Volk das Glück vermitteln, sich wahr zu sehen, damit es sich höher achte und wärmer fühle. Die Zeit verlangt und ihre Ehre will, daß sie endlich, endlich auch in diesem Lande dem Geist die Erfüllung seiner Forderungen sichern, daß sie Agitatoren werden, sich dem Volk verbünden gegen die Macht, daß sie die ganze Kraft des Wortes seinem Kampf schenken, der auch der Kampf des Geistes ist. Ihre Vornehmheit sollte nicht Selbstkultus sein; die deutsche Überschätzung des Einzelfalles, der Auszeichnung geht täglich mehr gegen Vernunft und Wahrheit; sie sollte in der Kraft sein, Maß und Vorbild zu geben. Denn der Typus des geistigen Menschen muß der herrschende werden in einem Volk, das jetzt noch empor will. Das Genie muß sich für den Bruder des letzten Reporters halten, damit Presse und öffentliche Meinung, als populärste Erscheinungen des Geistes, über Nutzen und Stoff zu stehen kommen, Idee und Höhe erlangen. Der Faust- und Autoritätsmensch muß der Feind sein. Ein Intellektueller, der sich an die Herrenkaste heranmacht, begeht Verrat am Geist. Denn der Geist ist nichts Erhalten-

des und gibt kein Vorrecht. Er zersetzt, er ist gleichmacherisch; und über die Trümmer von hundert
Zwingburgen drängt er den letzten Erfüllungen der
Wahrheit und der Gerechtigkeit entgegen, ihrer Vollendung, und sei es die des Todes.

# Voltaire — Goethe
## (1910)

Ist es zu denken, daß irgendwo in der Welt der Geist
herrschen sollte? Solange es menschliche Ge-
sellschaften gibt, haben sie ihren gefährlichsten Feind
im Geist gesehen. Sie haben ihn eingeschränkt, gebunden zu Religionen. Sie sind, sobald er sich frei-
machte, in Scharen, in Legionen, in Katarakten von
Körpern über ihn hergefallen, wie die Heere des
Xerxes über Griechenland. Wenn je einmal der Geist
siegte, war es eine kurze Katastrophe, ein entsetztes
Drunter und Drüber, dessen Angst sich endlich in
schwarze Rauchwolken auflöste, in den Rauch vom
Scheiterhaufen eines Savonarola. Der massige Materialismus der modernen Monarchien hat jeder Aus-
schweifung des Geistes vorgebeugt durch das Vor-
strecken von Millionen Bajonetten ... Ist es zu
denken, daß er hindurchdringt? Daß er selbst an der
Spitze der Bajonette schwebt? Daß die Macht eins
ist mit dem Geist? Ein ganzes Volk, das sich samt
seinen Führern dem Geist vertraut, seiner Strenge,
seinem Krieg, seinem Rausch! Das um der qualvollen Ruhelosigkeit des Geistes willen verzichtet auf

12

die animalische Langlebigkeit der andern Völker! Das
die lebenerhaltenden Lügen verschmäht! Das ehrlich
bleibt, und führe es zur Auflösung! Ein Volk, ein
ganzes Volk, das sein zeitliches Leben abkürzt, aus
Liebe zum ewigen!

Alle großen Franzosen sind, wie ihre Rasse, im
Gleichgewicht zwischen ihrer sinnlichen Intensität und
dem Eifer und der Klarheit ihres Geistes. Sie werden nicht fleischlos, und sie versteigen sich nicht. Sie
sind keine Gnomen, keine Ungeheuer, noch Schatten,
die das Leben wirft. Auch sie leben, auch sie sind
Menschen. Noch Flaubert, an der Grenze der Über-
feinerung, weigerte sich, zu schildern, was nicht typisch
sei. Sie wollen, so stark sie sein mögen, nicht vor
allem sich, sondern die Welt. Sie haben das Herz
und den Geist, sich zurückzuziehen in die Menschheit,
in ein Volk. Freilich ist es ein Volk, das ihnen keine
Opfer auferlegt; das sie nicht abstößt und ermattet
durch Langsamkeit und Ungeschmack; dessen nationale
Kunst die Literatur, dessen große Sorge der Geist ist,
und das ihnen folgt, wohin sie es führen. Sie führen
es aber hinan, zur Herrschaft über sich selbst. „Ein
wenig Geist erwirbt man durch die Pflege der Phantasie, und viel Adel durch den Anblick schöner Dinge“;
— und Flaubert hätte weitersprechen können: „Dazu
Güte durch Einsicht in das Herz der andern, und
Menschenwürde durch das Bewußtwerden des eigenen, und Abscheu vor Lüge und Unterdrückung durch
ihr Bild.“ Das ist die Wirkung dieser Romane, die-

13

ser Gedichte: sie haben die Demokratie erzogen. Das ist die Wirkung Zolas und das ist, seinen Tendenzen zum Trotz, die von Balzac. (Denn der Roman, diese Enthüllung der weiten Welt, dies große Spiel aller menschlichen Zusammenhänge ist gleichmacherisch von Natur; er wird groß mit der Demokratie, unter der das Drama in seiner aristokratischen Enge abstirbt. Balzac ist der Dichter der kämpfenden Demokratie, Zola der triumphierenden.) Victor Hugo, der aus der Verbannung seine republikanischen Fanfaren schickt, Sainte-Beuve, der im Senat die Freiheit der Presse verteidigt, Flaubert mit seinem Ideal einer Regierung der Wissenschaft, des Geistes selbst; und Lamartine, in der Stunde, als sein Wort den übergetretenen Strom einer Menge bändigt, und Rochefort, während seines langen Duells mit einem Kaiser, und Zola, der die Kanonen der Gewalt zum Schweigen bringt vor der Wahrheit: sie alle haben das Glück gekannt, sich nicht stumm und ohne Arme zu fühlen, von einem Volk, dem der Geist nicht nur ein überirdisches und belangloses Spiel ist, auf eine Tribüne gehoben zu werden, ihr Wort die Dinge bewegen, den Geist in Welt und Tat verwandelt zu sehen . . .

In jedem von ihnen aber ist es Voltaire, der zurückkehrt. In Deutschland wiederholt, wer es weit bringt, das tatlose, dem Volk unbekannte Leben Goethes.

14

Beide sind böse, wie die Großen böse sind. Voltaire, der Priester des Geistes, haßt seine andersdenkenden Priester, findet sich weit eher mit der weltlichen Macht ab als mit der geistlichen. Er ist der Bürger, dessen Wehrbarkeit der Geist ist, der den Geist zu Geld und Macht münzt, der den Adel und das Volk, beide haßt und fürchtet. Sein Haß auf Rousseau gilt dem Mann des Volkes. Aber der Geist in ihm ward, wie im Laufe von Generationen, immer stärker, immer abgelöster, überwand die Bürgerlichkeit, die Furcht sogar, vollbrachte Heldentaten, erzeugte — o Wunder — selbst Güte! Die Leidenschaft des Geistes hat Voltaire gerettet.

Goethe haßt, was unharmonisch ist, was durch Einseitigkeit des Geistes, der Leidenschaft, durch unversöhnlichen Sturm und Düsterkeit das Gleichgewicht der Natur stört. Er haßt das Nur-Menschliche, haßt die Revolte des Menschen gegen die Natur, das Dämonische und das Radikale. Er, die Natur selbst, ihre Allseitigkeit und Gelassenheit selbst, läßt jene Kranken von sich abprallen; sie sind gerichtet von ihm, von der Natur; sie gehen unter. Befriedigt in seiner Liebe zu den Gesetzen der Natur sieht er die französische Revolution und Heinrich von Kleist untergehen.

Voltaire bleibt so weit hinter Goethe zurück, wie der menschliche Geist hinter der Natur selbst. In Goethes Werk ist die reiche Seele des Alls, in den Phantasiewerken Voltaires ein akademischer Schatten.

15

Goethe hat zur Menschheit die hohe, ferne Liebe eines Gottes zu seiner Schöpfung; Voltaire kämpft für sie im Staub. Er ist einseitig und will nicht anders sein. Er ist die Revolte des Menschen gegen die Natur, gegen ihre Stumpfheit und Langsamkeit, Ungerechtigkeit und Härte. Ihrem dummen Ernst sticht er Wunden mit seinem Witz, der menschlichsten Erfindung. Er haßt alles Herkömmliche, unbewußt Gewordene, das sich dem Gedanken, der Kritik entziehen möchte. Er fragt nicht nach dem Willen der Natur und ihrer Tochter, der Überlieferung; er nimmt nicht ihre Befehle hin; er fordert selbst, kraft der Gesetze, die in ihm sind: kraft der Gerechtigkeit und der Wahrheit. Seine Stimme bricht in Hohn und Haß, sein Gesicht grimassiert. Wie hoch und weise Goethe vom feierlichen Turm seiner Erkenntnisse über ihn hinsieht! Ihm sind die Ungerechtigkeiten erklärt, die jenem den Blick trüben; die Lügen, gegen die der andere sich bäumt, gehen ihm in die große Wahrheit der Natur ein. Gegen ihr langes und heiliges Walten wäre Kampf lächerlich. Mögen Fanatiker die Arme heben und schreien wie bei Valmy.

Aber sie siegen! Auf ihrem Hügel dort hinten singen sie die Marseillaise, und das alte Heer Friedrichs zerbricht an ihnen. Ihr Sieg ist der Sieg des entfesselten Geistes über Natur und Überlieferung, der Sieg Voltaires über Goethe. Goethe wendet sich ab und verachtet.

Seine Verachtung der Revolution, war sie ganz

16

unangreifbar? Hätte nicht auch er wirken, aus der Ewigkeit in den Tag übergreifen wollen? Er hat es versucht (die Befreiung des Weimarer Volkes vom Jagdrecht der Herren), und es ist ihm mißlungen. Was verrät also diese erbitterte Verachtung der Revolution, an der seine Dichtung zerbricht und klein wird wie das Heer der stummen Ordnung an jenem singenden Hügel von Valmy? Wird nicht hier der Schmerz verheimlicht, in ein Volk ohne Tat gestellt zu sein und sich selbst an die ererbte Wirklichkeit gebunden zu fühlen? Seine „innere Freiheit" ist in Wahrheit die Beschönigung eines Lebens, das vielem hat entsagen und vieles hat verbergen müssen; dessen geheime Schande sich entblößt in Goethes Geständnis, er habe sich sein Leben lang, sein hohes, umfassendes, berühmtes Leben lang, vor jedem adeligen Leutnant befangen gefühlt.

Voltaire ist von Adeligen geprügelt worden: errötet ist er nicht, — und er hat ihnen die Guillotine errichtet. Er war es. Er kehrte zurück, als die Priester und die Könige fielen. Bei jedem neuen Sturz der Macht war er an der Spitze der Stürmenden. Wo die Wahrheit gegen den Nutzen aufstand, der Geist gegen die Macht, da schmetterte sein Name. Wäre der Sarg dessen, der um eines ungerecht verfolgten Menschen willen die Wehrkraft seines Landes in Gefahr gebracht hatte: wäre Zolas Sarg auf dem Weg zum Pantheon geöffnet worden, man hätte die verklärte Fratze Voltaires darin gefunden! Er, der

in den Mänteln der Generäle der ersten Republik als
Sieger über die Erde zog, er wird die dritte Republik
sprengen. Auf ihren Trümmern wird sein Lachen
schallen, seine Stimme wird gellen: „Freier! Wahrer! Den Abgründen der Freiheit und der Wahrheit
zu!" Goethe inzwischen sieht aus der gespensterhaften
Höhe, wo die deutschen Genien einander vielleicht verstehen, unbewegt auf sein unbewegtes Land hinab.
Sein Werk, der Gedanke an ihn, sein Name haben
in Deutschland nichts verändert, keine Unmenschlich-
keit ausgemerzt, keinen Zoll Weges Bahn gebrochen
in eine bessere Zeit. Hinter seinem Sarge ging die
Familie keines Calas. Er hat den Menschen, die
schuldig werden müssen, Gerechtigkeit, Gleichheit,
Freiheit nur in jenen Gefilden verheißen, mit denen
Dichtung uns tröstet. So hat er sich zu Gretchen,
Ottilie, der Bajadere geneigt. Der irdische Tag,
der staubige Kampf staunen blinzelnd zu ihm auf —
und keuchen weiter. Ihre Rechtfertigung haben in
ihm nur die Müßigen, die Teilnahmlosen gesehen.
Populär ist er erst in dem Augenblick geworden,
als es in Deutschland ein schwaches, reiches und
ruheliebendes Geschlecht gab. Er muß sich gefallen
lassen, daß reaktionäre Minister dem Volk statt seiner
Rechte einen Satz von ihm bieten, der diese Rechte
entwertet; und daß faule Vergnüglinge ihr leeres
Dasein mit seinem Namen decken als dem Zeichen
ihrer „Kultur", als ob es Kultur gäbe ohne Menschlichkeit. Voltaire ist, als die Hoffnung der Mensch-

18

lichkeit, daheim in den tiefen Schichten seines Volkes, die von seiner Kultur nichts wissen, die auch von seinen Mängeln und Grenzen nichts wissen, und denen er für alle Zeiten die Freiheit selbst ist.

Denn Freiheit: das ist die Gesamtheit aller Ziele des Geistes, aller menschlichen Ideale. Freiheit ist Bewegung, Loslösung von der Scholle und Erhebung über das Tier: Fortschritt und Menschlichkeit. Frei sein heißt, gerecht und wahr sein; heißt, es bis zu dem Grade sein, daß man Ungleichheit nicht mehr erträgt. Ja, Freiheit ist Gleichheit. Ungleichheit macht unfrei auch den, zu dessen Nutzen sie besteht. Wer die Macht übt, ist ihr Knecht nicht weniger als wer sie duldet. Der Tyrann (wer wäre nicht Tyrann!) leidet unter der Menschheit, wie sie unter ihm; er erniedrigt sich in denen, die er erniedrigt. Nur Flucht ins Menschentum kann ihn retten. Rette er sich, auf die Gefahr hin, unterzugehn! Denn Freiheit ist der Wille zu dem als gut Erkannten, auch wenn das Schlechte das Erhaltende wäre. Freiheit ist die Liebe zum Leben, den Tod mit einbegriffen. Freiheit ist der Mänadentanz der Vernunft. Freiheit ist der absolute Mensch.

19

# Reichstag
## (1911)

Da bis auf kurze Zwischenfälle den ganzen Tag nur
ein Abgeordneter aus der Mitte des Hauses
redet, ist das Zentrum vollauf beschäftigt. Es lacht,
wo immer es einen Witz argwöhnt. So oft nötig,
inszeniert es dumpfes Entrüstungsgepolter. Und
pünktlich ist es zur Stelle, wenn von links ein Zwi-
schenruf droht: mit Stimmen, wie fette Hände, die
abwehren, weil eine Fliege ins Bier fällt. Es scheint,
daß die tausendjährige Seele des katholischen Chri-
stentumes grade hier nur wenig vertreten ist; vertreten sind Lebensformen und Interessen ganz ma-
terieller Art. Geistliche — diese schwer an ihren
Leibern Tragenden? Diese schlauen und plumpen
Gesichter, ohne Menschengläubigkeit? Aber hier,
unter den Vierhundert, die die Nation selbst sind,
füllen sie die breite Mitte; ihr Beauftragter redet
tagelang. Er hat gewiß alles im deutschen Parla-
ment erlangbare Können, hat den in dieser Mitte
erlaubten Ehrgeiz und so viel Temperament, als hier
gedeiht. Ein arbeitsamer Redner ohne Geste, seine
Hände sind immer in den Akten.

20

Dann und wann betritt, die Hände in den Hosen-
taschen, ein Konservativer den Saal und überzeugt
sich, daß die Sache gemacht wird. Sie wird gemacht.
Nach dem gestrigen Zusammenstoß mit dem Reichskanzler, wobei Wahlgeheimnisse platzten, ist Marokko
gefährlich geworden und man mogelt es besser in
eine Sozialistendebatte um. Von Dreckwitz ruft:
„Hört, hört!" — aber er selbst kehrt lieber zu den
Freunden ins Foyer zurück, auf das rote Sofa, wo
sie sich, die Glatzen zwischen den Schultern, so tief
einsenken, wie nur des Nachts in die Polster des
Palais de danse. Schmunzeln um die funkelnd
schwarzen Schnurrbärte, plaudert man von den
kleinen Freuden des Augenblicks, von den Sorgen
der Zeit, — und wieviel edler genährt als an den
geistlichen Freunden glänzt in diesen Mienen der
Speck! Nun geht ein Lächeln darüber, denn jemand
hat sich die Saaltür öffnen lassen, man sieht drinnen
die Proleten sich abarbeiten. Dies Lächeln! Es sagt:
„Komödie! Indes ihr schwatzt, ist das Geschäft längst
fertig." Es sagt: „Komödie! Ihr alle seid Objekte
der Gesetzgebung, die Subjekte sitzen hier." Es sagt:
„Ein Leutnant mit zehn Mann." Es ist ein Lächeln
von Holofernes bis Dschingiskhan. Es ist das Wulst-
lächeln aller Schweine der Weltgeschichte: aller Herren-
schweine.

Von Dreckwitz hat „Bravo!" gerufen, weil der
Redner die rote Bande nicht übel anhaucht; aber er
behält den Mund offen, denn droben steht jetzt ein

21

Freisinniger und beweist den Sozialdemokraten, daß
sie beim Ausbruch eines Krieges gestreikt haben würden. Er ist sichtlich überzeugt, daß er heute gar nichts
Besseres tun könnte. Die Ironie rechts sieht und
hört er nicht; flammend reckt er sich nach links und
gegen den Umsturz. Der Mann ist Arzt, er wird
täglich mit Sozialdemokraten zu tun haben, muß
genau wissen, daß diese Leute sich von ihm selbst
höchstens durch ein paar historische Redensarten
unterscheiden, daß sie maßvolle kleine Bürger sind,
die nichts wollen, als Kindern und Enkeln ein spie-
ßiges Wohlleben verschaffen, und daß sie zum Gene-
ralstreik so stehen wie die Jungtürken zum heiligen
Krieg, nämlich selbst die größte Angst davor haben.
Aber die Wollust, positiv und erhaltend zu sein, macht
ihm Kongestionen, er weiß nichts mehr. Und der
Mann ist Jude. Sein Leben ist sicher nicht vergangen,
ohne daß er die Feindseligkeit des christlich geschmink-
ten Feudalstaates erfahren hat. Wenn er den Kopf
wenden wollte, auf wie viele Blicke würde. er dort
rechts treffen, worin nicht freche Geringschätzung
läge? Gleichviel, er sieht nicht hin, und für einen
Augenblick ist auch er ein Herr, ein Machthaber, der
zum Volk vom Pferd herab spricht (bevor es ihn
wieder abwirft) und hinter sich Edelleute und Priester hat.

Die Instinktverlassenheit dieses Bürgertums ist
vollständig. So vollständig kann sie sich nur an
großen Tagen bewähren. Marokko mußte verloren

werden, das Reich durch die Adeligen, die es regieren, tiefer gedemütigt werden als je vorher, und die Adeligen selbst mußten, von Panik erfaßt, aneinander geraten mit den sogenannten Staatsmännern, die nur ein Ausschuß ihres eigenen Klüngels sind: solche glänzenden Kombination mußte eintreten, damit der liberale Bürger dem Zentrumsredner auf seinen ordinären Trick hineinfallen konnte und mitschimpften, gegen wen? gegen die Sozialdemokratie!

Was er über die Diplomaten vorbringt, klingt flau; man hört die Demut, die sich einen Stoß gibt, um Ungezogenheit zu werden. Überlegenheit wird sie nicht. Die „Herren dort oben“ bleiben oben, noch im tiefsten Sumpf. Der Bürger läßt es ohne Widerspruch geschehen, daß auf alle seine Beschwerden der Staatssekretär als Antwort einen Witz setzt. Warum sollte der Staatssekretär es sich schwerer machen? Seine wahre, ach so schlecht weggekommene Gestalt kennt nur Europa. Hier drinnen sieht man ihn nicht bloß in gelber Weste, man sieht ihn gepanzert. Alle seinesgleichen, die sich draußen ducken müssen in ihrem geistigen Elend, ihrem trüben Mangel an Weltläufigkeit und Kenntnis der Geschäfte: so oft sie zurückkehren aus den Niederlagen, die englische Kaufleute und französische Literaten ihnen beigebracht haben, ah! welch ein Prunken vor den verschüchterten Landsleuten, welch Auftreten, welche furchteinflößende Autorität — zwischen den Niederlagen!

Sie sind komisch, sie sind abstoßend: empörend sind

23

fie nicht, denn fie erhalten fich felbft wie fie können, und find wohl nicht fähig einzufehen, daß an ihnen das Land zugrunde geht. Empörend ist der Bürger, die Maffe diefer gebildeten, wohlhabenden Leute, die durchaus den Haß nicht kennen wollen; die ihren lehrhaften Dünkel für die radikaleren Volksgenoffen auffparen und dem Volksfeind, der rechts steht, mit Rückfichten begegnen, als lebten fie mit ihm auf der- felben Plattform, als ließe fich paktieren, als gäbe es verbindende Menfchlichkeit. Aber es gibt keine. Habt ihr denn kein Blut? Niedergehalten in eurer öffent- lichen Selbstbestimmung, ausgefchloffen vom Staat, von Macht und Ehren, von der Vertretung der Lei- stungen und Werte, die nur die euren find, der Welt gegenüber: ist das nicht genug? Ist es nicht genug, ein Leben lang von Fremden, die über ihren Willen und ihre Sprache felbst verfügen, gefragt zu werden: „Was fagt euer Kaifer? Was will eure Regierung?" Und wenn ihr einen anständigen Kopf habt, gefragt zu werden: „Sie gehören wohl zur Ariftokratie Ihres Landes?" — da in einem unterdrückten Arbeitsvolk niemand die Gefichter der höchsten europäifchen Kul- turfchicht sucht. Letzter Hohn eines deutfchen Schick- fals: verwechfelt werden mit dem von Dreckwitz, mit diefer Elite des Stalls und der Nachtlokale, mit diefer Edelzucht von Zirkusdirektor und Schieber! Habt ihr kein Blut? Steigt es euch nicht in die Stirn beim Anblick der frechen Feindfeligkeit einer Kaste, die es noch wagt, fich zu zeigen, noch wagt, befehlen zu wol-

24

len, mitten im Sammelpunkt eurer bürgerlichen An-
strengungen, in der Schöpfung eurer Väter, im
Reichstag? Gutmütige Vorträge haltet ihr ihnen?
Seid und bleibt fern aller Konventsstimmung, dem
„Du oder ich!", dem „Auf ihn!" der großen Ge-
schichte?

Dann laßt euch immerhin am 12. Januar ein
wenig zahlreicher in dies Haus zurückschicken: das
ändert nichts. Ihr werdet öfter reden, und sie werden euch höhnischer trotzen. Auf ihr letztes Wort,
das Gewalt heißt, bleibt ihr immer ohne Antwort,
— da ihr ja niemals die Kasse sperren und abwarten
werdet, ob die Kanonen sich gegen die Gebäude der
Großbanken richten. Der Versuch wäre lächerlich einfach, und im Handumdrehen würde sich zeigen, daß
sogenannte Herren, die es nur durch faule Übereinkunft und durch Suggestion sind, nicht aber kraft des
Geistes und nicht einmal auf Grund des Geldes, daß
sie noch gar nichts für sich haben, wenn sie nur die
Gewalt haben … Aber es wäre unnütz, euch zu raten.
Die Geschlechter müssen vorübergehen, der Typus,
den ihr darstellt, muß sich abnutzen: dieser wider-
wärtig interessante Typus des imperialistischen Untertanen, des Chauvinisten ohne Mitverantwortung,
des in der Masse verschwindenden Machtanbeters, des
Autoritätsgläubigen wider besseres Wissen und politischen Selbstkasteiers. Noch ist er nicht abgenutzt.
Nach den Vätern, die sich zerrackerten und Hurra
schrien, kommen Söhne mit Armbändern und Mo-

nokeln, ein Stand von formvollen Freigelassenen, der sehnsüchtig im Schatten des Adels lebt . . . Geht heim, Volksvertreter, kehrt zurück in die bürgerliche Wüste dieses Landes; und braucht ihr Stärkung für eure Demut, dann tretet ins allgemeine Restaurationszimmer eures Reichstages ein. Nebenan, abgesondert vom Pöbel, speist der konservative Adel. Ihr werdet ihn nicht hinausprügeln.

# Der Bauer in der Touraine
## (April 1914)

## I

Die letzten Ereignisse haben es deutlicher als alles vorher gezeigt, daß in Frankreich der Nationalismus, wenn nicht über die Tatsachen, so doch über die Geister vorläufig gesiegt hat. Man darf freilich nicht an die Masse der braven Leute im Lande denken, die gleichmäßigen Schrittes gewissen mittleren, gut ausgereiften Ideen nachgeht: sondern nur an jene Elite, die den wechselnden und schnell errafften Sensationen der öffentlichen Seele folgt. Eine Elite ist es, das läßt sich nicht leugnen, und ihren Charakter bestimmen nicht die Fanatiker und die Snobs, nicht „integrale" Katholiken und royalistische Jugend. Das Entscheidende und auch das Interessante ist das Bekenntnis zur Weltanschauung des Patriotismus, das von seiten der temperierten Geister kommt, der gut gelaunten Skeptiker, der literarischen Boulevardiers. Die wirkliche Macht eines Prinzips erweist sich erst dann, wenn die geistige Schicht ihm zufällt, die um jeden Preis vornean und auf der Höhe der Zeit sein muß. Zieht der Eroberer ein, so laufen diese Leute

27

vor ihm her und kommen ihm zuvor im Erobern. „Denn was man Glück nennt, ist die Fähigkeit, sich augenblicklich dem Unvorhergesehenen anzupassen." Unter diesen wählt das Leben seine Sieger. Die aber, die sich nicht anpassen, „ob sie zu spät oder zu früh geboren sind, ob sie noch die Ideen von gestern oder schon die von morgen haben," das sind die Besiegten... Wonach zum Beispiel Rousseau ein Besiegter wäre, denn er hat alles in allem ein recht elendes Dasein gehabt, und seinen eigentlichen Erfolg, die französische Revolution, hat er nicht erlebt. Ein Sieger aber ist Herr Alfred Capus, der die zitierten Ansichten in zahlreichen, von der Philosophie des Boulevards erfüllten Theaterstücken bekundet hat, bevor er sich nun anschickt, den Redaktionsposten einzunehmen, auf dem der Held Calmette gefallen ist.

Heldentum, auch ein blutiges, konnte nur die Intellektuellen von 1895 in Verlegenheit setzen. Wir sind ihm wieder gewachsen, Capus hat es bemerkt, als Schükri Pascha sich — fast in die Luft gesprengt hätte. Ja, als die Bulgaren auf Konstantinopel marschierten und fast hingekommen wären, hat ein ungeahntes Zeitalter begonnen. Was wir die Neuzeit nannten, ist überholt worden und damit vieles, das uns teuer war, als wir noch Dreyfusards waren: die Mode der Gerechtigkeit, sowie die Mode der Menschlichkeit und auch die Mode der Solidarität aller Geistigen. Solidarisch sind wir fortan mit dem Bauern in der Touraine, dem wir eine Friedensrede

28

des Senators d'Estournelles de Constant zu lesen gegeben haben, und der den Senator verrückt findet. Wie? Um Frankreichs Grenzen besser zu schützen, sollen wir weniger Soldaten halten? „Es ist doch komisch, wenn einer keinen Verstand hat", sagt der Bauer in der Touraine, und wir klopfen ihm auf die Schulter. Denn wir begreifen: sein gesunder Menschenverstand ist der Anhalt, ist das, was bleibt. Der Patriotismus, die große Sensation unserer reiferen Jahre, darf nicht Mode genannt werden wie die Gerechtigkeit; die ganze Zukunft wird sich auf dem Felde der Vaterlandsliebe vollziehen, und nicht auf dem des Menschentums! Die Weltanschauung des Patriotismus ist der Mut zur Wirklichkeit, zu der literarisch nicht verschleierten Wirklichkeit, die uns aus den Ereignissen entgegenschreit, daß wir immer blutrünstige Tiere bleiben werden, daß es keinen sittlichen Fortschritt gibt, daß die Völker nie einander kennen können. Und dies erschreckt uns nicht, es raubt uns nichts von unserer guten Laune. Düstere Verbohrtheit eignet Leuten wie Jaurès, die sich ihrer Zeit nicht anzupassen verstehen und die Besiegte sind. Wir aber: nichts kann geschehen, was uns verblüffte oder beschwerte. Wie würde man vor zwanzig Jahren gezetert haben über das unfaßbar Kulturwidrige des Balkankrieges. Wir finden alle seine Greuel ganz natürlich. Die Nachrichten aus Deutschland stellen die Börsenkurse und unseren Patriotismus täglich so oft auf die Probe, daß wir diese wilden Sensationen nun

29

schon lieben und abgehärtet und zu allem bereit sind,
das Heldentum einbegriffen. Unfaßbar ist uns höchstens, daß früher Viele, vielleicht sogar wir selbst
haben glauben können, die Erfindung des Aeroplans
werde dem Frieden dienen. Er konnte doch nur ein
neues Mittel für das Vaterland werden, um Schrek-
ken zu verbreiten! . . .

Dies sind die ständigen Gedanken, mit denen ein
begabter, heiterer, literarisch denkender Pariser jetzt
umgeht, und tatsächlich stehen sie alle in „Les moeurs
du temps“, den gesammelten Artikeln aus dem
Figaro von Alfred Capus. Dies ist die Welt, in der
ein gleichgültiger Bummler seine geistige Hochspannung gefunden hat, hier lernte ein Spieler, ein
Zweifler, der die Führung seines wie der von ihm
erfundenen Schicksale immer nur dem Zufall zugeschrieben hatte, sogar einen Glauben. Und natürlich
steht die Gewalttätigkeit seines Glaubens im richtigen
Verhältnis zu der Tiefe seines früheren Unglaubens;
und natürlich ist er ein so großer Patriot, weil er
lange ein so großer Boulevardier war. Daher wäre
es auch zwecklos, ihm ein Gewissen machen zu wollen
aus der unnatürlichen Härte und Trostlosigkeit seiner
Dogmen, doppelt zwecklos, wenn ein „Feind“ es täte.
Eben auf die Trostlosigkeit trumpft er, und das
Grauen für den Normalzustand der Welt zu halten,
scheint ihm, nach allen Lässigkeiten und Verfeine-
rungen seiner Vergangenheit, sehr süß. Es ist nicht
wahrscheinlich, daß er den Sinn für das Abscheuliche

verloren hat, wenn er sagt, die zu beiden Seiten der Grenze wohnen, sollten einer des andern Angelegenheiten nie beurteilen wollen: ganz so, als unternähmen Menschen es, zu Marsgeschöpfen zu sprechen; wenn er behauptet, daß es Sicherheit oder Glück für jeden nur in dem Land gibt, auf dem er gewachsen ist. Aber das ist neu und reizvoll, weil es so uralt und ungeheuerlich ist; weil es die antike Stadt wieder herstellt und den Zustand ihres Bürgers, der sich geächtet, verloren und den Barbaren ausgeliefert weiß, sobald er das Tor verläßt. Dieser Alpdruck ist für den Balkan beinahe die Wirklichkeit. Für uns andere ist sie es wohl nur dann, wenn wir besonders sanguinische Patrioten sind. Die Aussicht scheint am Ende nicht groß, daß die Balkandinge, die an unsere Kriege vor dreihundert Jahren erinnern, hier im Westen noch einmal auftreten. Sogar im Fall eines Weltkrieges würden wir sie schwerlich erleben. Vielleicht gäbe es kein besseres Mittel, um unseren sittlichen Fortschritt zu beweisen, als den berühmten Weltkrieg. Aber wird er kommen? Wird er der Aufforderung seiner zahlreichen Freunde, auf dem Boulevard und anderswo, Folge leisten? Davon hängt es ab, ob die primitiven Gefühle des Patrioten Capus nur trostlos sind, oder auch zwecklos.

Er fühlt sich bedroht durch Deutschland: mit dieser Tatsache soll gerechnet werden. Nur in der Notwehr hat er das berauschende Erlebnis des Patriotismus auf sich genommen, — was einen bemerkenswerten

**31**

Unterschied ausmacht zwischen ihm und seinem mehr auf Angriff bedachten Gesinnungsgenossen in Deutschland. Eine zehnte oder zwanzigste Nuance vertritt dann der Kollege auf dem Balkan, denn er droht nicht und erwidert nicht die Drohung, sondern er wählt gleich den Ernstfall, er metzelt, sengt und schändet. Von Westen nach Osten erleiden sein Gefühl und dessen Betätigung gewisse, nicht zu übersehende Abschattungen, und zuweilen sogar innerhalb derselben Grenzpfähle. Es ist weder absolut, noch macht es einen Sprung, so oft eine andere Sprache beginnt. Ein Franzose würde es früher abgelehnt haben, in irgend einem seelischen Fall sich einem Neger gleich zu setzen. Heute datiert er vom Ausbruch des Balkankrieges den Beginn einer neuen Seelenepoche für sich selbst. Es scheint, daß der Nationalismus schließlich nur noch die Gefühle des Nationalisten bestehen läßt, und nicht mehr die des Franzosen. Es scheint, daß in jedem Land auf einer Seite die Nationalisten stehen und auf der anderen die guten Franzosen oder die guten Deutschen. Die einen kommen nicht los von den hier längst beendeten Kämpfen für die Sache der Nationalität; die anderen wissen, daß in jeder Nation das Beste kaum gut genug ist, ein höheres Menschentum damit zu erkämpfen. Sie halten sich vor Augen, daß die endgültige Sicherung der Nationalitäten bisher auch den Frieden gesichert hat, und daß Nationalität und Krieg einander nicht rufen, son-

dern ausschließen, weil auf die Dauer nationale Einheit überall dasselbe ist wie Demokratie.

## II

Und dies vor allem entgeht dem Patrioten Capus,
der einer falschen Wirklichkeit in die Augen starrt:
daß auch Deutschland seiner inneren Konstitution zufolge eine Demokratie ist und daß nur noch die äußere
darüber täuschen kann. Ja, hier ist die vollkommen
gewissenlose Forderung des französischen National-
listen erfüllt und nicht die Armee dient der Politik,
sondern die Politik dient der Armee. Aber wenn
bei uns öfter als im Westen mit dem Kriege gedroht
wird, liegt das einzig daran, daß wir infolge von
Umständen, deren es nirgends so verwickelte gibt wie
bei uns, die Macht bisher noch der Kriegerkaste lassen
mußten: und die lebt davon, daß sie droht. Wollte
sie nicht mehr drohen, sondern zuschlagen, sie könnte
nicht besser leben. Im Gegenteil muß sie gewärtig
sein, daß nach einem Siege dies Volk sich bessere
Bürgschaften seiner Freiheit sichert als das vorige
Mal. Eine Niederlage aber würde ganz unzweifel-
haft die Vergeltung heraufbeschwören für alle men-
schenalterlangen Demütigungen, die die Nation von
ihren Herren hingenommen hat. Es könnte ein Gericht geben, das höchst ungemein und furchtbar wäre!
So viel wagen auch die hochgemutesten Herren nicht
— und erst recht nicht, wenn sie sich sagen müssen,
daß selbst für sie einmal ein Höhepunkt kommt, der

nur noch überschritten werden kann, und daß die Zeit, die Zabern sah, wahrscheinlich dieser Höhepunkt ist... Nicht die längste Reihe glücklicher Kriege hätte dem Militär und den mit ihm verwandten, wenn nicht identischen Machthabern, das Kapital von Macht und diese Sicherheit des Kapitals eintragen können, die sie in vierzig Friedensjahren angesammelt haben. Sie haben nichts gewagt und nichts geleistet; sie haben immer nur gedroht, Furcht vor „Feinden" verbreitet und Haß gegen sie geschürt; haben internationale Krisen bewirkt, man wußte selten, ob in verwerflicher Überlegung oder aus Talentlosigkeit; haben den Klassenkampf, den chronischen Bürgerkrieg unterhalten, soviel an ihnen lag, und aus der Uneinigkeit der Nation wie aus ihren Ängsten haben sie Vorteil für sich gezogen. Was ist ihnen die Nation! Sie kennen keine Nation, sie kennen Herren und die Masse, die der Rohstoff ihrer Herrschaft ist. Wenn sie den Rohstoff nicht ganz zugrunde richten, verbrauchen oder verkaufen: um seinetwillen lassen sie es wahrhaftig nicht. Herren haben noch nie ein Volk geliebt um seinetwillen, ein Volk kann nur selbst sein Bestes wollen, und von Liebe getragen, ist die Demokratie allein.

Aber wir haben Herren, — und so bekommt bei uns die Vaterlandsliebe dieses zerfahren Marktschreierische, dieses Unreife oder Unehrliche: als seien Lakaien am Werk, die nur im Auftrag arbeiten. Daß sie rücksichtsloser lärmen als überall sonst von Patrioten gelärmt wird, begreift sich aus ihrem Mangel

34

an Verantwortungsgefühl, und der wachsende Zulauf, den sie haben, aus der immer längeren Dauer des Regimes. Denn ein Regime, dessen Methode wie Ziel nichts anderes ist als die Gewalt, wird endlich nicht nur über die Körper, sondern auch über die gemeine Mehrzahl der Seelen gesiegt haben, und seine Menschenfeindlichkeit wendet sich in der Nation an alle verderbten Instinkte. Ein Druck, der so furchtbar lange schon gewährt hat, wird unentbehrlich; die Anstrengung, um ihn zu beseitigen, wäre heute vor allem eine Anstrengung der Nation gegen sich selbst... Übrigens, so denken die Meisten, welches Mittel verspräche denn noch Erfolg gegen das Militär und seine Partei, da sie bis heute aus jeder moralischen Niederlage noch stärker hervorgegangen sind und sieben Jahre nach Köpenick ein Zabern wagen durften! Proteste, Beschwörungen, Revolten der Geister? Die lassen keine Spur auf einem Gott, der aus Bronze ist. Aber wenn Parlamente und das ganze Volk, die Härtesten darunter und die am wenigsten um menschliche Würde Besorgten, wenn alle doch einige Tage lang von demselben Sturm gegen die herrschende Kumpanei getrieben werden können, von jenem Sturm, der das Tiefste aufrührt: welchen Namen verdient dann solche Herrschaft? Welchen Namen hat eine Herrschaft noch immer getragen, die die eigensten Instinkte, den wahren Willen, das Blut der gesamten Nation gegen sich hatte? Sie heißt Fremdherrschaft! — und keine ausgemachtere war da

als die Diktatur der organisierten Brutalität über eine
Nation, deren Geschichte, Natur und Leistung von jeher auf innere Entwicklung, Kultur und Geistigkeit
gerichtet ist, und die sich aufgegeben hätte und den Zusammenbruch verdienen würde, wenn sie endgültig
vor der Gewalt verstummte ... Aber sie verstummt
nicht; und wären alle, deren Arbeit und Alltag die
Materie ist, schon korrumpiert durch den wüsten Materialismus des Regimes und seine nach dem Gewicht
des Eisens meßbaren Ideale: die geistigen Schöpfer
hören nicht auf, gegen die Verfälschung der nationalen
Seele zu zeugen. In ihnen, die von Wesen und Beruf empfindlicher als andere gegen die öffentlichen
Lügen sind, bereiten die wahren Eigenschaften des Landes ihre Zukunft vor. Wir sind jetzt ohne Einfluß und
können von Denen, die sich einst auf uns berufen
werden, jetzt nur geahnt werden; aber unser Ruhm
ist, daß noch keiner, der wirklich unseresgleichen war,
im Einverständnis mit den Herren war. Literaten
sind wohl aufgetreten, deren Schwäche und Eitelkeit
sie bewog, wider besseres Wissen das Herrenrecht zu
preisen, den Advokaten des Teufels zu machen, und
mit einer anarchistischen Seele sich konservativ zu
gehaben. Auch ist es möglich, daß heute Zwanzigjährige da sind, die schon vor der Geburt den Mut
verloren haben und ihr bißchen Gehirn darauf ver-
wenden, sich den Herren und ihren Sitten anzupassen.
Sie sind sportlich gut abgerichtet und bewegen sich in
der öffentlichen Unfreiheit und mitten in der Schande

36

der Ereignisse geläufig und breitbrüstig, schon ganz in ihrem Element und höchstens befremdet, wenn einer von uns seinen Hohn und seinen Haß sagt. Aber sie zählen nicht; wer die Leidenschaft nicht achtet, geschweige kennt, wird niemals zählen. Was im neuen Deutschland Großes entstanden ist, hat gegen das Regime gelebt, im Haß und in der Verachtung des Regimes, oder, bei anderem Temperament, in der kalten Neugier, wohin es denn noch führe. Die Schamlosigkeit der Gewalt, unter der im Rußland von gestern und im Frankreich Napoleons des Dritten so starke Literaturen gewachsen sind, hat auch bei uns nicht hindern können, was ihr Ende sein wird. Der Geist gedeiht in feindlicher Luft, und wollten wir von der Welt nichts anderes als Befeuerung unseres Talents, wir hätten den Herren zu danken.


### III

In Frankreich aber zeigt sich jetzt, was aus einer Literatur wird, die aufhört, der Nation voranzuschreiten. Was hilft es, zu warnen: „Wer dem Leben nicht das Gesicht zuwendet, ist ein Besiegter von vornherein", — wenn nicht einmal der Warner selbst den höheren Sinn des Wortes versteht. Lebenskraft haben heißt nicht sich anpassen können an irgend eine kleine und unfruchtbare Gegenwart: es heißt vorausfühlen, was uns weiterbringen soll, heißt die Menschheit von morgen schon im Blut haben. Das hatte das vorige

Geschlecht, das hatte Zola, darum lebt er und wird
zu leben erst recht beginnen. Darum macht den Eindruck der Größe und Verehrungswürdigkeit von allen,
die jetzt schreiben, ein Einziger, ein Übriggebliebener,
Anatole France. Die Andern erobern die Welt nicht;
denn hämisches Mißtrauen in die Zeit und ihr
teuerstes Drängen, eine schäbige Betschwesterbegei-
sterung für abgehauste Ideale, das erobert die Welt
nicht. Die Nationen waren gewöhnt, aus Frankreich
Worte des kommenden Heils zu vernehmen. Gerade
die furchtsamsten und verspätetsten unter ihnen haben
immer zu ihrem Trost erwartet, daß dort es doch
vorwärts gehe; und wenn nicht hier und nicht bei
uns, haben wir wenigstens jenseits der Westgrenze
an großen Tagen dem Sieg von Wahrheit und Gerechtigkeit zugewinkt. Die heutigen Kämpfe der Franzosen ermangeln dieser Macht, eine Welt moralisch zu
beteiligen, weil ihre Literatur jetzt stimmlos und ohne
Kraft ist. In Frankreich selbst bewegt sie ernstlich
nichts, verstärkt das Leben nicht, weil sie es nicht ausdrückt, und macht keinem warm. Ein Volk von Republikanern, das auf nichts bedacht sein sollte als auf
soziale Gerechtigkeit und menschliche Vervollkommnung, was hat es zu schaffen mit Schriftstellern, die
kindisch jammern über die Verfolgung der Kirche, mit
den historischen Fetischisten des Königtums, mit Geistern, denen das Widergeistigste, patriotisch Berausch-
ten, denen jedes Paradoxon und alle Greuel zeitgemäß
scheinen, mit einer Literatur, die sich Begriffe und

38

Ziele aus dem Mittelalter und vom Balkan holt. Die
wenigen Wahrheitsliebenden gehen unter in einem
Schwall von Komödianterei, Albernheit und Ohnmacht. Das Volk, der Literatur entfremdet, hält sich
an den Ersatz, den die Fabrikation ihm liefert; und
was Frankreich bei alledem verliert, ist eben das
Höchste, das sein Genie der Welt zu bieten hatte, die
literarische Deutung des Lebens, jene große Kunst
des Romans, die ihr Zeitalter ganz beherrscht hatte,
seine Mechanik und seinen Sinn kannte, und die zugleich Plastik und Prophezeiung war. Junge Menschen aller Länder haben die Zeit und ihren Flug,
den Zusammenhang der Gesellschaft, die große Welt
der Herzen und ihr eigenes sich ihnen erschließen
gesehen, als sie zuerst diese Romane lasen. Nicht oft
sind geistige Geschenke von den Geistern, die sie emp-
fingen, so wohl erworben worden. Jeder soll nur
eine einzige Rasse verstehen können? Soll über alles,
was eine andere bewegt, schweigen müssen? Das
mögen Nationalisten behaupten, mit denen einige
Kilometer weiterhin schon Niemand mehr mitfühlt.
Was wissen sie selbst von den Größten ihrer Rasse!
Die haben sich höher erhoben als ein Hurra reicht.
Was aus Völkern menschliche Werte macht, vollzieht
sich oberhalb der Grenzen. Das Genie bleibt nicht
immer zu Hause, ein Augenblick kann kommen, wo
es fremd wird zu Hause. Flaubert und Zola sind
heute vielleicht am nächsten uns „Feinden". Hier
geschieht es jetzt, daß ihr Erbe bereichert wird und

39

daß eine der ihren verwandte Kraft in das europäische Blut fließt.

Und künftige Franzosen würden so das Beste ihrer Rasse von uns „Feinden" neu zu erlernen haben. Kann sein, daß die hochherzigen Ideen, mit denen vormals Frankreich die Welt erneuert hat, einst von uns dorthin zurückgestrahlt werden sollen. Frankreich wird schneller fertig als wir, auch mit seinen Erschlaffungen; und der Bauer in der Touraine, der heute Gedanken der Furcht und des Hasses zuneigt, wird eines Tages hinter seinem Pflug wieder der Worte fähig sein, die Michelet ihm nachsagt: „Die Revolution gehört nicht Frankreich allein, sie gehört der ganzen Welt". Aber es werden dann vielleicht Worte sein, die ähnlich vor ihm schon der Bauer in Thüringen sprach.

# Zola.

## (1915)

### Jugend

Der Schriftsteller, dem es bestimmt war, unter allen das größte Maß von Wirklichkeit zu umfassen, hat lange nur geträumt und geschwärmt. Sache derer, die früh vertrocknen sollen, ist es, schon zu Anfang ihrer zwanzig Jahre bewußt und weltgerecht hinzutreten. Ein Schöpfer wird spät Mann. Zola war der poetisierende Jüngling, der sich hingibt und der glaubt, bevor er zweifeln und sich behaupten lernt. Absichtslos mit Kinderhänden werden Vorräte gesammelt an seelischer Triebkraft, tragendem Gefühl: Besitzergreifung seiner selbst, eine Art innerer Meisterschaft vor der produktiven; und eben sie wird dann den Arbeiter unverbraucht erhalten bis zum Schluß, ihn unnachsichtig tapfer bleiben lassen in Jahren, wo Andere schon nachgeben, wo Andere sich schon ergeben.

In Aix zuerst die Schülerzeit, die junge Schwelgerei an Natur und Erdenweite, die ersten Freunde. Wie unermeßlich blau der windige Himmel der Probence über ihren ausgedörrten Flußbetten, wenn damals die Knaben Baille, Zola und Cézanne, erhitzt und frei, das harte Gras eines fernen Hügels zum Polster jenes Paradieses nahmen, in dem vor sie hin die ersten Dichtungen traten. Sie lasen laut; die erhabenen oder süßen Wortgestalten wehten zum Himmel auf und versprachen noch mehr als er an Höhe, Farbe und Bewegtheit. Hier geschah es, daß sie sich berufen fühlten zum Leben; und wenn sie hätten zweifeln können, daß Welt und Worte soviel halten, sie hatten doch einander und schwuren, sich nie zu lassen.

Dann mußte er fort. Die Seinen waren seit dem Tode des Vaters immer mehr verarmt, ihre Lage wurde unhaltbar in der kleinen Stadt, die ihre gute Zeit gesehen hatte. 1857 kehrt er in seine Geburtsstadt zurück, denn Paris war es, wo er siebzehn Jahre vorher, auf einer Reise seiner Eltern, geboren war; beendet das Gymnasium, erfolglos, weil hier in der Luft der Hauptstadt sofort die Literatur ihn allem andern fremd macht; und als Zwanzigjähriger und verpflichtet, nun seinerseits der Mutter zu helfen, sieht er sich mittellos und ohne regelmäßige Anwartschaft auf irgendeinen Platz in der Gesellschaft, vor das Leben gestellt. Ein Gönner bringt ihn in den Docks unter, bis vier Uhr trägt Zola Zolldeklarationen ein, dann heim und schreiben. Abends das selbstgeschaffene Leben, am Tage die Notdurft: es verträgt sich nicht lange, der Lebensschüler muß wählen,

42

er verläßt die Docks. Nun ist er ohne Stellung, aber frei, darf träumen nach Belieben, auch wenn er mit geliehenen Pfennigen sein schlechtes Zimmer bezahlt und, um essen zu können, im Bett bleibt, weil sein Rock versetzt ist. Er lernt die bittere Kälte kennen, nicht die des Winters der Armen nur, auch die Kälte der Welt, diese Verlassenheit von allen. Mahnend wird er umschlichen von abgehausten Wesen, die einst vielleicht waren, was er ist, von Laster und Schande. Die Säufer des Assommoir, die verfehlten Künstler in L'Oeuvre, und auch die Durchsuchung eines Absteigequartiers durch die Polizei, wie in Nana, alles liegt schon hier, ist hier schon mitgemacht und wäre hier erlebt, — wenn Erleben genannt werden darf, was ein Herabschauen ist aus irgendeiner entrückten Höhe, ein Mitgefühl wie das eines jungen Gottes, klarsichtig und geneigt, aber unberührbar im Innern. Denn das Elend dieser zwei Jahre, düster und vielleicht verhängnisvoll für gemeine Anfänger — Einen, der sich anders und darüber weiß, kann es nur bestätigen' auf seinem besonderen Weg. Je morscher der Weg, umso leichter sein Schritt. Es ist nicht Mut, wenn er aushält, er kämpft noch gar nicht. Unschuldig dem Schicksal hingegeben, läßt er sich vollziehen, was in ihm ist. Verse schreiben viele, er weiß es, und alle glauben an sich. Aber er schreibt seine Verse. Er sagt: „Machen wir lyrische Gedichte — bis auf weiteres." Er schreibt ohne Plan und sagt: „Ich weiß wohl, das ist nicht der Weg zu

**43**

Meisterwerken." Rückblickend wird er einst sagen:
„Wenn ich nicht den Glauben an mein Werk hatte,
ich hatte doch Vertrauen zu meiner Anstrengung."
Und daher hat er Zeit. „Ich bin unwissend in allem,
noch lange denke ich nichts herauszugeben, sondern
tüchtig zu lernen." Das Gedicht, um dessentwillen er
zu streben meint, ist ohne Beziehung zu seiner Gegenwart, eins der ahnungsvollen Jünglingswerke, die
vorwegnehmen, — die mehr vorwegnehmen als der
Stärkste später verwirklicht. Zola hat die soziale Geschichte eines Reiches gestaltet. Der junge Zola nimmt
es mit dem Werden und der Entfaltung der ganzen
Menschheit auf, bis in ihre unbekannteste Vergangenheit, bis zu ihrer gottgleichen Vollendung. Die Synthese, die er plant, ist ungeheuer, die später ausge-
führte wird nur groß sein. Die Geburt der Welt,
der erste Teil des Jugendgedichtes, geschieht in seinem wirklichen Werk durch eine einzige Figur, Adé-
laïde Fouque, die Mutter des ganzen Geschlechts der
Rougon-Macquart, Keim und Vorbestimmung ihrer
Triebe, Laster, Krankheiten, und auch ihrer Größe.
Zwanzig Jahre einer bestimmten Zivilisation werden
ihm für seine ganze Manneszeit Stoff genug sein,
der Jüngling braucht dreitausend. Und der dritte
Gesang, vom Menschen, „der sich immer höher
hinanschwingt auf der Leiter der Wesen": auch ihn
soll er einst erleben, aber dazwischen wird Arbeit
und wieder Arbeit liegen, viel Düsterkeit und Schmerz
der Erde, und auch, mit allem Bittern und Wirren,

44

die Tat. Der Gealterte endlich wird, da er den guten Kampf beendet, die Gewißheit von der Vervollkommnungsfähigkeit der Menschen halten und verkünden. Aber ohne Kampf greift danach schon der Jüngling. Denn Jünglinge lieben Begeisterungen, die sie noch nicht verdient haben. Gehoben und gespannt von dem Vorgefühl künftiger Kraft, wollen sie schon den berauschenden Saft trinken aus Leistungen, die nur erst Träume sind. Ihre Ohnmacht vor dem Leben, das sie mit den Augen zu entkleiden versuchen und doch nicht besitzen dürfen, macht sie recht unglücklich.

Der junge Zola flüchtet sich zu den Freunden in den endlosen Jünglingsbriefen, die alles auf einmal sind: Selbstzergliederung des Lernenden, Selbstbehauptung der noch so unbewehrten Persönlichkeit, und Reibung an dem Andern, erster Kampf, erste Erkenntnis. Wie gern in solchen Briefen tut man vor dem Andern stark und faßt ihn hart an, — indes man doch in all der weiten fremden Welt nur eben den einen kleinen Punkt dort hinten weiß, der vertraut ist, den Freund. Der in Paris Verlorene zittert um die Beiden, die zurückblieben. Er erinnert sie an ihren Schwur, durch das ganze Leben, die Arme verschlungen, mit ihm den gleichen Pfad zu gehen! Er fühlt ihre Schwäche und daß man unaufhaltsam auseinander gerät; in Baille stößt er schon auf den künftigen Spießbürger, in dem jungen Cézanne auf jenes Versagen, das einst, in L'Oeuvre, zu jener Tragödie führen soll; aber er klammert sich an diese Ge

45

meinschaft von Hoffnung und Freundschaft. Die
hochgespannte Zärtlichkeit des Zwanzigjährigen, sein
Herz, wenn es, von sich selbst betört, in offene Arme
rennen will, alles den Freunden! „Der Tag wird
kommen, wartet nur, wir werden einen langen Weg
hinter uns haben, werden getrennt gewesen sein, in
verschiedenen Welten gelebt haben, ungleich begünstigt
vom Glück, und doch werden wir nur eine Seele
haben, um den verwehenden Duft unserer Jugend
zu atmen!" Und: „Ich sah Paul! Verstehst du die
ganze Melodie dieser drei Worte?" Liebevollster Eifer wird aufgewendet, um nur nicht überlegen zu
scheinen. Haupt einer Schule wie Victor Hugo — er
verwahrt sich schon hier dagegen, wo die Beschuldiger
noch fern sind. Später werden sie auftreten, er wird
sich immer verwahren. Was nicht hindert, daß er
die beiden Jungen gewinnen möchte für vielerlei Einblicke und Überzeugungen. Nicht nachahmen! Die
romantische Schule ist tot, trotz seiner eigenen Verse.
Er möchte Jeanne d'Arc sprechen lassen, wie ein
junges Mädchen wirklich spricht. Andererseits „ahnt
man gar nicht", wie wenig für die Dichtung diese
Worte bedeuten: Wissenschaft, Zivilisation. (Später
werden sie alles bedeuten.) Aber doch auch hier schon,
das Tiefste und Zukunftsreichste in seinem Gewissen:
„Der Roman soll nicht nur schildern, er soll bessern".
„Den Menschen anschwärzen, das kann mir nicht gefallen!" und eine Verteidigung des Volkes gegen die
blöd feindseligen Begriffe der Bürger ... Besonnene

46

Prüfung in allem, schon hier trotz Jugenddrang, und niemals schön gefärbt. Seinen Zimmernachbar, einen untergegangenen Dichter, der seinen berühmten Altersgenossen nicht verzeihen kann, beurteilt der nachrückende Junge, trotz der unermeßlichen Überlegenheit seiner Jugend, ohne Flüchtigkeit, mitleidig höchstens, und gewiß mit Geringschätzung des Mannes, aber doch voll jenes Respektes vor der Erscheinung, der die beste Gewähr seines künftigen Talentes ist. Der Zwanzigjährige glaubt keineswegs an die sittliche Hebung der Dirne, — die er vielleicht gerade versucht, in dem Absteigequartier, wo er wohnt. Aber auch an die Existenz einer moralischen Jungfräulichkeit glaubt er nicht, und dies können nur seine platonischen Träume ihm enthüllt haben. Diese Träume eines keuschen jungen Mannes sind schwermütig und gefaßt. „Ich habe immer nur im Traum geliebt, und geliebt worden bin ich nicht einmal im Traum." Seine Grundstimmung außerhalb der Arbeitszeit wird unruhiger, Wechsel erfaßt sie von Sehnsucht und Trauer. Später wird es sich erklären, daß die Arbeit, nur sie, ihm zu dem starken Lebensgefühl hilft, das er sucht. Aber die Arbeit ist noch nicht geregelt, ist unsicher und enttäuschungsträchtig. Schwere Stunden in dem luftigen Belvedere, das er eines Tages bezieht, sieben Stock hoch, und drunten ganz Paris. Einer hat hier auch gehaust, der wohl glücklicher war, Saint=Pierre, Verfasser von Paul et Virginie, eines Meisterwerkes und Ruhmestitels. Wie lange

47

bis dahin! Alles säumt oder bleibt aus: auch die Freunde, die doch nachkommen sollten. Als Paul endlich da ist, gehört er den Malschulen. Manchmal freilich wird bei Zola gemalt, und dazwischen tanzt man, raucht Pfeifen, macht Lärm. Ach! das Tanzen räumt nur wenig schwere Stunden fort; zu bald sitzt der Ernüchterte wieder am leeren Kamin, die Einsamkeit ist wie eine Krankheit, die Untätigkeit drückt, in Kälte und Armut der Gegenwart ist er darauf angewiesen, sich mit der Vergangenheit zu unterhalten — und mit der Zukunft.

Die Zukunft? Sollte man nicht vor ihr flüchten, in eine Grotte, in ein Mönchskleid? Die Zukunft! Taumelnd groß wird sie sein, reich unermeßlich, sieghaft bis zum Wahnsinn! Ach, die Zukunft: wenn sie gut ist, wird sie die Mansarde sein, das Häuschen im Gebirge, stilles Traumvolk darin, auch zwei, drei Freunde; von weitem, mag sein, das schmeichelhafte Gemurmel der Menge, nur kein Kampf, kein Lärm und Kampf. Aber wie die bedrängte Jugend das Zimmer durchmißt, das enge Gehäuse so vieler Stürme, da liegt drunten, atmend wie ein Wesen, Paris. Atmend und wartend — auf den Armen, der in seine Flanke hinabsteigt, irrt und sucht, nach Brot, nach Erfolg, nach Chimären. Er selbst, Zola Emile aus Aix in der Provence, ein Armer, keinem Bekannter, hat schon in hundert Gassen, dort und dort, die Leute angegangen um Stellungen, irgendeine, um das bißchen Leben. Er ballt die Faust: und vor ihm

48

sein Vater! Schon sein Vater war dort unten atemlos nach Geld gelaufen, und als es ihm endlich versprochen war, als sie ihm erlaubt hatten, in Aix den Kanal zu bauen, da starb er, François Zola, Zivilingenieur, zweiundfünfzigjährig, hinterließ die unkundige Frau und den Sohn von sieben Jahren. Was hatte er gehabt, was hält das Leben? Ganz jung hatte er in den Napoleonischen Armeen gedient, ein Venetianer, zur Befreiung seines Vaterlandes. Dann umhergereist und vom Zufall gezehrt, ein Abenteuer eigentlich. Von großer Lebenskraft wohl und mit Phantasie, denn später, als Leutnant in der Fremdenlegion, hat er eine Leidenschaft bestanden, die ihn auch die Ehre hätte kosten können. Endlich sah er seine Familie doch glücklich, aber dafür mit fünfzig Jahren noch immer kämpfen müssen wie am ersten Tag. Das war alles. Der Sohn lehnt sich auf: wenn das alles ist, wozu dann; und er wirft den Blick hinab, in Grauen und Haß, auf dies Paris, dies fressende Tier, Sinnbild des Lebens, das ihn selbst nun erwartet. Eine Regung des Stolzes, er rafft sich zusammen. Wenn die Gefahr so furchtbar wäre, wie schön dann die Leistung, wie ergreifend dann der Mut aller der Kämpfer dort unten! Dies ist ein ewiges Schlachtfeld, dies ist eine lebende Epopöe! Dort unten vollziehen sich allstündlich, laut oder namenlos, Triumphe und Vernichtungen. Von dort unten steigt in einem ungeheuren Zusammenklang Schluchzen herauf und Frohlocken, der Atem der

Gier, der Geruch der Angst, das Qualmen vieler
Laster, der Schwung jedes Ehrgeizes, und mit allem,
in allem ein Flügelschlag von Unschuld. Sie sind
unschuldig dort unten, denn sie erfüllen die Bestimmung dieser Erde, sie arbeiten. Das Wort der Rie-
senstimme, die heraufsteigt aus Paris, ist Arbeit!
Jede der Figuren im Gewimmel ist die Summe der
unermeßlichen Arbeit aller! Dem Zuschauer hier
oben zittert die Brust vom Drang der Brüderlichkeit.
„Ich bin der Eure, gleiche noch dem letzten von euch,
und mein Schicksal, wäre es selbst herausgehoben,
wird, wie eures, die Arbeit sein. Ihr wißt noch nicht,
wie dies groß ist, wie dies schön ist: fühlen, daß unsere
Anstrengung die Anstrengung aller ist, daß jeder tut,
was alle wollen, und daß ich nur ausspreche, was ihr
schon seid. Dennoch ist dies etwas Vereinzeltes und
Schweres . . ." Sein Blick vertieft sich. Vorahnungen
durchrauschen ihn, von Werken ohne gleichen, deren
Held dies Paris sein wird, diese Zeit, diese Menschheit; deren größerer Held die Arbeit sein wird, die
Anstrengung vorwärts, aufwärts. Er wird sie sich
auferlegen und wird sie ihnen auferlegen, sie sollen
ihm folgen . . . Und aus den heißen Gesichten des
Jünglings hernieder senkt sich feierlich in sein Herz
das Gewissen einer Verantwortung, die Sendung
einer Führerschaft. Er läßt die Muskeln seines starken Körpers spielen, er stemmt die viereckigen Schultern gegen einen Druck von oben, seine breiten Hände
greifen zu, wie nach dem Inbegriff des Lebens; for-

50

schend und planend umfaßt er mit den Augen noch=
mals dort unten das weite Gebiet seiner Zukunft.
Sein Blick ist sanft und durch Kurzsichtigkeit ungewiß,
sein Mund schmollend wie bei einem Knaben, der
Ausdruck ernst, unruhig und bekümmert; — aber
dies ist der kurze Schädel mit den rund und genau
angewachsenen Haaren und der eigensinnigen Stirn,
Zeichen einer Rasse; dies auch ihr Gesicht, Marmor=
glätte und leichte Erregbarkeit. Hier ist der Typus
jener Menschenführer, die vom Mittelmeer herkom=
men, Cäsar, Napoleon, Garibaldi. Diese sind stark,
wenig heiter, aber von warmer Seele. Ihre Taten
sind machtvoll, und ihre Phantasie eilt immer über
ihre Taten hinaus. Sie legen der Welt ihre Macht
auf, gewiß um der Macht willen, aber auch zum
Ruhm einer Idee. Sie sind Eroberer, und dann
Zivilisatoren. Sie führen die Menschen, wie jeder
sie führt, durch Wirrnis und Leiden; aber sie glau=
ben, daß sie sie zum Glück führen ... Der junge Führer
unter seinem Mansardenfenster, im Angesicht von
Paris, 1860 in einer Schicksalsstunde, schließt die
Augen, spricht vor sich hin: Emile Zola, — lauscht,
und möchte erraten, ob so die Welt einst lauschen
wird.

## Arbeit

Er tritt in den Verlag Hachette ein und wird bei
der Reklameabteilung beschäftigt, — was er als För=
derung anerkennt; denn er weiß, für ihn heißt es,

51

von unten hinaufdrängen und nicht verschmähen, auch den Betrieb der Literatur zu erlernen, bevor er sich ihrem Geist nähert. Am Abend zu Haus schreibt er zarte kleine Novellen, Übergänge von der Lyrik, aus der er herkommt, zu seiner künftigen Prosa. Als die Contes à Ninon fertig und erschienen sind, wagt er den Schritt vom Buchhandel zum Journalismus. Villemessant, Gründer des Figaro, wird von ihm gewonnen, Zola sieht sich auf dem Weg zum Erfolg; da erfüllt sich zum ersten Mal seine lebenslange Bestimmung: Haß zu erregen. Er hatte Manet und die jungen Impressionisten gerühmt auf Kosten der Romantiker, die die Macht hatten. Genötigt, seinen „Salon" abzubrechen, versucht er es im Figaro noch mit einem Roman, wieder zu zart, um aufzufallen; dann ist die Gunst seines Herrn erschöpft, er muß weiterziehen. Er tritt in andern Blättern auf, aber nichts konnte gelingen, solange er Meinungen oder Werke, die ihr fremd waren, in die Presse einschmuggelte. Den anderen Weg zeigt ihm der Herausgeber eines Marseiller Blattes, der ihm die Akten von lokalen Sensationsprozessen zugänglich machen will, damit der junge Mann ein Gegenstück zu den berühmten „Geheimnissen von Paris" schreibt. Zola, entschlossen, sich den niedersten Arbeiten des Handwerks zu unterziehen, nimmt an; und der Segen der Arbeit, an den er glaubt, geht schön in Erfüllung. Das Handwerk, die marktgängige Arbeit ist es, die seinem Willen zur Gestaltung die

52

erſte, feſt weltliche Grundlage gibt. Hier in dieſen
Akten ſind Menſchen, die wirklich gelebt, die be-
gehrt, genoſſen, ſich ſchuldig gemacht und furchtbar
gelitten haben. Hinter dieſen Antworten vor Gericht
ſteht mehr, als ſo dürre Worte ſagen; die innere
Vorgeſchichte der Tat war ſchwieriger und ſtärker;
weit grauſamere Bußen werden erlebt als die, die ein
Richter auflegt. Und neben den Myſtères de Mar-
ſeille, gleichzeitig Tag für Tag mit dieſem Feuilleton-
roman, ſchreibt Zola das erſte Werk ſeines eigenen
Gepräges, Thérèſe Raquin, ein pathologiſcher Dä-
monenſpuk von Liebe und Verbrechen, hinter Gas-
laternen im Alltag eines Pariſer Durchgangs. Noch
mehr, die Marſeiller Akten liefern ihm den erſten
Stoff der Rougon-Macquart. Sie zeigen, ſtraffer bei-
ſammen und in einen entſcheidenden Augenblick ge-
ſammelt, was auch im Leben ſich ihm immer am
ſtärkſten aufgedrängt hat, das Überlaufen der Begierden, den Sturm des Zeitalters, der neuen Ge-
ſchlechter auf die Genüſſe. 1852, vor ſiebzehn Jahren,
führte es zu allen Genüſſen der Welt, wenn man
Bonapartiſt war. Die Bonapartiſten, das waren,
menſchlich geſprochen, die Lebensgierigſten: darum
ſiegten ſie. Zola ſtand auf bei dieſem Gedanken, er
ſtaunte; auf einmal war die Formel gefunden für
jene Menſchen, die, jeder an ſeinem Platz und Anteil,
ein Reich gegründet hatten. Die Spekulation, wich-
tigſte Lebensfunktion dieſes Reiches, die zügelloſe
Bereicherung, der gigantiſche Genuß, alle drei thea-

53

tralisch verherrlicht in Schaustellungen und Festen, die allmählich an Babylon mahnten; — und neben diesen blendenden Massen der Apotheose, hinter ihnen, von ihrem Strahlen noch unterdrückt, dunkle Massen, die erwachten, die hervordrängten. Das Erwachen der Masse! Auch das konnte eine Aufgabe sein? Ja, eben dies! Auch für die Literatur sollte die Masse erwachen! Der Auftrieb und Zukunftsdrang der Masse, dies war das Unerhörte, nun zu Bewältigende. Wie es begeisternd war, da es so schwierig war! Nicht nur darum. Diese Masse kam herauf mit Idealen, die Erfüllungen von morgen waren. Sie war die Menschheit von morgen! Auf ihr, auf ihr mußte das Licht der Apotheose liegen, das eine abgehaufte Genießerbande sich anlog. Keine Ausnahmen darstellen, so sehr sie uns Künstler reizen. „Meine Thérèse und meine Madeleine sind Ausnahmen. Ich war durch den Gedanken an Stendhal zu dem Irrtum verführt, daß durch Ausscheiden aus dem Alltäglichen das Werk Rang bekomme. Und fort mit dem aristokratischen Künstlerstil, er liefert Kunstleckerbissen, die menschlich nicht mitzählen. Starke Werke wären mir lieber.“ „Aber starke Werke?“, überlegt der Tastende. „Wo sind sie noch übrig nach den Meistern? Balzac hat alles analysiert, die ganze Gesellschaft, Typ für Typ; in Madame Bovary ist sogar das unendlich Kleine der Gefühle zerlegt... Also keine Analysen mehr, keine Seltenheiten! Nur noch durch die Menge der Bände, die Macht der Schöpfung, kann man zum

Publikum sprechen." Und er erkennt, daß die Masse, Gegenstand und Ziel seines Werkes, auch formal sein Prinzip werden muß. „Solid gebaute Massen müssen die Kapitel sein. Logisch und natürlich gewachsen, folgen sie, wie geschichtete Blöcke, die ineinandergreifen. Atem der Leidenschaft beseelt alles, von einem Ende des Buches zum andern. Aber jedes Kapitel, jede Masse muß sein wie eine Kraft für sich, die der Lösung zutreibt." Damit dies vollbracht werde, trage der Romancier in sich das rhythmische Wogen der modernen Demokratie, das Balzac nur erst heranrollen sah. Er sei endlich wieder der Sänger Aller, sei Homer! Sein Buch sei geschrieben wie von der Masse selbst!... Im Grunde gab es nur sie. Die Einzelnen zeigten, innerhalb eines Reiches und Zeitalters, alle so deutlich die gleiche Herkunft, als wären sie aus einer einzigen Familie gewesen. Eine Familie! Dunklen Ursprungs, nicht wahr? — wie die Bonaparte selbst; und vom Volk ausgehend, verzweigen sie sich in der ganzen zeitgenössischen Gesellschaft, steigen auf zu allen Stellungen, sind Minister oder Millionäre; aber in ihren weniger begünstigten Exemplaren bleiben sie mager und stecken im schmutzigen Laster, statt im eleganten. Alle Vettern! Seht, ihr habt euch nichts vorzuwerfen! Alle von derselben unbedachten Gier, Geschöpfe eines Augenblicks, den Keim des Todes schon in euch, wie euer Herr und Meister in den Tuilerien. Was soll nachkommen? Das Reich verbraucht wie sein Kaiser, und die ty-

55

pische Familie des Reiches — die Rougon-Macquart — zum Schluß so verdorrt, so zum Untergang reif wie die Dynastie. Verdorrt und verbraucht durch ihre Überanstrengung, — die nicht ohne Verdienst war; denn dies Reich, diese Dynastie und diese Familie haben in Krisen und Krämpfen eine neue Welt geboren, die nun bevorsteht, die Demokratie. Das wird sie rechtfertigen. Das wird die innerste Rechtfertigung und Weihe dieses nachsichtslosen Werkes sein, der Romanreihe, ihrer furchtbaren Geschichte. Wie aber wird der Ausgang des Werkes sein? Das letzte Wort? Wenn es nicht Zusammenbruch heißt, dann hat es kein letztes! „Für mein Werk, um seiner Logik willen, brauche ich den Sturz dieser Leute! So oft ich das Drama zu Ende denke, ihr Sturz ist immer das Ende. Wie in Wirklichkeit die Dinge stehen, ist es nicht wahrscheinlich, daß er bald eintritt. Aber ich brauche ihn."

Dies sagte sich Zola 1869, indes er an seinem ersten Band schrieb. Und dann stürzte das Reich. Es stürzte auf einmal, über Nacht, und mit der vollen künstlerischen Rundung einer Katastrophe. So und nicht anders hatte ein Erfinder von Romanen sie vorhergewußt. Wer noch? Sie schien fern, schien undenkbar. Die sie wünschten, glaubten kaum an sie. Nicht einmal jenseits der Grenze, dort wo man sie vorbereitete und belauerte: jene fremden Persönlichkeiten, die zu Weltausstellungen und politischen Freundesbesuchen nach Paris kamen, die hochstehende Sonne

der Zivilisation genossen, am Hof des Kaisers char-
mant plaudern lernten in der Sprache des Beneideten,
und unter der Hand Erkundigungen einzogen, ob dies
alles nun bald reif sei für die Schlachtbank: auch
sie hatten nicht diese Vorstellung vom Ausgang ihrer
Wünsche, gewiß nicht diese. Die Katastrophe, allen
unbekannt und ohnegleichen, fand sich vorweggenommen in Plänen zu einem Romanwerk. Einer, der
äußerlich nichts vor Augen hatte, als was alle vor
Augen hatten, Macht, Glanz und Erfolg, hatte diesem
Reich und dieser Zeit dennoch stärker und tiefer in
die Augen gesehen als alle. Die Geschichte vollzog
sich im Sinn eines noch ungeschriebenen Buches. Die
Katastrophe trat ein, als sei sie eine ästhetische Notwendigkeit, — als wäre er selbst, der sie vorher-
bestimmt hatte, der Richter, und sein Werk das Ziel
des Geschehens gewesen. Ihm schien wahrhaftig eine
mystische Bestätigung geworden. Er sagte später, daß
er keinen Willen habe, nur die fixe Idee seines Werkes. Tatsächlich war dies Werk zu einer Sendung geworden und die Arbeit daran, die Arbeit in Krankheit, die Arbeit in Erfolglosigkeit und Armut, war
auferlegt, war gut, war das einzige Gute. „Sich
einem Werk geben," sagt er, „ich versichere Ihnen,
in dem Nichts aller Dinge ist dies noch die Unnütz-
lichkeit, der wir am meisten Lebensgefühl verdanken."
Und gegen Ende seiner Tage: „Die Arbeit, der Gedanke an mein Werk, an die Pflicht, die ich erfüllen
mußte, hat mich immer aufrecht erhalten." Wobei es

sicher ist, daß das Gefühl der auferlegten Pflicht allen Schöpfern gemein ist. Aber es wartet doch immer auf eine Weihe wie diese.

Da das Werk Sendung und Pflicht war, war es Kampf. Während des Krieges mit Deutschland, genötigt, sich mit Politik zu befassen und im Begriff, Unterpräfekt zu werden, sah Zola zuweilen seinen angefangenen zweiten Band an, voll der Frage, ob es denn wirklich hiermit aus sei für immer. Er überlegte noch einmal das schon Hingestellte, überzeugte sich wieder von seiner Notwendigkeit, entdeckte im instinktiv Geschaffenen die allgemeinen Ideen und legte jetzt die theoretische Grundlage für das Werk seines Glaubens. Er sagte sich, wenn er sein Buch las: „Ich habe die Gabe des Lebens." Mit Stolz setzte er hinzu: „Denn ich habe die tiefste Leidenschaft für das Leben!" Er ging weiter. „Was ist das, die Gabe des Lebens? ... Es ist die Gabe der Wahrheit!" Die Wahrheit lieben: anders wird keiner groß. Alle ihre Mächte lieben, Wissenschaft, Arbeit, Demokratie: diese große, arbeitende Menschheit, die hinauf will, los von den Beschönigungen und Ungerechtigkeiten der Vergangenheit. Sich als einen der Ihren fühlen und als nichts weiter; im Leben stehen wie alle Welt, dann kann man schildern, was alle Welt erlebt. Nur nicht sich abseits und besonders dünken; teilnehmen als einer unter vielen an der großen Untersuchung über das Jahrhundert, über das moderne Leben. Seine Zeit lieben! Wer sie nicht geliebt hat, die Romantiker

58

etwa, geht bald niemanden mehr an. „Wer heute nicht mit der Wissenschaft ist, lähmt sich selbst. Man ahnt gar nicht, was für eine unbezwingliche Kraft es einem Mann gibt, wenn er das Werkzeug der Zeit in Händen hat und mithilft zu der natürlichen Ent= wicklung der Tatsachen. Dann trägt es ihn. Er kommt so schnell und so weit voran, weil er die Lei= denschaften seiner Zeit hat, und weil seine Leistung vervielfacht wird durch die Arbeit der kreißenden Menschheit. In der Wissenschaft, vielmehr in dem wissenschaftlichen Geist des Jahrhunderts, findet sich der Geistesstoff, dem die Schöpfer von morgen ihre Meisterwerke entnehmen werden!" Hier ist die Idee der Vererbung: beim ersten Hinsehen nichts als ein Faktor der materialistischen Methode. Thérèse Raquin? Sie und ihr Liebhaber sind Menschentiere, nichts weiter. Erst auf die Länge, wenn man die er= habene und rührende Anstrengung des Menschenge= schlechtes würdigen lernt, das aus seiner Tierheit und trotz allen Klammern, die es darin festhalten, nach Anderem langt: da ändert die Idee der Vererbung ihr Gesicht und ihre Bedeutung. Sie interessiert jetzt nicht mehr bloß medizinisch, sondern soziologisch und moralisch, als eins der Bande zwischen den Menschen, mit deren Hilfe sie gemeinsam ihrer höheren Bestim= mung entgegengehen. Von der modernen Moral hat Claude Bernard, erster Meister der modernen Physio= logie, gesagt, daß sie die Ursachen suche, sie erkläre und auf sie einwirke. Sie wolle bestimmen über Gut

59

und Böse, wolle das eine pflegen, das andere aus-
rotten. Und wir? „Wir erweitern die Rolle der Ex-
perimentalwissenschaften, wir dehnen sie aus auf das
Studium der Leidenschaften und auf die Schilderung
der Sitten. So entstehen unsere Romane, experimen-
telle Romane, naturalistische Romane, die Natur zer-
legend und auf sie einwirkend. Über den Lügen der
sogenannten Idealisten läßt sich keine Gesetzgebung
gründen. Auf Grund aber der wahren Dokumente,
die wir Naturalisten herbeibringen, wird man ohne
Zweifel eines Tages eine bessere Gesellschaft errichten,
die leben wird durch Logik und Methode. Da wir die
Wahrheit sind, sind wir die Moral.“ Er erhebt sich.
„Höre dies, Jugend Frankreichs! Habe den Mut zur
Wahrheit! Folge dem Physiologen Claude Bernard,
laß hinter dir die mutlose Skepsis derer, die, wie
Renan, nur den Ruf von Flötenbläsern haben, da sie
doch den unvergänglichen Ruhm großer Denker hätten
erstreben können.“ Und im höchsten Glaubenseifer,
durchdrungen von dem Heil, dessen Träger sein Werk
ist: „Wir, die Frankreich wissend wollen, entlastet von
den lyrischen Deklamationen, gewachsen im Kult der
Wahrheit; die wir die wissenschaftliche Formel an-
wenden überall, in Politik wie in Literatur, wir sind
die wahren Patrioten! Die Herrschaft der Welt wird
der Nation gehören, die am klarsten beobachtet und
am stärksten zerlegt!“

Ist dies noch eine Propaganda für Romane gewisser Art? Ist es nicht politische Agitation? Zola

hat sie begonnen, als er den ersten Gedanken seines Werkes gegen das Kaiserreich richtete, und auf die kommende Republik. Wie die Republik dann da ist, betätigt er ihr Ideal, das in seinem Sinn das Ideal der Wahrheit ist. Er weiß, sein Werk wird menschlicher dadurch, daß es auch politisch wird. Literatur und Politik, die beide zum Gegenstand den Menschen haben, sind nicht zu trennen, in einer Zeit von psychologischer Denkweise und in einem freien Volk. Wenn um den Naturalismus die Welt leidenschaftlicher streiten wird als um andere literarische Formeln, so deshalb, weil der Naturalismus nicht nur der Kunst, sondern der Welt gehört. Zola, Darsteller und Inbegriff der arbeitenden Menschheit, lebt in derselben heißen, streiterfüllten Luft wie sie. Man soll ihn hören! Sein Werk ist ein Kampf, und um sein Werk her kämpft er in den Zeitungen; hämmert „den Nagel" täglich etwas tiefer in die Köpfe, schont niemand, kein fremdes Ideal, keinen verhaßten Ruhm, und „hat die Sucht, immer von sich selbst zu reden". Aber die es nicht gern sehen, die Freunde selbst und auch Flaubert, durchschauen wohl kaum, daß er nicht unbescheiden ist, sondern nur hart, und daß er nicht überheblich kämpft, sondern eben nur kämpft wie das Leben selbst. Er feiert den Kampf um das Dasein, und er führt und besteht ihn. Der Überschwang seiner Selbstbehauptung ist neunzehntes Jahrhundert, ist rauher Darwinismus, — und eben daher sein unzartes Trumpfen auf das Recht der naturwissenschaft-

61

lichen Bloßstellungen, mit eingeschlossen, was pornographisch hieß. Hätten sie Recht gehabt und wäre es ihm gleichgültig gewesen, daß eben diese Teile seines Werkes den Absatz erhöhten, was weiter. Das Schicksal des Ganzen war wichtiger als das von Teilen; und der Kampf des Lebens blieb geheiligt, ob keusch oder nicht. Er ist nie keusch, die Vehemenz der öffentlichen Leidenschaften, die den Grundton dieser Bücher gibt, macht ein Bacchanal aus der unsinnlichsten Szene. Allgegenwärtig ist die Zeitseele, die Seele der dargestellten Epoche. Der gesteigerte Ausdruck, die ständige Nähe des Äußersten in diesen Romanen sind mehr als französisch, sind gärende Demokratie, zweites Kaiserreich, sein Lebenstempo, kurz und gewaltsam, umwälzende Genußsucht, Gründungswut, die blind in die von ihr aufgerissenen Straßen stürzt. Den Gegensätzen des Stils hier, der nun flammt und nun sich wälzt, entsprechen dort die gesellschaftlichen Kontraste, die jähe Unmäßigkeit des Luxus und eine Not ohne Maß und Scham, der Kapitalismus noch im wilden Zustand, keine soziale Gesetzgebung, — und dieselbe Handlung umschlingt den Palast des Goldes und des Wahnsinns, wo ein Vater wohnt, wie die tierische Herberge seines unehelichen Kindes, jene Cité de Naples, Vision aus Lehm und Unzucht... Hier sucht Ihr Seele, zergliederte Seele? Eine andere als die der Zeit und des Reiches, Einzelseelen, in einsamer Ergriffenheit? Der Raum ist nicht groß, im Ganzen des Menschlichen, wovon diese Dichtungen leben, für die Vorgänge des Herzens und des Gewissens. Wer lebt überwiegend mit der Seele? Einige Einsame und manche Luxuswesen. Die Anderen handeln, sorgen und ertragen; das nutzlose Gefühl ist beschränkt auf Stunden ihres Daseins, und die Stunden zersplittern in flüchtige Blitze. Nicht anders aber vollzieht es sich bei Zola. In dem massigen Mechanismus des Lebens schluchzt manchmal eine Menschenstimme auf: sagt nicht mehr kollektive Rollen her, spielt nicht Zeitleidenschaften, nackte Triebe oder Klassenbeschränktheiten ab, sondern schluchzt auf, wie Menschen eh und je. Dies ist, als sei man dem verschlingenden Triebwerk einer öffentlichen Straße überliefert, wo alles ineinander arbeitet, strebt und Zweck hat, — und plötzlich, hinter einem Fenster im Halbdunkel, kniet einer, ist allein und betet. Ergreifender so, als würde die ganze Straße beten.

Aus der Arbeit die Idee, aus der Arbeit auch der Kampf. Sein Vorgänger Flaubert wußte es noch nicht. Denn Flaubert hat nicht gekämpft, er hat verachtet; und die Idee erwuchs ihm nicht aus der Arbeit, sondern aus der Form. Er stellte nicht die arbeitende Menschheit dar, nur die Dummheit der Menschen. Er liebte nicht sein Jahrhundert, nicht die Mitlebenden; so umwälzend er wirkte, „nie wollte er zugeben, daß alles vereint marschiert, und daß die Nachrichtenpresse die jüngere, wenn auch vielleicht verwahrloste Schwester von Madame Bovary ist." Denn er, romantischem Empfindungsprunk zu tief noch verpflich-

63

tet, hatte sich wohl durchgerungen bis zur Wirklichkeit,
aber unter Opfern, aber mit Murren. Er würde die
Wirklichkeit gern verlassen haben, er verließ sie, wo
es anging. Dem alten, unfruchtbar gewordenen Spi-
ritualismus entwachsen, verharrte er in Skepsis und
gelangte unter allen zum tiefsten Einblick in das
Nichts. So wert war ihm niemals die Wirklichkeit,
die er doch bemeisterte, daß er ihr die Hervorbringung
neuer Ideale zutraute. An solchen aber schuf Zola.
Flaubert schrieb um des Schreibens willen. Wozu
sonst? Er schrieb unter dem Kaiserreich. Er stellte
es nicht, wie der Jüngere, dar, als es überstanden
war; es drückte auf ihn und bestimmte ihn. Ästhetizismus ist ein Produkt hoffnungsloser Zeiten, hoff-
nungtötender Staaten. Flaubert war berühmt, war
dabei ohne Feierlichkeit und hilfsbereit, ein guter
Mann, und schuf doch um sich her weder Bewegung
noch Wärme. Gealtert, war er nicht einmal ehrwür-
dig. Denn der Ästhet hat kein Alter. Autorität, Ehr-
würdigkeit, jede hoch menschliche Wirkung ist bei dem
Moralisten ... Wird Zola so hoch steigen? Bald zehn
Jahre seit seinem ersten Auftreten als Naturalist, und
im Grunde kennt immer noch kein Mensch ihn. Er
kämpft all die Zeit ohne Waffenstillstand. Sein Journalismus ergänzt ihm, wie es geht, die unzuläng-
lichen Einnahmen aus seinen Büchern, und überdies trainiert er ihn; denn Zola hat sich verpflichtet,
zwei Bände jährlich zu liefern. Er hat geheiratet, in
dem schwierigsten Augenblick, gerade vor dem Krieg;

64

wohnt seither bürgerlich, in Gartenhäusern mit Gelegenheit, sich im Freien körperlich zu üben; und unter Arbeit, Kampf, Enttäuschung vergehen Jahre, unter drängenden Sorgen, Bankerott des Verlegers, neuem Kampf vergehen Jahre. Welche immer zunehmende Spannung, was für ein erbittertes Warten, wie vor einer noch verschlossenen Tür! Der Erfolg war ihm geschuldet! Nicht er allein, die Zeit, das Leben selbst forderten Erfolg für ihn, ihren Verkünder! Damals fanden Beobachter ihn so ruhelos, angstvoll, verwikkelt und tief, so schwer zu fassen und zu durchschauen, daß sie ihn für das melancholische und erbitterte Opfer einer Herzkrankheit hielten. Die feine Modellierung seiner Züge fiel auf, die Skulptur der Lider, die merkwürdige Nase, vorn gespalten und beweglich wie die eines Jagdhundes — und dabei der bebende Zorn vor der verschlossenen Tür des Erfolges, dieses Pochen auf seine Jugend, das ewige Zurückkommen auf sich. „Die Sache ist die, ich habe so viele Feinde. Und es ist so schwer, von sich reden zu machen." Wo war das Dachstübchen, darin er reine und unverwendbare Verse schrieb. Die hatten freilich keine Feinde. Jetzt waren die Fallstricke der Welt entdeckt, ihr Mangel an Gutherzigkeit und ihre Neigung, selbst zum Guten, grade zum Guten, sich immer nur zwingen zu lassen. Der Gewitzigte übertreibt noch die Neigung. Da wir kämpfen müssen, stellt er sich auf einen äußerst gewaltsamen Kampf ein, — den die Welt vielleicht manchmal nicht weniger belächeln wird, als sie zu viel

Naivität belächelt. Denn die Welt ist selten irgend jemandes vorgefaßter Feind; sie ist nur träge und mittelmäßig.

Und endlich der Erfolg. Er kam, wie er immer kommt, wenn Unerhörtes durchdringt: mißverständlich und mit bitterem Beigeschmack. Am Meeresstrand, vor der großen, einfachen Linie des Horizontes, hatte ein Träger einfacher und großer Menschlichkeit geahnt und gesucht. „Ich müßte etwas finden wie dies." Dann schrieb er das Leben einer Frau aus dem Volk, ihren Weg in das Elend, mit einem Mann, der zum Trinker wird. Die Zeitung aber, die den Roman brachte, mußte ihn abbrechen, der Lärm ward zu groß; und dieser Lärm behielt auch noch beim Erscheinen des Buches ebenso viel von einem Skandal wie von einem Triumph. Es ist wahr, L'Assommoir war ein Volksroman nicht nur dem Stoff zufolge, sondern dem Sinn nach und in der Arbeit selbst. Sogar die erzählenden Stellen waren in der Sprache der Personen gehalten, von denen erzählt ward; und nicht feiner als ihre Sprache waren ihre Handlungen. Fast alle diese Arbeiter lebten zu nahe am Laster hin, wenn sie ihm nicht schon gehörten, und von der untersten Klasse des Proletariates, seinen verlorenen Söhnen, waren sie nicht entschieden genug getrennt. Auch fügte es sich, daß die Untersten, diese Zuhälter, Drohnen des Proletariates, die, genau wie die oberen Drohnen, für jede Macht zu haben sind, wenn die Macht sie bezahlt, in L'Assommoir Revolutionäre waren.

66

Doppelter Genuß! Der bürgerliche Leser ward geschmeichelt in seinem Haß auf das Volk und in seiner Lust am Gemeinen. Das Buch, in allen Bürgerhänden, ward von der bürgerlichen Kritik mit sämtlichen Dingen verglichen, die man nicht anfaßt. Hilfe und der erste Beifall, der nicht beleidigend war, kamen dem Urbild des naturalistischen Romans von einem Ästheten, Catulle Mendès. Auch dieser genoß; denn die Poesie der Demokratie, hier zeigte es sich das erste Mal, ist üppiger und hinreißender als jede andere. Hier waren Bilder kraftgesättigt, das Erwachen von Paris, der Schritt der Arbeiterbataillone, Coupeau und Gervaise machen Hochzeit, und die schnell berühmte Prügelszene in der Waschküche. Hier war mehr. Nicht die realistische Literatur nur, wie vorher in einem Roman der Goncourt, ergriff Besitz von den Arbeitern und ihrer Welt: das moderne Menschentum tat es im Namen des sozialen Gewissens, Miterlebens, im Namen seiner tiefen Brüderlichkeit. Das Bittere des Buches und seine Härte waren agitatorisch, bedeuteten Zorn und Aufruf. Einseitig war die Idee vor Leidenschaft, und die Gewaltsamkeit war verklärt, weil ein Mensch, bürgerlicher Literat seines Standes, mit seinem Innersten die Grenzen überschritt der Barbaren, der noch nicht Nachgerückten, des unbekannten Volkes. Barbaren — er verheimlicht es nicht, er gibt noch darauf, zu ihrer Barbarei, er scheint zu verleumden, so sehr will er wahr sein. Aber in solcher Inbrunst der Wahrheit, die sich nie genug tut, ist

**67**

Proteſt und Forderung, iſt Führerwille. „Hinauf, Menſchen! Heraus aus eurem Schmutz, den ich nachmale,
eurem Elend und eurer Schande, die ich nackt hinſtelle;
hinauf mit mir, arbeitend ihr und ich! Wir ſind Brüder, nicht viel Worte davon. Es heißt ſeine Pflicht
tun.“ Geiſtige Liebe iſt hier die Wahrheit, geiſtige
Liebe, und der Tatwille des Geiſtes in ihr ſchon be-
ſchloſſen. Herangereift während der langen Anſtren-
gungen der Rougon-Macquart, worin das Volk überwiegt, erklärt er ſich eines noch fernen Tages ohne
Scheu und Rückhalt. Man gebe acht auf einen großen
Künſtler, der liebt.

Dieſer Erfolg, heiß erkämpft, ſpät heimgetragen,
konnte nicht betören. Der Siebenunddreißigjährige
ſieht dem Erfolg, wenn er ihm endlich begegnet, weniger harmlos in ſein fragwürdiges Geſicht, als ein
angenehmes junges Blut, dem die Mitwelt, weil ſie
gut gelaunt iſt, den unverdienten Kranz aufſetzt. Was
blieb, was immer nachzitterte, war das Gefühl einer
überſtandenen Gefahr. Auch diesmal hätte es gehen
können wie ſonſt: von dem und jenem entdeckt und
wieder fallen gelaſſen; geleſen oder auch nicht. Ein
Band ſchien kühn und ärgerte oder warb; ein anderer
enttäuſchte; weil er gewiſſen Politikern nicht gefiel,
galt der dritte für erledigt. Eine ſo geringe Macht
war dieſer Autor, noch nach ſechs Bänden ſeines
Werkes. Er ſtand im Begriff, endgültig eingereiht zu
werden, nicht unter die Mittelmäßigkeiten, aber wohl
unter die Talente, die gruppenweiſe auftreten und

auch gruppenweise wieder verschwinden. Er war ein
Realist, im Gegensatz zu dem Nachtrab der Romantik.
Nirgends, außerhalb einer kleinen und einflußlosen
Freundesschar, hat ihm gegenüber Verständnis auf-
geblitzt, Vorgefühl eines einzigen Vorganges: das
Heraufkommen eines Führers. 1877, als endlich
L'Assommoir entschied und Raum schaffte, stand alles
auf der Schneide. Noch einer oder zwei von diesen Auf-
tritten in halber Öffentlichkeit, und dem Namen Zola
war für die Dauer des lebenden Geschlechts, wenn nicht
für immer, die Schwungkraft genommen. Er selbst war
damals durchdrungen von seiner Lage, und blieb
immer unfähig zu vergessen, daß das Leben auf der
Schneide stehen kann. Der Erfolg wiegt ihn nicht
in Sicherheit. „Niemals wieder werde ich einen
Roman schreiben, der aufrührt wie L'Assommoir,
einen Roman, der geht wie Nana." Der Erfolg
steigert seine Unruhe, bis zu Zweifeln, ob er verdient
sei. „Unsere Erfolge hängen immer auch mit dem
Lyrismus zusammen, der sich trotz allem einschleicht
in unsere Werke... Das Beste sind vielleicht meine
kritischen Schriften... Denn die Kritik ist für mich
einfach eine Art historischer Roman, Anatomie einer
Persönlichkeit, die gelebt und Dokumente hinterlassen
hat." Das Beste ist vielmehr diese Fähigkeit, ganz zu
vergessen, was schon erreicht ist, im Geheimsten sich
noch immer arm und verkannt zu fühlen, und wenn
die Siege zu leicht fallen wollen, neue Kämpfe her-
auszufordern. Sein Kampf um den Eintritt in die

Akademie war vor allem eine Erweiterung der Le=
bensgebiete, auf denen er kämpfte. Er hatte sie red=
lich verachtet. Als aber sein Ruhm und seine Macht
sie überholt und sie ihm nichts mehr zu bieten hatte
außer einer offiziellen Bestätigung seines tatsäch=
lichen Besitzstandes, da gerade würdigte er sie dieses
aussichtslosen Kampfes. Er hatte „zu viel Sinn für
das Leben", um Ehren auszuschlagen. Alles erobern
im Namen der Wahrheit! ... Auch mit dem Theater
kämpfte er im Namen der Wahrheit, und ebenso
zwecklos. Er kannte das Theater, er hatte ihm seinen
Rang erteilt. „Das ganze Genie der Zeit erscheint
gesammelt im Roman, er nur wird die Literatur des
neunzehnten Jahrhunderts einst kennzeichnen." Da
er die Breite und die Fülle hatte, das umfassende
Leben einer arbeitenden Demokratie, was suchte er
in einem abgesonderten Raum, wo nur gesprochen
ward, und wo Episoden privater Natur stattfanden?
Sein Reich war vom Menschlichen das Allgemeine.
Wenn es nicht höher war, ganz sicher war es mäch=
tiger. Die Dramatisierungen seiner Romane blie=
ben Romane. Ihr großer Bühnenerfolg bewies ge=
rade so wenig wie der geräuschvolle Mißerfolg der
Kleinigkeiten in drei, vier Akten, die er bei Seite und
ohne große Überzeugung, noch für das Theater schrieb.
Aber nach der triumphalen Premiere von Nana war
er tieftraurig, und nach dem Durchfall einer Komödie
bleich, betäubt, gramversunken. Und eben dies, die
ewige Leidenschaft des Anfängers, der Krampf der

70

Entscheidung, die Verzweiflung nach Niederlagen, waren Bürgschaften einer nie verbrauchten Kraft des Erlebens, und eines Weges, der immer noch hinanging. Er kämpfte, also wuchs er. Jeden Morgen sich an den Tisch setzen mit dem einzigen Glauben an die Arbeit, an den Willen zur Arbeit — und mit der Furcht, man könne keine zwei Zeilen mehr schreiben. In diese drei Arbeitsstunden alles zusammenpressen, was du hast, was dein Leben hergibt. Nichts fühlen als die Arbeit; nachher nicht wissen, daß die ganze Zeit ein Hund geheult hat oder daß Gewitter war. Entnervt nachher bis zu Krisen wie die eines jungen Menschen, der in der Angst des Examens, nun gilt es, seinen Aufsatz beendet hat. Er ist fertig, das Tagwerk ist getan, man geht umher, zerstreut, ohne jemand zu erkennen, aber doch nicht in Gedanken; denn man denkt heute nichts mehr. Man denkt nur, wenn man schreibt. Man liest nicht einmal, außer für seinen unmittelbaren Gebrauch. Alles Verwendete vergißt man sofort, und auf Unverwendbares verzichtet man achselzuckend. Was wir nicht kennen, werden wir nie darstellen: wozu sich Gedanken machen über Gott und Jenseits. Zola hat nur mit Mühe eine abstrakte Idee festgehalten. Wenn eine Wissenschaft ihm nahe kommen sollte, mußte sie sich auf den Menschen beziehen; und er gehörte nicht zu denen, die bei dem Begriff „Wirtschaft" sich Zahlenreihen vorstellen, sondern er sah bewegte, getönte Menschenmengen, er roch sie sogar. Jeden Augen-

71

blick, solange er Le Ventre de Paris schrieb, konnte er den Geruch wachrufen, den in den Markthallen die hoch aufgeschichteten Hühner haben. Er sah, was er sich vor Augen rief, in Farben, in verstärkten Farben, — indes die Linien durcheinanderliefen, unter den Schlägen der Bewegung, die immer in ihm war. Bewegung, das ist Ursprung, Haupttugend und Endziel der französischen Romane, die er schrieb ... Ach! Niemand verschließt sich ungestraft gegen alles, was ihn hemmen will in seiner Leidenschaft, was ihn zerstreuen und an der Oberfläche erhalten will. Auch hier ist der Mißbrauch einer einzigen Fähigkeit gebüßt worden. Zuerst mit Vereinsamung. Menschen gewähren selten das gehobene Lebensgefühl, zu dem das Werk verhilft. Nicht einmal Nutzen kann man aus ihrer Erscheinung ziehen; man hat sie, wenn man darstellte, schon längst übertroffen und hinter sich gelassen. Und der Alleingebliebene verfällt in Wunderlichkeiten und Nötigungen, die abergläubische Vorliebe für gewisse Zahlen, oder das Berühren von Gegenständen, die Glück bringen sollen: wiederaufgelebte Elemente aus den Köpfen längst entschwundener Südländer, die seine Vorfahren waren, Rache der Unvernunft an seiner allzu hohen Vernünftigkeit. Was aber ist dies? Mitten in Glück und Gelingen beschleicht ihn Trauer. Noch soeben, bei der Arbeit, während einer Diskussion mit den Freunden, hat sein Glaube geflammt; plötzlich, da das Räderwerk des Geistes abgestellt ist, tritt Zweifel ein, Ver-

suchung, sich zurückzuziehen aus der Öffentlichkeit, —
vernehmbar werden die Zuflüsterungen des Nichts.
Sinnestäuschungen erscheinen, und es kommt Todes-
angst. Die Furcht, nicht fertig zu werden, legt sich
um jedes Werk, legt es wie in ein Leichentuch. Seine
Mutter stirbt, der Sarg ist breiter als die Tür, er
wird durch das Fenster hinabgelassen, — und fortan
zieht dies Fenster ihn grauenvoll an bei Tag und
bei Nacht: wer von uns Übriggebliebenen wird zuerst
dort hinausfahren? Die Mutter war es, die ihm
ihre nervösen Störungen vererbt hatte. Gegen das
dreißigste Jahr brechen sie aus, verschlimmert durch
die Nachwirkung des vergangenen Elends, des trocke-
nen Brotes, fruchtlosen Ehrgeizes, und nachhaltig gemacht durch eine Überanstrengung, die zur immer
strengeren Regel wird. Die Arbeit ist nachgerade wie
ein Laster, das nur so lange aufrecht hält, als man
es vollzieht. Zwei Tage ohne zu arbeiten, eine ver-
dammte Seele. Acht Tage, er würde krank werden.
Er ist krank. Sein Herz täuscht ihm ein schweres
Leiden vor, er hat kurze, schlechte Nächte, matt und
mit Zagen sitzt er schon eine Stunde nach dem Aufstehen, denn der frischen Stunden sind wenige, vor
seinem Werk. Dies war der selbstgewisse Büffler und
Geldmacher, den seine Gegner beschrieben. Schwer
trug er an seiner Arbeit, dieser Sendung.

Und trug doch leicht. Die Arbeit hatte selbst in
sich alle Heilmittel für ihre unvermeidlichen Folgen.
Die Manien verloren ihr gegenüber den Ernst, ver-

78

geſſen waren alle Schmerzen, und der Tod war fern.
Für die Arbeit kämpfte man, nie entmutigt, gegen
jeden Schatten, der herbeiwachſen wollte. Wenn der
ungeübte Körper ſich verfettete, ward ihm dieſelbe geduldige Anſtrengung gewidmet wie der Arbeit, für
die er tauglich bleiben mußte. „Er hat die Kraft,"
hatte Flaubert geſagt. Die Kraft aber war auch hier
gemacht aus Entſagung, Willen und Intenſität.
„Das Genie gibt die Natur wieder, aber intenſiv,"
ſo dachte Zola; ſo dachte er wohl von ſich ſelbſt. In
guten Stunden hat er mit Zuverſicht der „ſtrotzenden
Schöpfer" gedacht, „die eine Welt mit ſich tragen,"
und die ſchließlich immer weiterkommen als Subtile und Angenehme. Dies war in Wahrheit ſein
Grundbewußtſein, — da es das Grundbewußtſein
der ſtrotzenden Schöpfer iſt. Zweifel trafen nur die
Gegenwart, die kleine Leiſtung dieſes Morgens.
Aber alle die kleinen Leiſtungen zahlloſer Morgen-
ſtunden aufeinandergelegt, ergaben ein Werk und
eine Zukunft, die ohne Zweifel waren. Freilich ſah
er doch lieber in kein früheres Buch hinein, aus
Furcht vor peinlichen Entdeckungen. Denn wir ſind
vielfältig, und gläubig und ungläubig in einem.
Dieſer hier, Neuropath und morbid, ſtreift, wenn
es gilt, alles ab und iſt geſünder als die Geſunden,
von einer Geſundheit höheren Ranges. Seine kurz-
ſichtigen Augen, die ſich unermüdlich über alles neigen, was dienen kann, nehmen genauer wahr als die
meiſten andern Augen. Alle ſeine Sinne, mit ihrer

74

Unbestechlichkeit, nötigen ihn, wahr zu sein, stellen ihm fortwährend als unausweichliches Gesetz die Wahrheit hin. Hätte er die Neigung, starke Farben zu geben und, einer überwältigenden Bewegung zuliebe, zu vergröbern; möchte er schwül und brutal sein, womit man modern ist und nichts weiter: die Wahrheit ruft ihn vom Abgrund fort. Die Wahrheit, Seele seiner Arbeit, bürgt ihm dafür, daß nicht weniger Glück als Leiden dem wird, der arbeitet. Wie fest stand er da, dieser Mann, seine Wahrheit im Herzen, und im Hirn die Kraft, sie durchzuführen! Wie stand er fest in der Zeit, ihrer so sicher wie seiner zwanzig Bände, in denen sie darin war, unweigerlich: die Natur selbst, gesehen durch ein Temperament. Glücklicher Standpunkt, an jener Stelle, wo Romantik zusammentraf mit Wissenschaft, die Romantik unschädlich, nur noch Diktion, nur noch Mittel zur Wirkung, der wissenschaftliche Geist aber jung, lebenumspannend, stark wie seither nie. Da ließ er denn aus Dokumenten, die ihm alles brachten, Plan, Charaktere, Handlung, eine Wirklichkeit sich bilden und vollenden, die dennoch nur seine war, — aber die Zeit nahm sie entgegen, sie bestätigte seine Wahrheit! Warum? Er konnte das größte Gedicht des materialistischen Jahrhunderts, konnte La Terre schaffen, und es konnte totgeboren sein, weil in seiner Stadt, seinem Land die meisten nicht sehen wollten, was war. Er hätte den Anfang eines Reiches, La Fortune des Rougon, und in dem Anfang schon den Keim

75

des Endes erschauen und doch in einem Volk schreiben können, wo Konsequenzen nicht eintreffen, alle
Halbheiten weitergeschleppt werden, und wo die Wirklichkeit ihn nie bestätigt, ihm nie auch La Débâcle
nachzuschreiben gegeben hätte. Aber der vollkommene
Beruf und die restlose Organisiertheit für eine zu
leistende Arbeit bedeuten vielleicht, daß hier die Zeit
einen Auftrag erteilt hat, und verbürgen schon das
Glück. Und so hatte er Glück, schuf im Glück, litt sogar im Glück. Er hat sich immer als braven Mann
empfunden, — denn alles stimmte, und ein braver
Mann ist der glückliche Mann. Die großen Ängste,
die großen Gefahren blieben, er wußte sie bereit wie
je; dennoch hat man sich auf der Lebenshöhe nachgerade bei ihnen eingewöhnt und fühlt sich auch unter
Raubtieren zuweilen nicht unbehaglich. „Ich bringe
hervor und bin gesund." Dies war nicht mehr der
tief Unruhige, der ausgezehrt wie von einer inneren
Krankheit, unter eine Gesellschaft trat, sich in den
Stuhl fallen ließ wie erdrückt, und das Glück für
nichts erklärte, — indes draußen die Welt von seinem
Namen voll war. Das Leben, das er arbeitend so
leidenschaftlich feierte, war manchmal auch dann gut,
wenn er sich ihm einfach hingab. Sein Haus, das
erarbeitete Haus in Médan, fortwährend vergrößert,
war ein Bild der Wahllosigkeit eines großen Arbeiters
vor den Früchten seiner Arbeit. Marotten und kost-
spieliges Gerümpel; Wappen aller Städte, wo seine
Vorfahren gehaust hatten, im Billardzimmer; sein

76

Arbeitszimmer eine Kirche, ungeheuer hoch und so voll Mittelalter, daß Flaubert, ergriffen, darin das Zimmer Sankt Julians des Gastfreundlichen sah; — in der Dämmerung aber spielte der Verfasser von Germinal auf dem Harmonium. Der Typus des reich gewordenen Bürgersmannes ward in diesem Fall ausgebaut durch den Ungeschmack des Genies. Er wollte das Moderne, aber schön, wollte das Schöne, aber klar und bestimmt, und so wollte er als erklärtes Ideal: eine Maschine aus Diamant. Geld freilich schien ihm vor allem den Wert seiner Launen zu haben; er schätzte es nicht nach der Arbeit, durch die es hervorgebracht war. Alle andern Werte des Lebens bestanden neben der Arbeit, in ihrem Schatten nur, so wert sie waren. Die gute Frau, die die seine war, ging so leise wie er es brauchte, die weite Straße mit, die er sich baute. Er dachte sie nicht nur für sich zu bauen, er hat geglaubt, viele würden nachkommen, „Naturalisten" wie er, und ihn ablösen. Freundschaft ist immer für ihn der reine Bund geblieben, der sie einst in seiner frühen Zeit gewesen war; nie wurde sie zur Verknüpfung von Interessen. Schüchtern vor Menschen, weil er von ihrem Wert gerade so überzeugt war wie von seinem, vollzog er jede Annäherung immer nur wie eine ernste Handlung. Freundschaft hatte das Gewicht der wahren Liebe. Flaubert, der noch lebende Goncourt, Daudet und Zola: Vertrautheit und Freimut. Keine starren Individualitäten, jede eine verhandelnde Macht; sondern

77

biedere Mitkämpfer. So wenigstens empfand er seine besten Erinnerungen aus dem literarischen Leben, wenn sie zusammen gesessen hatten, die Geister aufeinander stießen, sich für mehrere Tage Bewegung mitteilten, und man dabei gewiß war, im Grunde sei man einig. Flaubert tot, Daudet mißtrauisch, halb feindlich: als Trost blieben einige Altersgenossen, die ihm anhingen, und dann die Jungen. Sie sollten zu ihm kommen als Gleichberechtigte, nicht zu einem unantastbaren Meister, nur zu dem Kameraden, der als Beispiel dient. Ein großer Mann, wohl; aber ein demokratischer großer Mann! So hatte er, wie in jener frühen Zeit, Gesellen, mit denen er gemeinsame Arbeit zu tun meinte, hatte Gesinnungsgenossen, die er für unwandelbar hielt, strahlte aus, indem er lebte, und liebte, weil er reich war. Dann entfremdete sich ihm dieser und jener, andre versagten, es gab auch welche, die verrieten. Selbst Eckermann stirbt, der gute Alexis, die ergebene Seele, die nie fehlt, wo so viel Kraft ist. Allein zum Schluß, keine nachrückende Truppe, nur ein General; aber sein Name, dieser Name aus zwei hellen Noten, verkündet wie ein nahendes Hornsignal immer lauter, was er tut, und daß er lebt. Kein anderer wird so laut, das Jahrhundert hat keinen aus Arbeit gemachten Ruhm, der diesem gleicht. Sein Werk, alle die aus seinem Zimmer hervorgegangenen Bände, millionenfach in den Händen der Welt, der Welt, so weit sie ist, bestätigen ihr die höchste Macht, der

78

sie anhängt, die Arbeit. Zola in seinem Zimmer, abgeschieden und doch öffentlich, liebt in seiner Macht, die er von allem am meisten liebt, die Macht der Arbeit, den Aufstieg der arbeitenden Menschheit. Da er sich vom selben Wesen weiß wie sie, wird er eines Tages, als ihr Gefahr droht, alles was er ist und vermag, für sie einsetzen. Im Namen der Wahrheit, die sein Werk beseelt hat, wird er die Demokratie retten. Seine Tat wird der Abschluß seiner lebenslangen Arbeit sein. Aus Arbeit ward ihm Kampf, Idee, Erfolg, Leiden und Glück. Aus ihr auch Macht. Und aus ihr, was von ihm bleiben soll, sein Werk, dies große Gedicht.

## Erdengedicht

Homerische Landschaften, und darin griechisches Idyll, viel Leidenschaft auf öffentlichem Markt, hohe Unschuld und große Abgefeimtheit, heroische Ziele, die Verwirklichungen aber erbärmlich zugleich und tragisch: dies ist der Beginn des zwanzigbändigen Gedichts. La Fortune des Rougon setzt ein als Hoheslied des Volkes, eines Volkes im Süden, denn Plassans liegt, wo Aix liegt, — seiner Wärme, Triebkraft, seines liebreichen Menschentums und Willens zur Erhebung gegen Herren und Erniedriger. Diese Gegend ist weit und frei wie diese Seelen, mit Mondlicht jetzt eben auf den Abhängen fernhin, und gegen den fernsten, hinter der letzten Wolke grauen Glaubes, rollt das Meer. Ein Blick von oben! Durch

79

eine Erdfalte, verloren in der Weite, wimmelt es
von Wesen, die herbeistreben, Menschenwesen, Seelen
eines gemeinsamen Dranges. Sie mehren sich, aus
Seitenwegen kommt Zulauf rottenweise, Waffen
blinken auf, bäurische Geräte, die Waffen sein sollen.
Der Geruch der Armen zieht mit ihnen; über ihnen,
getragen von einem Mädchen in rotem Mantel,
schwebt ihre rote Fahne, und auch ihr Gesang steigt
auf, die Hymne der Revolution. Dennoch sind dies
keine Revolutionäre mehr, sie waren es vor drei Jahren, 1848; heute heißen sie nur noch Insurgenten.
Die Zeit geht vorbei an ihnen mit fremdem Gesicht,
zielbewußte Begierden siegen über ihre unsichere Begeisterung. Nach einer kurzen Wallung des sittlichen
Wollens ist wieder einmal der Sinn für das Wirkliche bei den Menschen obenauf gelangt und die här-
teste Militärmacht kündet sich an. Sieger noch vor
kurzem und einig mit dem Herzen des Landes, sind
diese nun überlebter, irrender Aufruhr, der im Mondlicht durch schlafendes Land zieht, das wandelnde
Ideal, hochherzig und unwissend, dem Tod schon geweiht, bevor es kämpft. Im Schatten der Stadt aber
wachen die, die das gemeine Leben verstehen wie einen
Kumpan, mit ihm verbrüdert sind und dasselbe Geschäft haben. Das sind die „Bürger“. Ihnen sagt
ihre Natur: eine idealistische Republik kann nicht leben; geboten ist es, den Gewalten beizuspringen, die
sie umbringen. Der neue Imperialismus wird Macht
und Genuß zu verteilen haben, nicht früh genug

kann man sich ihm nützlich erweisen: unter der Hand,
versteht sich, und mit Vorbehalt, falls es anders käme.
Die Familie Rougon, schäbig bisher trotz Bedenken-
losigkeit, und von allen Begierden gehetzt, macht sich
zum bonapartistischen Agenten, kanalisiert Haß und
Furcht der Spießbürger vor dem Volk, und arbeitet
auf hundert Schleichwegen für den einen großen Augenblick, in dem Blut fließen soll. Denn nur Blut
trifft die Einbildungskraft und macht unwiderruflich.
Nur auf schlüpfriges Blut werden die festen Reiche
gegründet. Der Ordnung hilft man am sichersten
zum Sieg durch ein Verbrechen. In Paris tun die
Bonaparte es, in Plassans die Rougon. Was in Paris Geschichte ist und Staatsstreich heißt, in der kleinen Stadt ist es lumpige Schusterei; die Tuilerien,
die erobert werden sollen, sind hier das Haus des
Steuereinnehmers. Aber der Aufstieg der Rougon
hat den gleichen Ursprung wie der jener andern Familie, auch sie haben verraten, auch bei ihrem Sieges-
fest liegt vergessen unter dem Bett ein Schuh mit
blutigem Absatz. Sie haben fette, schlaffe Körper,
verunstaltet durch Beschäftigungen, die weder geistige
noch körperliche Arbeit sind. Es scheint, daß sie kein
Recht auf Furchtbarkeit haben. Auch werden sie nur
furchtbar um eines kleinen, gemeinen Nutzens willen.
Man möchte sie nicht fürchten müssen, wie man die
großen Menschenschlächter fürchtet. Wenn aber die
Stunde kommt, gleichen sie diesen. Hier wie dort
treibt die Angst dem Verbrechen zu; „Not kennt kein

Gebot", sagen auch sie, bevor sie es begehen; und im Schlummer, wo das Geschehen zum Gleichnis wird, macht es nichts aus, daß es nur Krämersleute sind, die träumen. Fahl und schwitzend in ihren Laken, sehen sie einen Blutregen fallen, dessen Tropfen sich am Boden in Goldstücke verwandeln. Ein Kaisertraum. Wer sagt, daß sie nicht auch wachend mit großen Gedanken einhergehen können? Einige sind Träumer der Macht, unvergleichbar jenen elenden Begierden, deren sie sich bedienen. So ist Félicité, Rougons Frau: der Weib gewordene Wille eines Geschlechts, hinaufzugelangen. So ihre Söhne, der Minister und der Spekulant. Der dritte Sohn aber, Doktor Pascal Rougon, spricht: „Ich werde beschuldigt, ich sei Republikaner. Gut, das kränkt mich nicht. Ich bin es wohl wirklich, wenn man damit einen Menschen meint, der das Glück Aller herbeiwünscht." Denn diese Familie und diese Menschheit sind eingeteilt in solche, die an die Macht glauben, und andere, die das Glück wollen. Diese bilden das Volk, jene sind Bürger. Dem Bürger stehen nicht, wie noch bei Flaubert, nur die Geistigen gegenüber. Auch die Geistigen stehen ihm gegenüber, aber mit dem Volk. Die Gegenspieler des Bürgers sind größer geworden, denn er selbst ist gewachsen. Das scham- und hemmungsloseste aller Reiche, die er sich bis damals schuf, öffnete seine Schwelle. Die Fähigkeit, die einzige, mit der er sich erheben kann über sich selbst, die Spekulation, wird grenzenlos. Schon hier, im ersten Band dieser

Geschichte eines Bürgerreiches, fühlt man einen Hexen=
sabbath kommen ohnegleichen; und fühlt, auch die
Stunde kommt dann, da alles fortgefegt wird und
reinere Kräfte wirken dürfen. Geschrieben ward dies,
als sie nahe war; die leidende Ungeduld hat mit=
geschaffen, wann stürzt das Reich? Das Volk, dessen
Tag bevorsteht, ist hier verklärt, wie nur Sehnsucht
verklärt. Gegenüber dem Bürger, knifflich=verbreche=
risch und mißlungen in seiner halben Denkfähigkeit,
erhebt das Volk sich ganz aus einem Stück, wie der
Sturm einer einzigen, nur gefühlten Idee. Die
Volkskinder lieben einander rein, mit der Reinheit
antiker Liebender; Schmutz und Geruch ihrer Arbeit
sind verflüchtigt, als seien sie zurückgekehrt aus Jahr=
tausenden. Immer ist Poesie für Zola nur in den
rauhen Lebenskreisen, unter Menschen, die sie nicht
suchen. Ihnen folgt seine Sehnsucht. Und seine Er=
innerung. Denn Zola hat es noch in sich und wird
es immer in sich behalten, wie frei, gütig und
vom Adel der edelsten Natur beseelt jenes Volk war,
das Volk am Mittelmeer, dem er angehört hatte,
bevor er Großstädter ward. Ein Idealbild des Vol=
kes, der wahren Menschheit, wird ihn heimlich be=
gleiten durch sein ganzes Werk, bis in seine hoff=
nungslosesten Schilderungen des Wirklichen. Im
Alter endlich wird es alles überstrahlen, alles Wis=
sen, alle Bitterkeit, und allein übrigbleiben. So kam
es, weil er ein Grieche war. Grieche — das ist ein
Auge, das in reine Ferne zu sehen gewöhnt und

Erdenräume zu überblicken fähig ist. Er wird in die Abgründe der Gesellschaft tauchen, wird sich zu Leidenschaften versteigen, die die Welt und Gott vergessen haben, — und wird doch immer alles Menschliche umfangen wissen von weitem Himmel, bestimmt sich aufzulösen, Schicksale, Familien, Reiche, und einzugehen in die ewige Erde. Er dichtet aus der Höhe; das rasendste Leben sieht er doch nur in kleinen Erdfalten vor sich gehen. Sein Gedicht gilt der Erde.

Und so sieht er Gleichnisse, schafft in Gleichnissen. Der Roman der Pariser Markthallen wird zum Sinngedicht der Mageren und der Dicken, der triumphierenden Menschheit und der besiegten. Die Geschichte eines Ministers rollt sich ab, wie ewig auf Erden das Wesen der Macht sich abrollt, typisch bis zur Ungreifbarkeit, und wieder sinnlich durch die Kraft der Idee. Dies ist der Machtmensch, der Herr schlechthin, und ganz unnütz, wenn er nicht Herr sein darf. Die zwecklose Wucht der massigen Schultern! — bei einem gestürzten Machthaber, der auf seine Rückkehr wartet und nur wartet, ohne geistige Interessen, ohne eine Tätigkeit außer der Macht, und zu allem bereit, damit er sie wieder ausüben darf, bereit zur Verleugnung seiner ganzen Vergangenheit, ja, käme es darauf an, zum Spiel mit dem Leben seines Fürsten, — denn der war immer nur der Vorwand für den Machttrieb seines treusten Dieners . . . Was ist Nana? Zuerst ist sie „das Gedicht der männlichen Begierden". Zum Schluß „fehlt nicht viel", daß ihr mit Blattern

84

bedeckter Körper das gegen den Tod kämpfende Frankreich des zweiten Kaiserreiches bedeute. Und nichts fehlt, daß sie mehr bedeute, „eine Naturkraft", unwissend über das Böse, das sie tut. Großstadt; die Tochter des ausgesogenen Volkes rächt es an den Reichen, kraft ihrer vergifteten Schönheit. Die Gosse spritzt ihnen in das Gesicht, und sie krepieren daran. Kreislauf des Lasters, Kreislauf des Todes; Menschengetriebe, großartig wie Natur; Poesie des Äußersten; im dumpfigsten Winkel atmet noch immer Pan; Großstadt, aber Stein ist Erde. Der Jüngling, der davon träumte, die Menschheit aller Zeiten zu schildern, die Jahrhunderte, nicht das Jahrhundert, hat mitgeschaffen hier. Er hat immer mitgeschaffen; „das Erhabene, das mein verdammter Schädel nicht lassen kann zu träumen"; — und einmal, auf der gebieterischesten Höhe des ganz gereiften Mannes, ist der Jüngling von einst seinem Traum näher gekommen, als Menschen hoffen dürfen, von sich und ihren Träumen. Dies Wunder heißt La Terre — und ist das Werk der äußersten Wahrheit, unnachsichtig wie Evangelien sind, und nicht weniger gewaltig als sie. Was wäre noch zu verklären oder zu erkämpfen, hier, wo das Handelnde die Erde selbst ist, sie, die ihre Geschöpfe gebiert und frißt, sie, die ihnen keine Spanne Freiheit zuläßt von ihrem Gesetz, keine Begierde, die nicht Erde, keinen Gedanken, der nicht Erde wäre, Mutter und Anstifterin sie, jeder guten Tat und jedes Verbrechens. Je näher bei ihr, um so unerbittlicher der Mensch. In diesen Bauern lebt nur das Eine: Erde besitzen, — und wären dafür die Eltern totzuschlagen. Noch wenn sie lieben, hält die Erde ihre Kinder in ihrem Schmutz fest, eine Verlobung geschieht in einem Bach von Jauche; und rührend wird der Mensch nur eben durch seine Untrennbarkeit von ihr, seine Hingebung an diese gefräßige und undankbare Erde. Denn was gibt sie zurück, für so viel Arbeit, so viel Leidenschaft? Was stillt sie, von allen Hoffnungen auf ein besseres Leben, auf Glück, Emporstieg, Veredlung? Sie stillt nur gerade den Hunger, und gibt nur gerade das Brot. Sie läßt sich befruchten, und in alle Ewigkeit ist ihre Frucht die gleiche. Fruchtbarkeit, die zwecklose Un- zucht ist: so lebt sie, so leben ihre Kinder. Wo ein armes menschliches Arbeitstier im Tod zusammen- bricht auf der weiten gefurchten Erde, die es nicht sieht, da, einige Heuhaufen weiterhin, hat ein anderes Weib sein erstes Geschäft mit dem Mann. Schicksale von Tieren! — und eine Kuh und eine Frau ent- binden gemeinsam Wand an Wand, in dem durch- dringendsten Erdengeruch, den beschriebene Seiten je ausgeatmet haben. Ein Esel aber betrinkt sich, wie die Menschen. Das Erdenleben ist grotesk, idyllisch oder furchtbar, in allem aber gefühllos, dies ist die Wahrheit. Die Erde hat die Gefühllosigkeit eines Riesenrückens, worauf Insekten wimmeln. Im un- geheuren Raum verschwinden Jammer und Gier der Insekten. Was bleibt, ist Weite. Was bleibt, ist

86

Ewigkeit. La Terre zieht hin wie durch Zeitlosigkeit, episch ohne Grenzen; die Kapitel sind Atemzüge der Ewigkeit, die Kapitel der Jahreszeiten, die Kapitel des Unwetters, der Sonne, der Feste, der Verbrechen, das Kapitel vom Winter und vom Tod. La Terre spielt immer und endet nirgends.

Gleichwohl ist auch dies ein Roman der Zeit, das Kaiserreich wird auch hier gerichtet. Man fürchtet und haßt es, wie die beiden bösen Hunde, die „Kaiser" und „Massaker" heißen. Die Agrarkrise, die das Land erschüttert, ist das Werk dieses Reiches der Spekulanten. Das schlimmste aller denkbaren Regimente, der kapitalistische Militarismus, treibt dies Volk einer Katastrophe zu, und ist es nicht der Krieg, dann wird es die Revolution sein. Die Drohung der Revolution geht mit der Handlung mit, steigert sie und wird genährt von ihr. Die Bauern, zuerst nur belustigend und des Mitleids wert in ihrer Erdgier, bekommen die erste Mahnung nur im Rausch und scheinbar sinnlos zu hören, von einem der Ihren, der verlumpt ist und der pfeift auf die Erde, der sie vertrinkt, weil sie ein schlechtes Geschäft ist, eine Falle, ein Aussauger. Dann verdüstern sich die Dinge, die Irrungen der Erdgier scheinen unentwirrbar: da spricht ein Wanderredner von der Enteignung, dieser gewaltsamen Rettung aus aller Not. Endlich steht einer auf, der alles mit angesehen hat, was unter Menschen vor sich geht, und der immer vorsichtig geschwiegen hat, steht auf in ausbrechendem Fanatis-

87

muß und schreit nach Blut; aber da ist schon der Mord
da, der Mord aus Erdgier. Was wollt ihr, verstrickt
wie ihr seid in eure Schicksale, und bestimmt, euch
immer tiefer zu verstricken bis an das Ende, das nur
eures ist? Denn verstrickt wie ihr, und ohne Ausblick
zurück oder vorwärts, wie ihr, werden eure Kinder
sein! Wieder und wieder wankt über die Erde, die
er zu sehr geliebt hat, der alte Bauer, ein Opfer
seiner Kinder. Er trat sie ihnen ab, nicht früher,
als bis die Kraft ihm versagte, und wird nun gehetzt
von ihnen um der geringen Ersparnisse willen, des
Ertrags eines ganzen Lebens im Kampf mit der
Erde. Sie aber, was bietet sie ihrem abgenützten
Liebenden? Verstecke, nichts weiter, Verstecke, wenn
er dahinflieht in der Scham des Entblößten, im Zorn
des Ohnmächtigen. Das Mitleid der Kleinsten selbst
verwandelt sich in Gelächter. Und der nicht sterben
kann, wird umgebracht, in einem wüsten Entsetzen,
von seinen Kindern. Seht ihn an, die ewige Men-
schengestalt, und sagt, was euch zu hoffen bleibt.
Welche Auflehnung, welche Umwälzung könnte euch
erlösen von der Erdgier, eurer irdischen Gier! Die
Bauern sitzen beisammen des Abends, alle bei derselben Kerze, und lesen sich aus dem Kalender ihre
Geschichte vor, die Geschichte ihrer vergangenen Leiden
und ihres langen Ringens. Alle Tatsachen, die sie
hören, rechtfertigen die Revolution, die dann kam,
aber das tiefe Gefühl ihres unheilbaren Elends entwertet sie ihnen. Notwendig und vergeblich ist unser

Kampf. Der Kalender, den die Bauern lesen, ist eine Propagandaschrift für das Kaiserreich. Das Kaiserreich soll das Glück bringen. Aber kein Reich bringt das Glück, und jedes Reich und jeder neue Auftrieb der Geschlechter hat nur gerade den Wert eines Erdkrumens, den du in die Hand nimmst, zerreibst und fallen läßt. Die Erde ist zu groß für euch, ihre Unempfindlichkeit widersteht eurem Eifer, euer Hasten bricht sich an ihrer Langsamkeit. Tausend eurer Geschlechter verschlingt sie, und nichts ist geschehen. Dennoch müßt ihr weinen und bluten für sie, wie Hagel und Reif auf ihre Ernten niedergehen. Dennnoch müßt ihr arbeiten und hervorbringen wie sie. Einmal, wer weiß, wird die Unsterbliche, die noch aus unseren Verbrechen und Erbärmlichkeiten Leben schafft, ihr unbekanntes Ziel enthüllen.

So ist es, der Weg ist dieser, für Geister wie diesen. Der werdende Mann faßt Fuß, bewältigt Bruchstücke der Wirklichkeit, nimmt Richtung im Leben, haßt, fordert und kämpft zweckhaft. Dann werden die Gebiete größer, die er sinnvoll beherrscht, Vergeistigung durchhellt seine Welt. Der Stoff scheint, erreicht man einen Punkt, nur Vergleich noch für Dinge, die hinauslangen über Stoff und Zeit, hinaus über unsern Willen; man bildet, als ob man spielte. Der Geist, der Menschenglück plante, lebt nun so sehr ins ungemessen Weite, daß Glück und Elend der Menschen, wechselnd und sich ergänzend, ihm zu Einem werden. Stunden kommen, da ist er bloß noch schauend da, nicht mehr wollend, es sei denn das All, und den Tod nicht weniger als das Leben. Dann hat er vollbracht.

Dann hätte er vollbracht, — wenn es nicht Ereignisse und Gesichter des Lebens gäbe, in die auch ein so erhöhter Geist nicht mehr von oben herab, gelassen hineinsieht; sie greifen ihm bis an das Herz, und seiner Hand, die nachformen möchte, graut es. Eine Katastrophe kann das eigene Land treffen, von dem auch ich lebe, und mit dem ich untergehen würde. La Débâcle war für Zola, bevor er daranging, kaum ein Roman; zu furchtbar quälte ihn der Drang, alles zu sagen, alles zu bewältigen; es sollte nur „ein Gang" — welch ein Gang! — durch den Krieg und den Bürgerkrieg sein. Die Gewohnheit der Meisterschaft hat dennoch gesiegt, die tausend übermenschlichen Abenteuer scheinen endlich nur da, damit Menschentum durch sie erhärtet werde. Schlachten des Lebens, er hatte niemals anderes dargestellt; dies aber ist der Kampf um das Dasein, ohne Maske, mehr, ohne Haut; nur ein Herz, das gefaßt und ernst ist, soll diesen auf sich nehmen. Er hat es auf sich genommen, ihn durchzuleben, tiefer und bewußter als zwanzig Jahre früher jene Menschen, denen er auferlegt ward. Horch! Hier ist der ungeheuerste Zusammenklang, den Schicksale geben können; und mitten hinein! — da hat jedes eine Stimme, wie ein verirrtes Kind.

Das Land ist weit, wie je, wenn Insurgenten

oder Bauern in den Erdfalten wimmelten; auch hier trifft das Licht, aus großen heroischen Wolken schräg hinschießend, einen langen Zug von Wesen, ein wanderndes Volk: die Armee, eine der Armeen, die durch das Land ziehen, das sie verteidigen sollen. Die Armee zieht Wälder entlang, durch die Täler von Flüssen, zwischen Äckern, die in der Weite Samtstücken gleichen, zieht dahin, macht Halt und geht den gleichen Weg wieder zurück. Offiziere sprengen durcheinander, die Generale halten auf Hügeln und suchen vergebens, zu begreifen. Aus der Truppe steigen muntere Prahlereien auf, und nicht lange, so sind es Verwünschungen. Die Soldaten fiebern danach, dem Feind zu begegnen, fiebern nur, nichts geschieht, und nicht lange, so verwandeln sich die heroischen Wolken, wie von selbst, in den schweren und angstvollen Himmel der Niederlage, der vorbestimmten Niederlage. Sie fühlen sie kommen, unsichtbar, wie der Feind selbst, — und können sich nicht wehren, können nur hungern, wenn man sie hungern läßt, sich erschöpfen in Hitze und Entmutigung, können nur Flüche mitnehmen aus Dörfern, die sie sinnlos aufgeben, und den verstörten Gebärden der Flüchtlinge nachsehen. Mißtrauen in die Führer, Auflehnung, Angst, Entsetzen sogar, und kein Feind war da. Aber sie ahnen sich umgangen von ihm, eingefangen und ihm ausgeliefert. Warum sehen nur die Führer es nicht, wenn zuletzt alle es sehen? Und sie marschieren, marschieren wie gebannt, ohne Glauben, ohne Hoffnung,

91

fie fagen: zur Abschlachtung. Gerüchte unerkennbaren
Ursprungs greifen um sich, von verlorenen Schlachten,
einem Hinterhalt, einer Übermacht, gegen die kein
Heldenmut aufkommt. Was geht denn vor? Es stand
doch fest, daß Preußen überrumpelt, von allen Seiten
angefallen und in wenigen Wochen erdrückt sein
würde? Statt dessen rühren sich weder Österreich
noch Italien; der Kaiser soll leidend sein und unent=
schlossen. Keine Vorräte in Belfort; von den vierhun=
derttausend Mann, die wir vorgeblich haben, fehlt fast
die Hälfte, und der Feind hat das Fünffache. Ihm hilft
ganz Deutschland, uns nicht einmal die eigenen Ar=
meen, die nie zur Stelle sind. Wir können nach jedem
neuen Schlag nur sagen: hätten auch wir hundert=
zwanzigtausend Soldaten gehabt, und genug Geschütze,
und Führer, die nicht solche Pinsel wären! Sie meinen
es wohl nicht bös, aber war es nicht einfach und lo=
gisch, gleich im Tal der Marne die festesten Stellungen
einzunehmen? Sie haben keinen Plan, keine Einfälle,
ja, nicht einmal Glück. Wir machen uns etwas vor,
aber Frankreich wird umgeschmissen von einem kleinen
Volk, das man verachtet hatte... Und während ein
Gesetz und ein geheimer Wille sie immer enger zusam=
mentreibt in dem Kessel, worin Sedan liegt, geht ihr
Marsch nicht nur durch ein gekrampft harrendes Land,
er geht durch das Reich, das Reich der Machthaber,
Verdiener, Genießer, das so lange geprunkt und ge=
lärmt hat, und über das jetzt endgültig gerichtet wird.
Der Marsch des bewaffneten Volkes führt in es selbst

hinein; es geht in sich, sein Innerstes soll nun heraus-
gewendet werden in den Krisen, die es erschüttern
werden. Aus allen Winkeln kommen Menschen herbei, bekannt und ähnlich wie eine Familie, Bauern
aus La Terre, Großbürger aus l'Argent, Frauen
aus La Curée. Sie leben alle noch einmal auf, sie,
deren Wesen und Zusammenwirken das „Reich" war,
und begleiten seinen Abtanz mit ihren letzten Be-
wegungen, gesehen durch Pulverdampf und Blutdunst. Der Bauer ist noch einmal hart und geizig,
patriotisch auch, wenn er es dadurch werden kann,
daß er dem Feind verreckte Tiere verkauft. Der Großbürger, eine Stütze des Kaisertumes, solange es die
Geschäfte beförderte, verleugnet es, da es zusammen-
bricht. Der Hofgeneral, über dessen Karriere es zu-
sammenbricht, sprengt nur wütend davon. Aber ein
Oberst ist da, er bittet seine Leute wie ein Vater, das
Gute zu tun; steht weithin sichtbar mit seinem großen
Pferd im Feuerregen der zum voraus verlorenen
Schlacht; und dann stirbt er aus Gram, nicht über
das Reich, nur über Ehre und Vaterland. Unter den
Frauen findet sich im Licht der Katastrophe nicht nur
die, deren leichte Liebe noch schnell den eleganten Offizier beglückt in der Nacht bevor er fällt; hervor tritt
jene, die ihre ganze Seele gibt. Sie ist sanft, und sie
hat die Klugheit und den Mut der Liebe. Ihr Kapitel, ihr wunderbarer Lauf, durch das unsichtbare
Gitter fliegender Geschosse, ihren Mann zu suchen,
den sie dann wiedersieht an der Mauer, im Augen-

blick, da er füsiliert wird: ihr Kapitel steht jenem anderen gegenüber in La Terre, als der alte Bauer über die liebeleere Erde wankt. Auch hier Untergang, aber was weiterlebt, ist nicht nur dunkle Erde, es ist Liebe, und sie wird aufbauen. Das Heer enthält gieriges, idealloses Volk, Geschöpfe des sterbenden Reiches, es enthält den Offizier, der für wenig mehr ins Feuer geht, als für die Vorrechte seines Standes; aber auch die Helden der Arbeit und der Vaterlands= liebe sind schon darin, die hinüberleben sollen in die Republik. Auch zeigt sich, hager und hakennäsig wie Don Quichotte, der Ritter der alten napoleonischen Siegeslegende. Nie wird er sie zerrissen sehen von der neuen, so furchtbaren Wirklichkeit, wie er selbst am Ende die Fahne zerreißt, damit sie gerettet werde. Für ihn ist immer noch und bis in die tiefste Nieder= lage, „dort drüben der Sieg", er bleibt kindisch tapfer, erhaben beschränkt, und muß sterben, um zu ahnen, was vorgeht: kein forsches Abenteuer, wie er immer geglaubt hatte, sondern grauenhafter Daseinskampf, nur Herzen angemessen, die gefaßt und ernst sind.

Herzen wie Jean Macquart, der die Heimaterde bearbeitet hat, bis sie ihn entmutigte, und sie nun verteidigt. Herzen wie Maurice, der verlorene Bür= gerssohn, der sich darbringend alles sühnen will, seine eigenen Vergehen und die des Reiches; denn er ist das nervenerschöpfte Erzeugnis des Reiches. Ihm steigen nach der ersten Begeisterung des Kriegsaus= bruches Zweifel auf, wer recht habe; aufrecht bleibt

94

ihm nur das Gesetz, das unausweichliche, das zu gegebener Stunde ein Volk gegen ein anderes wirft. Sie stehen beieinander, ganz vorn, in allem was geschieht und erlitten wird, der Bauer und das Stadtkind, der Einfache und der Subtile, der, der kämpft, weil er stark ist, und der, der im Krieg das Leben der Völker und seine eigene Heilung sieht. Dieser haßt zuerst jenen; das gleiche Gewissen führt sie zueinander; am Ende scheinen sie ein einziges Wesen aus Qual und Mitleid. Indes sie aber um ihren Kalvarienberg ringen, besteigt dort hinten ein Anderer den seinen. Es ist der Kaiser. Er war schon immer, geheim und hinter Schleiern, der zusammengefaßte Sinn seines Reiches, wie es glänzte, wie es sich zersetzte; und auf Höhepunkten, selten und kurz, erschien er. Hier nun erscheint er oft. Hier geht das Reich unter, da ruft es seinen Meister, es wird ihm erst recht ähnlich und verwandt, nun es untergeht. Er besteigt seinen Leidensberg. In Durchblicken ist er zu sehen, wie er, jedesmal ein Stück höher, ganz allein dahinwankt, um endlich den Gipfel des Leidens zu erreichen. Er wird mitgeführt von der Armee wie ein unnütz kostbares Gepäckstück, er und seine silbernen Küchengeräte. Er ist noch immer der Verschwörer von einst, der Träumer, dem die Kraft ausgeht im Augenblick des Handelns. Er ist krank; ein Kiesel im Fleisch eines Mannes, und Reiche stürzen ein. Er soll als Held sterben, damit das Reich vielleicht nicht stürze. Die Armee wird in das Verderben geschickt, zur Ret-

95

tung einer Dynastie; und auch ihn treibt man hinein.
Er weiß es, er hört hinter sich, von Paris her, eine
Stimme: „Vorwärts, ohne dich umzusehen, unter dem
Regen, im Schmutz, der Vernichtung entgegen, und
spiele die letzte Karte aus für das Reich! Vorwärts,
und auf den gehäuften Leichen deines Volkes stirb als
Held, denn bewundern muß die Welt und ergriffen
sein, soll sie den Deinen verzeihn!" Er hört die Stimme
und gehorcht, er hat diese fatalistische Größe. Ge-
schminkt sitzt er zu Pferd, reitet hinaus in das Feuer
der Schlacht, und hält. Er hält und wartet, trüb und
gleichgültig. Die Kugel kommt nicht, der Kaiser
kehrt um, ergeben in sein Schicksal. Wie ein Gespenst
sehen die Truppen ihn vorbeireiten. Gegenüber, auf
einem Hügel in der Ferne, wohnt der König Wilhelm
der Schlacht bei, aller Gefahr entrückt, und wie auf
dem Thronsessel einer Galaloge. Für ihn arbeiten
Menschen und Dinge; Napoleon handelt einsam, er
will sterben. Er ist ein Mensch und steht für sich;
wenn er ausgekämpft hat, tritt Schweigen ein. Der
Andere rechnet mit Generationen, er glaubt sich wohl-
aufgehoben im Plan der Jahrhunderte. Den Kaiser
kennt nur noch dies Schlachtfeld. Dem Gang des allgemeinen Unheils folgt auch seins; Wegmale sind sein
inneres Leiden, die unterdrückten Schmerzen, die
Schminke auf seiner Leichenblässe, und seine Tapferkeit trotz allem, unnütz wie die Tapferkeit seines
Heeres. Die volle Auflösung ist da, die Verzweiflung und Übergabe. Da hat auch er sich aufgegeben,

96

verhehlt nichts mehr und schreit. Er schreit vor :
Schmerzen, — aber ihrer der größte ist, daß weiter
die Kanonen donnern, daß immer noch zwecklos Men=
schen sterben. Der König Wilhelm sieht reuelos zu,
bis er müde wird; denn dies heißt Sieg. Napoleon
fährt hin zum König, er hat ihm seine Person an=
geboten, in dem einzigen Gedanken, seinen Truppen
bessere Bedingungen zu verschaffen; und nach der
Unterredung weint er. Er nimmt in das Elend und
in die Gefangenschaft sein armes Herz mit, das nie=
mals ganz einem Imperator gehörte, und das heute
im Leiden wohl mehr als jemals das Herz des Träu=
mers ist, des Menschenbeglückers und Sohnes der
Revolution. Er war nicht fest und fühllos genug für
das vollkommen unmenschliche Militärreich, zu dem
er verpflichtet war. Vielleicht war auch das Reich
nicht sich selbst gewachsen, nicht seinem eigenen Ideal?
Zu viele Keime von Menschlichkeit durchbohrten, auf=
sprießend, seinen Panzer. Es war recht, daß es stürzte;
aber in La Débâcle, zwanzig Jahre nach den Ereig=
nissen, herrscht nur Schicksal, und kaum noch Haß.
Was ist denn gestorben? Reiche, die Schranken auf=
richten vor dem Glück ihrer Völker, Reiche, die unter
Panzern die Menschenliebe ersticken, verderbte und
gewalttätige Reiche, sie mögen hinsinken, sie geben
den besten Dünger für die Saat einer verjüngten
Menschheit. Jean und Maurice bleiben, als der
Kaiser entschwindet. Sie bleiben umarmt, über=
wunden ist Fremdheit und Feindschaft; sie tragen,

jeder der Retter des andern, den Freund durch den
Wirbelsturm der Gefahren bis an die Schwelle eines
erneuten Vaterlandes. Wohl ist, als sie es erreichen,
der eine gestorben, grausam gestorben, von der Hand
des andern in dem Bruderkrieg, der letzten Wendung
der Katastrophe. Gleichwohl bleibt, daß sie die Lager
der Not und ihr teures Brot geteilt haben miteinander
und vermischt sind ineinander Bürgersohn und
Volkskind, bis über den Tod. Über den Tod hinweg
gehen diese beiden in das verjüngte Leben hinein, das
Demokratie heißt.

### Geist

Demokratie aber ist hier ein Geschenk der Niederlage. Das Mehr an allgemeinem Glück, die Zunahme
der menschlichen Würde, Ernst und Kraft, die wieder-
kehren, und eine Geistigkeit, bereit zur Tat: Geschenke
der Niederlage. Was besagt das, Niederlage? Wie
der König Wilhelm auf seinem Hügel das unaus-
bleibliche Ergebnis der Schlacht erwartet, die Augen
auf dem ungeheuren Schachbrett und dem Menschen-
staub, den er zu lenken meint, da steigt aus dem
Acker vor ihm ein Schwarm Lerchen, steigt in den
Himmel, wie Seelen steigen. Sie hat er nicht gelenkt,
die Seelen lenkt er nicht; wehe denen, die sich lenken
ließen. Was besagt das, Sieg? Dem unbekannten
Ziel der ewigen Erde nähern wir uns vielleicht ebenso
sehr durch unser Leiden, wie durch unseren Kampf.
Gleichwohl müssen wir kämpfen. Wir dürfen nicht

98

zugeben, daß in Weite und Ewigkeit zuletzt alles sich
aufhebe, dürfen nicht im Schauen verharren, und
müssen kämpfen. Die Wahrheit ist da, wir tragen
ihren Keim in uns, wir entwickeln ihn durch Arbeit.
Wer die Wahrheit hat, erwirbt den Sieg. Niederlage
ist eine Bestätigung, daß ihr in Lüge lebtet. Was
entscheidet in La Débâcle? Daß dem Heer der Glaube
fehlt. Niemand im Grunde glaubt an das Kaiser=
reich, für das man doch siegen soll. Man glaubt zu=
erst noch an seine Macht, man hält es für fast unüber=
windlich. Aber was ist Macht, wenn sie nicht Recht
ist, das tiefste Recht, wurzelnd in dem Gewissen er=
füllter Pflicht, erkämpfter Ideale, erhöhten Menschen=
tumes. Ein Reich, das einzig auf Gewalt bestanden
hat und nicht auf Freiheit, Gerechtigkeit und Wahr=
heit, ein Reich, in dem nur befohlen und gehorcht,
verdient und ausgebeutet, des Menschen aber nie ge=
achtet ward, kann nicht siegen, und zöge es aus mit
übermenschlicher Macht. Nicht so verteilt die Geschichte
ihre Preise. Die Macht ist unnütz und hinfällig,
wenn nur für sie gelebt worden ist und nicht für den
Geist, der über ihr ist. Wo nur noch an die Macht
geglaubt wird, eben dort hat sie aufgehört, zu sein ...
Und seht, wohin sie euch bringt! Viele hatten ihr im
Frieden widerstanden, hatten gehöhnt, gehaßt und
sich zurückgezogen; die Herren des Reiches waren
weithin verachtet. Jetzt, da die Feinde dastehen, die
eure Herren euch gemacht haben, müssen noch die
Letzten sich unterwerfen. Denn jetzt sind die Unter=

drücker wirklich, was zu sein sie so lange frech behaupteten: das Vaterland! Nicht nur mit kämpfen müßt ihr für sie, die das Vaterland sind, ihr müßt mit fälschen, mit Unrecht tun, müßt euch mit beschmutzen. Ihr werdet verächtlich wie sie. Was unterscheidet euch noch von ihnen? Ihr seid besiegt, schon vor der Niederlage.

Aber das hätte nicht kommen müssen, und darf nicht wiederkommen! Zola verlangt: „Die Lüge soll abgetan sein, zusammen mit dem falschen Glanz des abgetanen Reiches. Seit unseren Niederlagen sind wir gewachsen und wachsen täglich durch die Pflege der Wahrheit. Besiegt wurden wir damals von dem wissenschaftlichen Geist. Jetzt, zwanzig Jahre später, besitzen wir ihn, wir, es ist ein großer Sieg über uns selbst, niemand taste ihn an! Wir haben die Republik, — und sie ist nicht nur eine Form, sie ist das Wesen der politischen Wahrheit selbst, die voraussetzungslose Anerkennung alles dessen, was werden will, des wirklichen Lebens. Sie ist offener Kampfplatz für das Bedürfnis nach Gleichheit, das herandrängt mit der siegreichen Demokratie. Sie erlaubt endlich, den Prozeß einzuleiten, der über die Zukunft jener Schicksalsmenschen und Genies entscheiden soll, der großen Männer. Sind sie denn notwendig zum Glück Aller? Sogar in der Kunst war der Schöpfer zuweilen ein Volk. Jähe Auftriebe von oben her bewirken um so tiefere Rückfälle; die Aufwärtsbewegung sollte von unten kommen, der geistige Fortschritt sollte in breiterer Front geschehen, die mittlere Fläche höher liegen. Das Glück sei ein Ergebnis des Gleichgewichts! Keine zu geistige Auslese, kein zu unwissendes Volk! Keine großen Männer! Sie sind eine soziale Gefahr, sind ein Ungeheuer, das Entsetzen der Kleinen, deren Anteil es frißt. Die Natur muß alles tun, es auszurotten, es auf das gemeine Maß zurückzubringen, Bruder unter Brüdern. Und eben an dieser Einheit arbeiten vielleicht, ohne es zu wissen, die Demokratien. Sie arbeiten, anstatt für große Männer, an menschlicher Größe. Sie sind ergreifend, durchwühlt wie sie sind von den Problemen der Arbeit und ihrer Gesetze, und so überströmend von menschlichem Leiden und Mut, von Mitgefühl und Liebe, daß ein großer Künstler, der sie schildern würde, nie leer werden könnte in Hirn und Herz... Und sie arbeiten an der Versittlichung. Die Republik beweist es noch durch ihre Skandale. Die schroffe Öffentlichkeit eines Panamaskandals straft das schöne Ideal der Massen vom Staat weit weniger Lügen, als die Monarchie es tut mit ihrer Fassade aus Anständigkeit, Ordnung und würdigem Gedeihen. Eine Monarchie wird freilich kein Panama haben, sie unterdrückt den Skandal, schafft die Leichen beiseite, und die Fassade strahlt weiter in der Sonne. Laßt sie aber einstürzen, und dahinter klafft Fäulnis. Die Lügen der Monarchien werden beendet durch Revolutionen, wie keine Republik sie gekannt hat... Der Volksstaat ist das Leben und die Gesundheit. Wollet

101

doch nicht hören auf die leidigen Propheten des Nieder-
ganges, die meinen, daß ohne Lüge und Unterdrückung
nichts Menschliches Bestand habe. Es sind Menschen,
die an das Leben nicht glauben. Sie wissen nicht,
daß es weiterblüht und Recht behält gegen alle Gewalt. Die Anschläge der Gewalt gegen das Recht des
Lebens sollen immer unzulänglicher werden, das verdient die Menschheit, die so viel gelitten hat. Manches ist erreicht, zum Sieg der Wahrheit. Es darf
nicht wieder verloren gehn!"

Manches ist erreicht, denn wir haben gearbeitet,
haben zwanzig Bände geschrieben und wenigstens
Teilsiege erkämpft für die Wahrheit. Der Anfänger
Zola sagte einst zweifelnd: „Ich leugne nicht die
Größe der Anstrengung, die heute gemacht wird, ich
leugne nicht, daß wir der Freiheit, der Gerechtigkeit
mehr oder weniger nahekommen können. Nur ist
mein Glaube, daß die Menschen immer Menschen
bleiben werden, Erdengeschöpfe, bald gut, bald böse, je
nach den Umständen. Wenn meine Personen zum
Guten nicht durchdringen, liegt es daran, daß wir erst
am Anfang unserer Vervollkommnungsfähigkeit stehen." Denn er selbst stand damals am Anfang, und
die Anstrengung, die er vorhatte, konnte lange wäh-
ren. Freiheit, Gerechtigkeit? „Ich glaube eher an einen stetigen Marsch, der Wahrheit entgegen. Aus
der Kenntnis der Wahrheit allein können bessere soziale Zustände entstehen." Denn dies war sein eigener Weg. Im Beginn schien er düster; die Eindring-

lichkeit des erften Naturalismus war eben erzeugt durch das Fieber feiner Verzweiflung, er wirkte mit feiner Sucht, leiden zu machen beim Anblick des Lebens. Und er machte leiden in agitatorifcher Abficht — geheim zuerft, dann offen: in dem Maße, wie er geiftiger ward. Vergeistigt aber wurden Zola und fein Werk durch Arbeit, Arbeit am Wirklichen, den Willen zum wirklich Wahren. Sein Werk wiederholt, indem es wird, das Werden der Welt felbft: zuerft die Materie, und aus ihr, durch Arbeit, durch Bewegung, erwächft der Geift und die Herrlichkeit des Menfchen. Wir kämpfen, nichts ift alfo unmöglich. Rührend und groß: im Augenblick, da er felbft beginnt, beginnt die Vervollkommnungsfähigkeit. Und die Menschheit kann nicht zurückgeblieben fein, als er felbft auf feinem Gipfel fteht. L'Affommoir ift noch nichts als eine Predigt der Tatfachen. In Germinal klingt überall das Evangelium der künftigen Menfchheit an, es wird hörbar im Erdboden felbft, aus diefer doch fo langfamen und gleichgültigen Erde ertönt es von den Hammerfchlägen der Bergarbeiter, und am Ende will es ausbrechen und Wirklichkeit werden. „Menfchenkeime trieben dort unten, ein fchwarzes Heer von Rächern keimte langfam in den Furchen, wuchs herauf für die Ernte des kommenden Jahrhunderts; fein Keimtrieb war daran, die Erde zu fprengen.“ — Auch in L'Argent will es fie fprengen. Hier arbeitet nicht mehr nur der dumpfe Drang der Proletarier und nicht mehr nur die Rache eines

Nihiliften; jemand ift da, der das bevorftehende Men=
fchenglück in ein Syftem bringt. Es könnte bevor=
ftehen; das Syftem fcheint lückenlos, ein Traumbild
fteigt daraus auf, die glückfelige Stadt, der entgegen
die Menfchen wandern feit fo vielen Jahrhunderten.
Dabei ift dies der Roman des Geldes, die kurze Herr=
lichkeit eines Börfenpiraten, heftig aufflammend in
der fchrankenlofen Apotheofe des Kaiferreichs als feine
treffendfte Erfüllung. Aber „jedesmal, wenn ich mich
jetzt in einen Stoff vertiefe, ftoße ich auf den So=
zialismus“. Auf die Möglichkeit des Glückes trotz
allem, des Glückes jenfeits der Kataftrophen. Die
Menfchheit ift für Kataftrophen gemacht, fo fehr liebt
fie das Leben. Mut! Das Geld bewirkt Zufammen=
brüche wie diefen, Schande und Elend wie diefe hier,
— und fchafft doch Leben. Seht die Liebe: viel un=
nützer Schmutz, aber ohne fie wäre es mit der Welt
aus. Das Leben will geliebt werden, obwohl es böfe
und gewalttätig ift. Der Weg der Menfchheit führt
zu etwas fehr Schönem, durchaus Heiterem — aber
durch Kataftrophen. Hier angelangt, ruft Zola aus:
„Optimift, oh! mit all meinem Wefen, gegen den
dumpfen Peffimismus, die fchimpfliche Ohnmacht zu
wollen und zu lieben.“ — Selbft La Bête humaine ift
keine Unterbrechung der anfchwellenden Kraft des
Hoffens. Dort waltet das Urböfe; aber fein Dafein
fcheint Wahnfinn. Fühlbar wird, daß alle jene Ver=
zerrung, jener Sklavenaufftand des Untermenfchlichen
etwas Vorläufiges ift, ein düfterer Zwifchenfall auf

104

dem glänzenden Weg zur Höhe, den der Mensch geht. Wohl sind wir umdroht von Wahnsinn, Verderbnis und den tödlichen Gefahren unseres Zusammenlebens. „Wenn ich mich auf die enge Regel des Positivismus versteife, so darum, weil sie die Brustwehr ist gegen das irre Schweifen der Geister." Der wissenschaftliche Geist ist der große Erneuerer, der Zukunftbringer und Vorbote eines gesunden Menschentumes. Seid wahr, ihr werdet leben! verheißt noch La Débâcle. Und den Kreis des großen Werkes beschließt Le Docteur Pascal, Arzt und Glaubensheld der Wissenschaft. Der ewige Wiederbeginn des Lebens, dem er dient, die Hoffnung auf die Zukunft, auf das stetige Bemühen der arbeitenden Menschheit, dies steht am Ende. Es ist kein Ende. „Mir schien es tapfer, wenn ich aus der entsetzlichen Familie Rougon-Macquart am Schluß ihrer Geschichte ein letztes Kind geboren werden ließ, das unbekannte Kind, vielleicht den Messias von morgen. Eine Mutter, die ihr Kind stillt, ist sie nicht das Bild der Welt, die gerettet weitergeht?"

Die Welt geht weiter, das Werk aber ist beendet. Was nun? Das Werk von dreiundzwanzig Jahren, empfangen in der Jugend, hinausgewachsen wohl über den ersten Plan, aber doch immer noch dies Werk, in dem man wurzelte, jetzt hat es sich losgelöst, der Zweiundfünfzigjährige muß allein weiterziehen. Wohin? Er ist gefeiert worden. Die Tatsache des Vollendeten, das so ungeheuer ist, hat ihren

105

Eindruck gemacht. Bei dem Bankett, nach dem Erscheinen des letzten Bandes, hat ein Freund gesprochen: „Freuen Sie sich, lieber, illustrer Freund, denn
voll der Geniekraft, Neues zu verwirklichen, haben
Sie schon ein riesenhaftes Denkmal errichtet. Die
Männer meines Alters hat es zuerst zum Staunen
genötigt, dann mußten wir uns neigen in Bewunderung. Und wieder Staunen, aber mehr noch Geistes-
freude, wird es für Menschen aller Zeiten bedeuten.“
Aber Vollendung und Feier entsprechen so wenig als
jemals seinem inneren Gefühl. Vor dem Abschluß des Werkes dachte er manchmal, daß es
dann weiser sein werde, nichts mehr zu schreiben,
auszuscheiden aus der Literatur, zu einem anderen Leben überzugehen und das bisherige als beendet anzusehen. Die Ermüdungen der Arbeit waren
schwer, zuletzt wurden sie zu schwer. Beim Heran-
nahen der Fünfzig kamen dem alten Arbeiter Zweifel, ob er sein Leben gut angewendet habe. War es
nicht ein Martyrium gewesen, das viele nicht wert,
das um seinetwillen versäumt war? „Ja,“ gestand er
damals, „ich kann kein junges Mädchen vorbeigehen
sehen wie das dort, ohne mir zu sagen: ist dies nicht
besser als ein Buch?“ Tiefe Unruhe; und in der Umwälzung, Gefahr seines Lebensalters, kehren, jetzt zu
Ende des Werkes, die Schrecken der Nerven wieder,
die den Anfang bezeichneten. Neues erleben! Früher
hätte er frei sein wollen, um für das Theater zu schreiben. Jetzt ist er frei, und so oft er ein Theater betritt,

106

kommt ihm Überdruß an der Körperlichkeit des Dargestellten, an den fortwährenden Vergewaltigungen des Geistes. Er möchte über Ideen schreiben; schon an seinem Doktor Pascal reizt ihn fast nur, daß er die Leidenschaft des Geistes befriedigen darf. In dem Nebelstern aber, woraus ein neuer Plan werden soll, bilden sich die ersten festen Punkte, als er nach Lourdes kommt. Die Umstände waren schlecht, er wollte abreisen, aber „der Anblick dieser Kranken, dieser Bresthaften, dieser sterbenden Kinder, die man vor das steinerne Bild trug, dieser flach zu Boden geworfenen Beter! Der Anblick dieser Stadt des Glaubens, erstanden aus der Halluzination dieses vierzehnjährigen kleinen Mädchens! Der Anblick dieser mystischen Stadt im Jahrhundert des Unglaubens!" — „Ja," sagte Frau Zola, „es hatte Farbe." Und er, mit Schroffheit: „Auf Farbe kommt es nicht an. Was hier zu schildern ist, sind aufgewühlte Seelen." Dies war das Erste. Vormals begann er mit dem Anpacken eines Stoffes; heute ergreift ihn das Ungreifbare. „Romane! Immer dasselbe!" Auch die Massenregie der kranken, irren und verlorenen Menschheit hat er in seinem Roman von Lourdes geübt, und mit der alten Meisterschaft. Dennoch ist dies nur der Beginn einer Untersuchung über den Geist. Les Trois Villes sind die Untersuchung über den Geist, wie Les Rougon-Macquart die Untersuchung über das Leben waren.

Der wissenschaftliche Geist — wie wirkt er auf die

Welt? Wo findet er die günstigsten Bedingungen? Welche Mächte stehen ihm entgegen? Wie verhält es sich mit dem Wiederaufleben des Glaubens, das jetzt, 1892, den Mystizismus herbeiführt, in der Literatur und anderswo? ... Hier ist Lourdes, dumpfer Zauber des alten Glaubens, modernisiert und herabgesunken bis zur Spekulation auf Krankheit, Schmutz, Elend, die alle in Geld umgesetzt werden von dieser Bank der Unwissenheit und der Hoffnung. Welche Hoffnung bliebe hier dem, der die Wahrheit will? Tiefes Mitleid scheint die einzige Brücke. Lassen wir alles sich abwickeln wie in einer Oper, die Verstiegenheiten des malerischen Massenleidens, diese Prozessionen, die um Wunder beten, dies Bad der gequälten Seelen in schlechtem Schmutzwasser. Hoher Lyrismus des Mitleidens ist Lourdes. — Rom ist weniger. Auch dort entrichtet das Elend den Tribut; der Vatikan braucht allzusehr ein Lourdes. Er aber steht entfernt und unbeteiligt, er hat ein kaltes Amt. Hemmnisse der Wahrheit sind hier nicht Leiden und Verzückung: es ist die Macht. Dem wahrheitsuchenden Priester antwortet der Papst: „Die Wissenschaft muß die Magd der Religion sein.“ Die Wahrheit und die Macht sind Feinde. Die Wahrheit hat auf Erden nur eine befreundete Stätte, die neue Demokratie. Offne dich, Paris! Zeig schnell, denn wir haben nicht nochmals Zeit für zwanzig Bände, das Brodeln her in deinem Kessel, diese bewegte Menschheit, unweise, leidenschaftlich, grauenhaft, aber

108

bewegt und darum Gebärerin des Geistes. Zer-
störung schafft! Die Hand, die Bomben formen wollte,
schafft ein wissenschaftliches Instrument. So vielen
wütenden Kämpfen der Selbstsucht entsteigt dennoch
die Liebe, das Ideal der künftigen Menschenwelt,
das gelobte Land, das nicht wir, aber unsere Kinder
erreichen werden. „Mein Kind," dachte Zola, denn
er hatte mit fünfzig Jahren nochmals geliebt und
war endlich fruchtbar geworden. Er sollte also hin-
ausleben über sich selbst: nicht nur in den Geschöpfen
seiner Kunst; mag sein, sie sind stärker, flammender,
folgerichtiger, und sie dauern länger; — aber fort-
leben in einem Wesen, das um ihn weiß, und das
lieben kann! Das Bewußtsein des Fortlebens hat
ihn damals erfüllt bis zu reiner Gläubigkeit. In
seinem Roman von Paris ist er sozialistischer Apostel
und Verkünder des demokratischen Glaubens. Er
selbst, der Kenner und Eroberer des machtvollsten
Lebens, und nicht mehr, wie in L'Argent, irgendein
unwirksamer Träumer, setzt sich ein. Er singt sein
Hoheslied zum erstenmal aus ganz befreiter Brust.
Seine Lyrik ist nicht länger beschwert und verdunkelt durch Mitleid und durch Wissen. Er ergibt sich
einem innern Wissen, das über die Erfahrung hin-
ausgeht. Er hat vor Augen die Gewißheit, vom
Himmel, wo sie so lange versteckt gehalten waren,
die Wahrheit und die Gerechtigkeit herabzureißen auf
die Erde. Der wissenschaftliche Geist, der jenen Him-

109

mel zerstört hat, wird ihn wieder aufbauen auf Erden. Hierfür haben wir zu leben, hierfür zu kämpfen.

Da steht nun Zola! Er hatte doch nur geformt und gemacht, und ist nun dahin gelangt, daß er aufruft und prophezeit. Der „Sinn für das Leben" war sein fester Boden gewesen, von ihm aus gewann er sein Reich; jetzt aber erstreckt sich sein Sinn für das Leben auf Dinge, die noch ungeboren hinter dem Leben sind, in der Zukunft, im Geist. Er ist so geworden im Schaffen. Er ist so geworden durch Schaffen. Die Erfahrungen der Weltbeherrschung vermittelst Kunst haben ihn die Weltüberwindung gelehrt, die Geist heißt. Die größte Kunst war doch nur der Weg des Geistes. Geistige Liebe war, unerklärt, schon in der ersten Menschendarstellung dieses Künstlers. Sie erklärt sich, und es ist Wille zur Vergeistigung. Wer auf so großen Vorgängen fußt, wer den Geist erlebt und erfahren und in langer Arbeit den Willen erworben hat, aufzustehen für ihn, ist von dem Geschlecht, das Zola nachfolgte und ihn ansah, ein Intellektueller genannt worden. Nur er. Intellektuelle sind weder Liebhaber noch Handwerker des Geistes. Man wird es nicht, indem man gewisse Berufe inne hat. Man wird es noch weniger durch das lüsterne Betasten geistiger Erscheinungsformen, — und am wenigsten sind jene Tiefschwätzer gemeint, die gedankliche Stützen liefern für den Ungeist; die sich einbilden, sie hätten Erkenntnisse, und jenseits aller Erkenntnisse könnten sie die Ruhmred-

ner der ruchlosen Gewalt sein. Keineswegs die selbst-
genügsame Erkenntnis macht den geistigen Menschen
aus, sondern die Leidenschaft: die Leidenschaft des Geistes, die das Leben rein und den Menschen ganz menschlich will. Der Intellektuelle erkennt Vergeistigung nur
an, wo Versittlichung erreicht ward. Er wäre nicht,
der er ist, wenn er Geist sagte, ohne Kampf für ihn zu
meinen. Er ist gewillt, Vernunft und Menschlichkeit
auf den Thron der Welt zu setzen, und ist so beschaffen, daß sie ihm schon jetzt als die wahren Mächte
erscheinen, als jene, die, Zwischenfällen zum Trotz,
zuletzt doch jedesmal allein aufrecht bleiben. Die Geschichte gehört in immer steigendem Maße ihnen;
schon haben sie für sich den stärkeren Teil der Wirklichkeit; wer ihnen entgegentritt, erleidet Niederlagen,
die immer schimpflicher werden. Selbst die äußersten
Entscheidungen können nur in ihrem Namen getrof-
fen werden. Ein Krieg kann notwendig und sittlich
sein; aber er sei die Krönung eines langen Ringens
nach Wahrheit. Besiegt wird der Ungeistige . . . Dies
war der gemeinsame Glaube des höchsten Europas
in dem Augenblick, bevor es imperialistisch ward.
Kurzer Höhepunkt; aber Ibsen und Nietzsche stehen
auf ihm, mit Zola. „Freiheit und Wahrheit sind
die Stützen der Gesellschaft,“ sagt der eine, und der
andere ruft Voltaire an, um über das Menschliche,
Allzumenschliche zu philosophieren. Jene haben dann
wohl zweifeln gelernt, und haben sich abgewendet.
Der Geist, für den sie einstanden, war zuletzt nur

111

ihrer, sie hatten nur sich, dem Menschen mißtrauten
sie. Zola war er selbst, wenn er ihm eine Zukunft
zutraute, die erhaben zugleich und rein wäre. Er war
in Übereinstimmung mit der Geistesart seines Volkes, wenn er sowohl gütig für den Menschen wie
Dämon der Vernunft war. Er war gütig; jemand,
der ihn gehaßt hatte, hat es ihm in das Grab nach-
gesagt; war tief sittlich, Erzieher zur Arbeit, Erzieher zum Glück; und hat uns Menschen eine der
beiden idealen Städte erbaut, die an den äußersten
Enden des europäischen Gedankens stehen. „Alle
beide sind hochherzig und voll Frieden. Aber die
Stadt Tolstois ist die Stadt der Entsagung. Die von
Zola erbaute ist die Stadt der Arbeit." Und er war
Dämon der Vernunft, reizbar überaus gegen die
Lüge, und am reizbarsten, wollte sie ihn selbst und
die Seinen beschleichen. Groß geworden von innen
heraus, durch das Bemühen um die Wahrheit, verstand er auch die Größe und Vollendung seines Volkes nur so, daß sie vom Innern her geschähe. Es
sollte in der Wahrheit leben und nur für die Wahrheit kämpfen. Kampf nach außen hat selten gereinigt,
er ist die Gelegenheit der Oberflächlichen und der
Vorwand niedriger Leidenschaften und Gelüste. Gereinigt und erhöht werdet ihr durch inneren Kampf!
Der Krieg, der euch, gilt es das Äußerste, helfen
mag, ist der Bürgerkrieg! . . . So hat er empfunden,
denn er hat danach gehandelt. Der Intellektuelle
empfindet so. Er lebt für keine schwachblütige Mit-

telmäßigkeit. Der Geist ist kein Wiesenbach, ent-
schlossene Menschenliebe geht nicht friedlich in Gar-
tenwegen. Ereignisse können machen, daß er Klüfte
aufreißt und daß sie tötet. Durch die Leidenschaft
des Geistes war der Großbürger Voltaire eine Naturkraft; — und Zola, bürgerlicher Arbeiter, Ver-
ächter politischer Schaukämpfe, sieht sich eines Tages
dämonisch getrieben, einzugreifen in das Gefüge der
Wirklichkeit, zu sprengen, Haß zu peitschen, Handlungen zu begehen, deren Folgen er nicht zügeln
könnte, und Menschen vor starrende Abgründe zu
führen: die nächsten Menschen, sein Volk, seine
Freunde, sich selbst . . .

## Tat

Er war soeben reif geworden, vorzutreten aus
seinem Werk und zu handeln, da gelangten die um
den Hauptmann Dreyfus treibenden Dinge auf den
Punkt, wo sie eines handelnden Geistes bedurften.
Niemanden hätte es überraschen dürfen, daß Zola
handelte, es war bedingt durch alles, was man über
ihn hätte wissen müssen; der zusammenfassende Abschluß seines Werkes war diese Tat. Und das Glück
dessen, der von der Zeit einen Auftrag hat, wollte
es, daß er und die Dinge sich fanden. Er ging ihnen
entgegen, schon lange bevor sie sichtbar wurden. 1891,
er schrieb an La Débâcle, wunderte ein Beobachter
sich, wie er in Schritt und Sprache etwas rücksichts-
los Tatkräftiges mitbringe, als sei er vor einer Schlacht.

Das Jahr darauf gesteht er, daß er sprechen möchte und sich übe. Ein Schweigen, und dann die Klage, daß ihm die Gabe fehle; er müsse sich vorbereiten, und er scheue sich, plattes Zeug zu reden. Man will ihm den leidenschaftlichen Wunsch anmerken, es wäre anders, er könnte das Glück seiner Laufbahn vervollständigen und auf seinen Dichterruhm noch die Volkstümlichkeit des Politikers pfropfen. Ohnmächtiger Ehrgeiz also! — denn wann hätten Zeitgenossen sich um eine Erklärung bemüht, die nicht die billigste wäre. Eben damals hatte er es abgelehnt, sich in die Kammer wählen zu lassen. Das Mandat sei eine zu schwere Pflicht für ihn, er müsse sein Werk beenden. Um leichten Erfolg war es ihm niemals zu tun gewesen; wie hätten rednerischer Glanz oder Siege, die nur äußerlich waren, ihm genügen sollen. Sprang er in die Politik ein, dann mußte schwerer Sinn und Ideenkampf werden, wo zu lange nur das Getriebe der Mittelmäßigkeiten gewesen war. Der Zweifel aber war für ihn eben, ob der Mittelmäßigkeit hier beizukommen sei. In der Politik war sie vielleicht sogar geboten? Die Erfahrung sprach dafür; Männer von geistigem Rang, berühmt durch Leistungen anderer Art, waren in ihr erfolglos geblieben. Man wollte sie nicht, man hatte ihnen nicht Zeit gelassen, irgendeinem Unternehmen die Spur ihres Geistes aufzudrücken. Wahrscheinlich konnten sie es gar nicht, — weil sie nicht hatten, was der Politiker braucht: die Unbesorgtheit um das Ganze und End-

gültige, die Anbequemung an ein mißliches Hin-
leben von einem Tag zum andern, in der Hoffnung
auf ein Ergebnis, das nie erreicht wird. Wir andern waren gewöhnt, abzuschließen und unsern Namen darunter zu setzen. Die Tat, für die wir geschaffen wären, mußte komponierbar sein wie ein
Werk, und mußte den symbolischen Wert eines Werkes haben. Wo war diese Tat? Zola fragte sich um-
sonst, wie der Graben auszufüllen wäre, der ver-
hängnisvolle Graben, der immer breiter ward zwischen der geistigen Auslese der Nation und denen,
die sie regierten. In seinen Anfängen hatte er das
politische Handwerk verachtet, wie nur je ein Literat.
Jetzt sah er wohl, was die Politik in Wirklichkeit
war: „das leidenschaftlich bewegte Feld, auf dem das
Leben der Völker ringt, und wo Geschichte gesät wird
für künftige Ernten von Wahrheit und Gerechtigkeit.“
Literatur und Politik hatten denselben Gegenstand,
dasselbe Ziel und mußten einander durchdringen, um
nicht beide zu entarten. Geist ist Tat, die für den
Menschen geschieht; — und so sei der Politiker Geist,
und der Geistige handle!

Aber eines Herbsttages im Jahr 1897 erfuhr Zola,
es sei so weit gekommen, daß die Politik ihre Handlungen gegen den Menschen richte, und der Geist
bleibe fern und unbeteiligt. Der Mensch trug einen
Einzelnamen, was der Greifbarkeit des Vorganges
nützte; es war der Hauptmann Dreyfus, deportiert
seit drei Jahren nach der Teufelsinsel für einen

115

Verrat militärischer Geheimnisse, den mit höchster
Wahrscheinlichkeit ein Anderer begangen hatte. Lange
hatte man zweifeln können; Zola war zu Beginn
der Sache in Rom und gab nicht acht; und auch dann
noch blieb ein einfacher Irrtum des verurteilenden
Kriegsgerichtes zu vermuten. An jenem Herbsttag
1897 sah er in Schriftstücke, die seine Überzeugung,
hier geschehe ein großes Verbrechen, sofort unerschüt-
terlich machten. Dennoch wurde damals, er bemerkte
dies später selbst, vor allem der Fachmann des
Romans „verführt, ja begeistert" durch eine Fabel
von solcher Stärke. „Und Mitleid, Glaube, Wahr-
heits- und Gerechtigkeitsdrang sind hinterher gekommen." Er bemerkt dies, und ohne Scham spricht
er es aus. Wir sind von einer Art, daß das Leiden
des Menschen uns zuerst nur die Erregung beibringt,
als sollten wir schaffen. Aber es ist dieselbe frucht-
bare Erregung, die hilft... Er sieht einen Greis,
und fast nur ihn, für die Wahrheit einstehen: Scheu-
rer-Kestner, Elsässer und Senator, arbeits- und ehren-
gesättigt, wagt alles, nimmt auf sich, was kommen
will, lieber als daß er das Grauen trüge, zu wissen
und nicht gesprochen zu haben. „Ihm war nicht
unbekannt, welche Stürme er aufregen würde, aber
Wahrheit und Gerechtigkeit gehen über alles, denn
sie allein sichern die Größe der Nationen. Es kann
geschehen, daß politische Interessen sie für Augenblicke verdunkeln, aber jedes Volk, das nicht sein
einziges Daseinsrecht gründen würde auf sie, wäre

116

heute ein verurteiltes Volk." Der Leitsatz ist gesprochen, die Dinge können ihn nur steigern. Zehn
Tage später ruft Zola schon aus: „Ich habe in Erbitterung gelebt und im Haß auf Dummheit und
Unehrlichkeit, ja in einem solchen Durst nach Wahrheit und Gerechtigkeit, daß ich eine Vorstellung bekommen habe von dem großen Seelenschwung, der
einen friedlichen Bürgersmann mitten in das Mär-
tyrertum schleudern kann." Das Unerträglichste an
diesen Zeitpunkt ist, daß man nicht herausfahren
darf mit der Wahrheit, solange noch die Untersuchung
schwebt gegen den wahren Verräter Esterhazy. Man
muß zusehen, wie die Schmutzpresse und der Anti-
semitismus das Hirn der Öffentlichkeit zerrütten,
wie die Vaterlandsliebe ausgebeutet wird, um das
am Falschspruch schuldige Kriegsgericht zu decken,
und wie in der öffentlichen Schande und dem allgemeinen Überdruß die Regierenden doch nichts zu
tun wagen. Und allem würde man vielleicht zusehen,
nicht aber der neuen Jugend, die alles dies mitmacht.
Zola hatte schon auf ihr Kommen ein Auge gehabt.
Es hatte angefangen mit zu viel Lilien und weißen
Jungfrauen in den Gedichten und zu wenig Sinn
für das moderne Leben, die arbeitende Demokratie.
Literarischer Ästhetizismus war auch hier der Vorbote
politischer Laster. Vergebens hatte er sie beschworen,
hatte mit aller Leidenschaft und der bittersten Ironie
geworben bei seinen jungen Verächtern für seine
Sache, die Wahrheit: jetzt gingen sie hin und hul-

117

digten einem Lehrer, der den Bankerott der Wissenschaft ankündigte, gingen hin und pfiffen auf Scheurer-
Kestner. Große Traurigkeit, die hochherzige Jugend,
die ihren Überschwang an Herzenskraft zu Betrügern
trägt. Große Hoffnung gleichwohl, dieselbe Jugend,
denn in ihr, wenn überhaupt, soll doch sein ab-
sterbendes Geschlecht über sich hinaus leben, freieren
Geistes noch und mit noch mehr Liebe zum Leben,
zur Arbeit, zur Fruchtbarkeit der Erde, — die endlich
wohl die Ernte reifen lassen wird, unter strahlender
Sonne die überquellende Freudenernte.

Inzwischen aber standen die Dinge so, daß schon
der Aufruf an die Jugend broschiert erscheinen mußte;
die Zeitungen hatten sich ihm verschlossen; der Ruhm
seines Verfassers war nicht mehr Entschuldigung
genug für den Kampf, den er der Welt aufzwang.
Der Ausgang der Untersuchung gegen den wirklichen
Verräter war klar vorauszusehen. Das Kriegsgericht
sprach ihn denn auch frei. Zola hatte sogleich gesagt:
„Der erste Akt ist aus, der Vorhang ist gefallen über
dem grauenhaften Schauspiel. Hoffen wir, daß das
morgige uns den Mut zurückgibt und uns tröstet."
Er hatte dies nicht nur gehofft. Er war sicher, dem
ersten Akt folge ein anderer, worin das Maß der
Leiden voll ward und die Wendung kam. Denn hier
war nicht nur eine notwendige Tat des Gewissens,
hier war die komponierbare Tat, ersehnt von dem
Künstler, der sie eines Tages fertig sehen wird wie
ein Werk. Und die Wahrheit, die aus diesen be-

grenzten Tatsachen hervordrängte, war ein Gleichnis der ewigen Wahrheit selbst. „Die Wahrheit ist unterwegs, nichts hält sie auf. Ein erster Schritt ist getan, ein weiterer wird getan werden, und noch einer, und dann der entscheidende — mit mathematischer Sicherheit." So tat er den nächsten, — und der war revolutionär, das Aussprechen der Wahrheit, die viele kannten und die niemand zu nennen wagte, das Aussprechen mit aller Gefahr für ihn selbst und für das Land. Das Blatt hieß L'Aurore, und es war der 13. Januar 1898, als man die Wahrheit las, dreihunderttausendmal: die selten vernommene Wahrheit des Geistes über den Staat, des Menschen über die, die es nicht sein wollen. Zola schrieb an den Präsidenten der Republik, Felix Faure, den gewesenen Gerber, der für seine Person den Vorreiter eingeführt hatte. Er schrieb ihm, nicht um die Ehre des Heeres handele es sich, denn das Heer ist das ganze Volk. „Wir wollen seine Würde, wenn wir die Gerechtigkeit wollen." Es handelt sich um Generale und Obersten, die ungesetzlich geurteilt und ihr falsches Urteil gegen einen Unschuldigen aufrecht erhalten haben mit Lügen und Fälschungen; die es verstärkt haben durch den Befehl an ein zweites Kriegsgericht, den Schuldigen freizusprechen. Und Zola nannte alle Namen, klagte jeden an, nach dem Maß seiner Teilnahme an dem Verbrechen. Ihm sei nicht unbekannt, welchen strafrechtlichen Folgen er sich aussetze. Aber er greife ein, um den Ausbruch der Wahrheit und der Ge-

119

rechtigkeit zu beschleunigen. Eile sei geboten. „Wenn man die Wahrheit eingräbt, ballt sie sich zusammen unter der Erde, und ihre Sprengkraft wird so groß, daß an dem Tag, da sie ausbricht, alles mit ihr auffliegt." Er sagte noch: „In meinen Nächten würde das Gespenst des Unschuldigen umgehen, der dort drüben in grausamster Marter büßt für ein Verbrechen, das er nicht begangen hat." Und: „Ich habe nur eine Leidenschaft, die des Lichts, und handle im Namen der Menschheit, die so viel gelitten und ein Recht auf das Glück hat."

Dies waren seine Gründe, aber wessen noch? Ein Mensch leidet. Wenn er der einzige wäre! Sein Leiden vollzieht sich eindrucksvoll und malerisch auf jener Teufelsinsel, fern in einem violetten Meer, wo eine gewisse Anzahl Wächter Tag und Nacht um ihn herumsteht. Andere leiden mit weniger äußerem Aufwand, aber ebenso empfindlich, — und können vielleicht auch nichts dafür. Unschuldig! Das ist ein sozialer Begriff, er hat der Verteidigung der Gesell= schaft zu dienen. Man wird niemanden für unschuldig erklären, dessen Unschuld die Gesellschaft bedrohen würde. Dieser Unschuldige müßte, da zwischen ihm und der obersten Leitung des Heeres zu entscheiden wäre, höchst gefährlich werden: das ist offenbar das einzige, was gesunder Sinn zu sehen hat in der Sache. Gesunder Sinn läßt sich nicht irreführen von dem Übereifer eines literarischen Geistes, Systemmachers und Auf=die=Spitze=Treibers. Dem Ideologen folgt doch niemand? Man hat doch von der Gabe der Selbsterhaltung genug, um ihn allein zu lassen? Unmenschlich muß niemand sein, auch der Staat nicht; wenn die schädliche Agitation für den Gefangenen nachläßt, wird auch die Strenge seiner Behandlung nachlassen. Und der Wiederholung seines Falles wäre vorzubeugen durch die Abschwächung der Mißstände, die möglicherweise zu seiner falschen Verurteilung geführt haben. Es geschehe sachlich und ohne Berufung auf seine ungelegene Unschuld. So wäre es überall, kein lebenskräftiger Staat läßt sich ins Unrecht setzen. Mitgefühl und Wahrheitsdrang in Ehren, aber auch der Wortführer der Unschuld hat nicht das Recht, die Gesellschaft aufzustören und ihre Wehrkraft zu schwächen, er darf den Bürger nicht in Zwietracht stürzen und in seinen Geschäften beunruhigen. Dies wäre unvermeidlich, wenn jeder, dem es einfiele, gewissen Verantwortlichkeiten nachgehen könnte, bis sie zu Höhen führen, die um der Staatsvernunft willen über der Gerechtigkeit und über der Wahrheit bleiben müssen. Moral hat nichts mit Macht zu tun. Möchte es selbst zu erweisen sein, daß Generale gelogen und gefälscht haben, so können bekanntlich Schurken ein Volk zu Siegen führen. Die Vernunft des Staates ist höherer Art als eine Einzelvernunft, die sich wichtig machen will und schreit. Man lasse sie schreien! Zola wurde gewiß allgemein durchschaut als ein unruhiger Streber und Reklamesucher auf Kosten des öffentlichen Wohles? Außer den geschäftlich beteiligten Mitläufern

121

nahm doch wohl niemand ihn ernst? Zweifellos
schwieg man ihn tot? Grub um so tiefer die Wahrheit ein, nach der er schrie, und ihn mit?... Nein!
Nicht hier, nicht diesmal. Menschen waren da, denen
die Macht nicht über ihr Gewissen ging, und ihre
eigene Ruhe nicht über Herz und Gesinnung. Menschen waren da, Parteien fanden sich, ein Volk stand
auf. Viele prüften sich, wie Zola es verlangte in
seinem Brief an Frankreich. „Prüfe dein Gewissen:
war es wirklich dein Heer, das du verteidigen woll-
test, da doch niemand es angriff? Hattest du nicht
vielmehr das jähe Bedürfnis, dem Säbel zuzujubeln?
Nimm dich in acht, du gehst auf die Diktatur zu. Und
weißt du, wohin noch? Zur Kirche." Die innere
Knechtschaft mit der äußeren, dies verbarg sich unter
dem Vorwand der Staatsvernunft und des Patriotismus; viele sahen es, die ihr Volksheer liebten.
Sie glaubten nicht, daß man lügen und Knecht sein
müsse, um stark zu sein. Sie glaubten vielmehr, das
Stärkste sei die Wahrheit. Sie hatten Beweglichkeit,
Wohlwollen und heiteres Vertrauen in das Leben
genug, um die Wahrheit für heilsam und schöpferisch
zu halten, sollte sie auch Krisen bewirken. Manche
waren ohnehin so gesinnt, daß weder Heer noch Staat
ihnen erlaubt schienen, wenn es denn ihr inneres
Gesetz war, daß sie uns erbärmlich machten. Die
meisten aber wurden sich durch dieses eindringliche
Beispiel der Natur ihres eigenen, besonderen Staates
bewußt, und daß wenigstens er also auf der Wahrheit

stand, — da der Versuch, zu fälschen, ihn so sehr
erschütterte. Königreiche konnten nach ihrer Meinung
mit der Lüge auskommen, ihre Republik nicht. Dies
wurde ihnen zum Anlaß, sich klar und grundsätzlich
von denen zu scheiden, die auch in Königreichen hätten
leben können. Zola stellte fest, was vor allem sein
Werk war: „Derart sind nach und nach zwei Parteien aneinander geraten: einerseits die ganze Reaktion, alle Widersacher der wahrhaften Republik, die
wir haben sollten, alle Geister, die, ihnen selbst vielleicht unbewußt, für die Autorität sind, sei sie religiös,
militärisch, politisch; drüben der ganze Zukunftsdrang,
alle durch die Wissenschaft befreiten Gehirne, alle, die
nach Wahrheit und Gerechtigkeit streben, die glauben
an den immerwährenden Fortschritt, und daß seine
Eroberungen eines Tages endlich verwirklichen werden, was irgend möglich ist an Glück.“ Die meisten
von diesen waren durchaus alltäglich, Bürger oder
Arbeiter, durch ihre Lage auf die nächstliegenden
Sorgen verwiesen und ihretwegen vielfach geschieden.
Diesmal waren sie einig. Die Bürger und das Volk
dieser Klassenrepublik waren einig in einer Sache der
Sittlichkeit. Arme und auch Reiche glaubten nicht, daß
es genug sei, wenn sie verdienten und sogar selbst die
Steuergesetze machten: höchst merkwürdig, sie bestanden auf Werten, die man nicht sieht. Die wichtigsten
Interessen des auch hier regierenden Kapitalismus
konnten es doch in dieser Bourgeoisrepublik nicht
hindern, daß alles, Geschäft, Politik und die Sicher-

heit des Landes selbst, überrannt wurde von einem
erbitterten Idealismus. Von nun an stürzte jedes
Ministerium, das Ruhe herzustellen dachte, wenn es
die Wahrheit tiefer eingrub. Das Heer zerrüttete sich
durch Widerspruch von innen. Die Familien spürten
in sich die öffentliche Erschütterung, den Geschäften
drohte sie mit einer Katastrophe. Überall Mißtrauen,
Unsicherheit, Wühlerei und Aufbegehren: eben der
Zustand der Geister, der hundert Jahre früher Blut
gefordert hatte, gedämpft nur durch die Erfahrungen
der hundert Jahre und weil die Vernunft fortge-
schritten war, sogar bis in das geheime Herz ihrer
Feinde. Die Revolution schien auferstanden, vielmehr, man sah, sie war nie tot gewesen, und sie war
aus einem Stück; heute wie je waren ihre Menschen
zur Stelle und erkannten sich wieder. Erkannte man
Zola nicht wieder? Er hatte, sein eigener Rousseau,
sein eigener Condorcet, den Vernunftrausch erlebt von
Gleichheit und unbegrenzter Vervollkommnung und
ging nun jenen bitter ekstatischen Weg, auf dem man
begreifen lernt, warum Danton fallen mußte, und
wie Robespierre ward. Niemand vertrat auf so festem
Lebensgrund wie er den Inhalt dieses Zeitpunktes;
die Leidenschaft seines Geistes war genährt wie keine;
das Weithingültige des Kampfes war in ihm. Ihn
vor allen sahen die Völker an, die den sittlichen Kämpfen Frankreichs so ergriffen zusehen, als seien es ihre
eigenen und sie hätten sie nur nicht gewagt. Er hatte
wie je die Gabe der großen Wirkung. Seine Tat,

wie ein Werk mit seinem Namen darauf, war millionenfach in den Händen der Welt.

Dafür trug er die größte Verantwortung und
opferte am meisten. Denselben 13. Januar, als
sein Brief an den Präsidenten erschien, beschloß
die Kammer seine gerichtliche Verfolgung. Der
Kriegsminister, einer der von ihm angeschuldigten
Generale, mußte die Klage einreichen, beschränkte
sie aber vorsichtig auf fünfzehn ausgesuchte Zeilen.
Während fünfzehn Gerichtssitzungen stand Zola vor
den Geschworenen, und als er am Schluß der Ver-
handlung das Wort an sie richtete, wußte er längst,
sie würden ihn verurteilen. Der Vorsitzende des
Ministerrates selbst hatte in öffentlicher Parlaments-
rede es ihnen zur nationalen Pflicht gemacht. Zu
diesem Druck auf ihr Gewissen kam ein anderer, die
Kundgebungen vor dem Gericht, auf der Straße, wo
der Angeklagte und seine Freunde bei seinem Erscheinen umlärmt, beleidigt, bedroht wurden. Von
der Reaktion bezahlte Lumpe, in Gemeinschaft mit
den Mitgliedern klerikaler Vereinigungen, täuschten
eine Volksbewegung vor, und die Polizei griff jedesmal erst dann ernstlich ein, wenn es erwiesen schien,
daß nur eine Art Schlacht den Angeklagten schützen
konnte vor der gerechten Entrüstung des Volkes. Die
Geschworenen sahen dem zu mit Gefühlen, die
zweifellos bestimmt wurden durch ihre eigenen Interessen. Zola sagte es ihnen in das Gesicht. Er hielt
sich nicht lange auf bei dem Vorwurf, er sei ein Ver-

125

räter am Heer. Einst hatte er geschrieben: „Der Krieg ist nachgerade eine zu ernste, zu furchtbare Angelegenheit, als daß er noch Lügen vertrüge. Ich bin tief überzeugt, wenn das Gelüge des falschen Patriotismus wieder anginge, würden wir wieder geschlagen werden." Die Volksrichter nun dort vor ihm dampften von falschem Patriotismus. Idee und Wahrheit wären nie zu ihnen eingedrungen durch all den Dampf, es galt, sie selbst anzupacken. Er sagte ihnen zuerst, daß sie das Herz und die Vernunft von Paris seien und natürlich kein Wort glaubten von den erbärmlichen Fabeln, die über ihn und seine Sache im Umlauf seien. Sie seien gewillt zu der Wahrung ihrer durchaus berechtigten Interessen, die sie begreiflicherweise für die Interessen der ganzen Nation hielten. Die Einnahmen sänken, gab er ihnen zu, Geschäfte würden immer schwieriger, eine Katastrophe drohe; und so lese er in ihren Gesichtern den Entschluß, den sie fertig mitgebracht hätten: der Sache ein Ende zu machen. Denn was bedeute ein Unschuldiger auf der Teufelsinsel gegen die Interessen eines großen Landes. „Wenn Sie mich verurteilen, liegt Ihrem Wahrspruch der Wunsch zugrunde, die Geschäfte möchten sich wieder heben." Er sprach zu diesen Richtern aus der Demokratie mit leidenschaftlicher Schonungslosigkeit, wie niemals, weder zu einem Volk noch zu seinen Chorführeren, gesprochen ward. Sie sollten nicht glauben, ihm und seiner Sache könnten sie etwas anhaben! Möchten sie ihn

126

treffen, sie würden ihn nur größer machen! „Sehe ich aus wie ein Verkaufter, Lügner oder Verräter?" Und er scheute sich nicht, ihrer mittelmäßigen Denkart seine Leistung vorzuhalten, seine vierzig Bände, werbend mit Millionen Zungen für den Ruhm Frankreichs. Ihr Werk dagegen, was sei ihr Werk? Seine bei ihnen schon beschlossene Verurteilung vertiefe noch die Erschütterung und stelle alles in Frage, was Frankreich bedeute an Rechtlichkeit und menschlicher Gesinnung. Die Wahrheit aber schreite fort unaufhaltsam. Die sogar, die ihn anklagten, wüßten um sie. Er aber beschwöre sie. „Dreyfus ist unschuldig, ich schwöre es. Zum Pfand setze ich mein Leben und meine Ehre." Er wiederholte den Schwur und gab jedesmal mehr hin. „Bei allem, was ich erobert habe." Bei seinem Namen, bei seinem Werk. „Alles das soll stürzen und vergehen, wenn Dreyfus nicht unschuldig ist! Er ist unschuldig." Zu diesem äußersten Bekenntnis sah er auf von dem Papier, woraus er las, und sah wohl in betroffene Gesichter. Seine Stimme, gewohnt zu schweigen, während das von ihm geschaffene Leben sich laut abspielte um ihn her, seine Stimme trug nicht genug, um die ganze Leidenschaft seines Geistes zu tragen; man hörte nur das abgeschwächte Echo. Hinter seinen kurzsichtigen Augen, dieser turmartigen, gefurchten Stirn erschien ihnen von der Macht und Ewigkeit der Idee nur ein fernes, blasses Spiegelbild, und nur einen Augenblick lang. Kaum daß sie, während er alles, alles hingab,

127

von einer Ahnung berührt wurden und erschraken, als zeigte sich ein Geist. So kommt zu den Menschen der Geist. Aber die Lichter brennen, gleich sehen sie wieder die Wirklichkeit, ihre sogenannte Wirklichkeit, und haben sich zurück... Zola war verurteilt.

Er geht zum Kassationshof, der das Urteil aufhebt; wird von neuem angeklagt, diesmal nur noch auf Grund von drei Zeilen seines Briefes, und wieder verurteilt. Am selben Abend fuhr er, damit das Urteil ihm nicht zugestellt und nicht rechtskräftig werden konnte, nach London. Es war die notwendige Taktik, er und die Seinen mußten Herren der Sache bleiben und sie hinziehen, bis sie neue Ereignisse zum Ausbruch brachte. Aber es war das Schwerste, was er auf sich nahm: die Verbannung, und den Verdacht, er fliehe das Gefängnis. Er ging in einer dunkeln Nacht, sah die Lichter seines Vaterlandes verlöschen, und erwog, daß er es nun fliehen mußte, weil er es ehrenhaft und gerecht gewollt hatte. Sich verstecken müssen in fremdem Land, lächerliche Abenteuer bestehen aus Unkenntnis der Sprache, der Neugier ausweichen und nur bestehen durch die Verschwiegenheit: dies war nun der Hintergrund für seine einsamen Gedanken, den tiefen Schmerz des Ausgestoßenen, der die Nachrichten der Heimat nur noch vernimmt wie den Widerhall von Wahnsinn und Entsetzen. Er wartet auf das unbekannte Ereignis, das ihn zurückruft; glaubt es gekommen, als einer der Verbrecher, die unter seinen Gegnern sind,

Selbstmord begeht; wartet weiter, aber wartet fruchtbar. Er arbeitet. Da er nicht handeln darf, keine
Stimme mehr hat und verschollen sein muß, bekämpft er schaffend das Nichts, das herandrängt und
ihn verschlingen möchte, ihn, die Wahrheit, den Menschen, — kämpft mit aller Leidenschaft seines Herzens
für die Rechte des Lebens. Gleichnishaft und über-
wirklich malt er Fécondité hin, das Traumbild
schrankenloser Lebensfülle, die Forderung nach all
dem Leben, das abfällt, das die Menschen verschwenden und im Keim töten. Sie sind geizig, sind ungläubig und meinen ihren Leiden vorzubeugen, wenn
sie es sich versagen, fruchtbar zu sein. Sie sollen
wissen, daß Ungläubigkeit schon Ohnmacht ist. Habet
die Kraft, die Erdteile zu bevölkern, die noch leer
liegen! Kein menschlicher Fortschritt, der nicht durch
Übervölkerung erzwungen wäre! Das Gewimmel
der Elenden hat die Völker aufgerüttelt bis zur Er-
oberung von Wahrheit und Gerechtigkeit. Aus Fruchtbarkeit Zivilisation. Aus ihr in Zukunft auch die
Gleichheit; denn unter einer demokratischen Verfassung kann ein Volk nur glücklich sein, wenn die Sitten
einfach und die Lebenslagen fast gleich sind. Die
möglichste Lebensfülle bringt die möglichste Menge
Glück. Wir sind nur da, das Leben zu verbreiten;
jedes eurer Empfängnisse ist erhaben, heilig, und vielleicht das entscheidende . . . Einige Jahre früher hatte
am andern Ende Europas eine nicht weniger große
Leidenschaft die Tötung alles Lebens gepredigt:

aus Liebe, und um des Geistes willen, wie diese hier das Evangelium der Fruchtbarkeit. Zola war sehr allein damals, doch lebte sein ferner Bruder Tolstoi.

Aber wenn er dann aufsah von seinem Werk der Menschenverklärung und um sich her ein englisches Dorf sah und nun, wandernd und immer allein, von fern noch einmal die Krise durchlebte, die sein Land niederwarf: wie überwältigend der Abstand zwischen dieser Wirklichkeit und seinem Traum! Wann kam wohl sein Buch zu dem Volk, für das er es schrieb. Welche noch furchtbarere Katastrophe mußte vielleicht eintreten, bevor sie das tiefste aller Übel erkennen konnten in der Unterdrückung der Fruchtbarkeit? Wirkungen ohnegleichen waren sein gewesen, und doch hatte Vergeistigung ihn nun so weit über die Volks= genossen hinausgeführt, daß gewisse nationale Er= eignisse ihn abgesondert erscheinen ließen wie einen Feind. In Zeiten, die aufgeregt sind und sich darum groß fühlen, gilt es, um seinem Volk vertrauens= würdig zu scheinen, nichts mehr, daß man ihm Mei= sterwerke geschenkt hat. Man schreie Hoch! Man lasse ein Stück aufführen, worin Fahnen geschwenkt wer= den. Zola erinnerte sich wohl, einst kritisch aufge= standen zu sein gegen die Tyrannei der vaterlands= seligen Nichtskönner, die auch in ruhigen Zeiten auf gewissen Bühnen sich austoben durften. Jetzt, in den aufgeregten, war das gesamte Land eine patriotische Schmiere. Kein Raum mehr für den, der nicht die ganze nationale Größe auf die Anbetung des Säbels beschränkt. Man sucht nach dem Wurm in seinem dastehenden Werk, es muß von je schon brüchig und eine Gefahr gewesen sein. Man untergräbt den Boden ihm selbst: ist er auch nur ein echter Volksgenosse? — und noch in dem längst vergangenen Leben seines Vaters müssen Flecken entblößt werden, die man hineinfälscht. Zola hat alles Leiden durchgemacht dessen, der, zur Achtung vor den Erscheinungen geboren, sie eines Tages verachten lernen muß, verachten von Grund aus, verachten, was gegenwärtig ist, alles was nicht unter den wohltätigen Schleiern der Vergangenheit oder Zukunft liegt und nicht zu träumen erlaubt oder zu hoffen. Oh! sein Volk verachtet niemand, es ist ewig, es hat Zeiten gehabt, für die wir ihm danken, und wird groß sein, wenn das kleine Geschlecht, dem wir durch Zufall beiwohnen, lange vorbei ist. Aber dies kleine Geschlecht unserer zufälligen Zeitgenossen stellt uns nun einmal die nächsten, erkennbarsten Vertreter des menschlichen Geschlechtes. An seine Geistesform sind wir hundertfach gebunden. Seine Geistesform zu entwickeln und zu erhöhen, sind wir hundertfach verbunden. Sie wollten ihn ausschließen! Die Unglücklichen, sie vermaßen sich, ihn zu einem Abtrünnigen zu stempeln, — und waren selbst bestimmt, seinen Stempel zu tragen. Wenn anders seinem Volk eine Zukunft gehörte, bestimmte auch er sie. Mehr, als es ihm mitgegeben hatte, sollte er diesem Volk hinter-

laſſen. Lange nach ihm mochten Züge von ihm
national heißen, die es ohne ihn nicht geworden
wären. Euer Volkstum wird mehr als heute es ſelbſt
ſein durch mich, ich lebe euch vor, was ihr werden
ſollt. Ich, ein Abtrünniger? Ob ich das Vaterland
liebe oder nicht: ich bin es ſelbſt. Daß ich mich jetzt
ausſchließe, verbannt bin und ſchweige, iſt ein großes
Zeichen, und mein Land ſelbſt richtet es ſich auf.
Nicht ohne den Widerſtand ſeiner beſten Kräfte über-
läßt es ſich dieſem verwickelten Rückfall in unter-
menſchliche Zuſtände, der ihm heute bereitet wird.
Die Wortführer und Anwälte, die er findet, ſeine
Logiker, Propagandiſten, Drauf- und Durchgänger
mögen ſich ſpäter verantworten, wenn ſie es können;
das eine ſteht feſt von vornherein: ſie haben es
leichter. Ihre Geſinnung verlangt nicht, daß ſie Verbannung und Schweigen ertragen. Im Gegenteil
ziehen ſie Nutzen daraus, daß wir andern ſchweigen
und verbannt ſind; man hört nur ſie, es iſt ihr gün-
ſtigſter Augenblick. Nicht mehr als menſchlich, wenn
ſie ihn wahrnähmen und ihren vorgeblichen Patriotismus noch lauter beteuerten, als ſie es vielleicht
tun würden, wenn nicht wir andern damit in Ver-
geſſenheit zu bringen wären. Man müßte ſie ſich
anſehen, ob es nicht auch ſonſt ſchon die waren, die
das Profitieren verſtanden. Waren ſie etwa Kämpfer? Oder lag es vielmehr in ihrer Art, was die
Macht — die Macht der Menſchen und der Dinge —
herbeiführte, zum Beſten zu wenden, und auch zu

ihrem eigenen Beſten? Wie, wenn man ihnen ſagte, daß ſie das Ungeheure, das jetzt Wirklichkeit iſt, daß ſie das Äußerſte von Lüge und Schändlichkeit eigenhändig mit herbeigeführt haben, — da ſie ſich ja immer in feiner Weiſe zweifelnd verhielten gegen ſo grobe Begriffe wie Wahrheit und Gerechtigkeit. Wir fanden nichts daran, in der äſthetiſchen Duldſamkeit der friedlichen Zeiten. Ihr Talent wirkte modern, ihr Geſchmack war oft der zarteſte. Gaben ſie ſich peſſimiſtiſch, leugneten ſie geiſtreich den Fortſchritt und gar die Menſchheit, indes es ihnen nie beikam, zu leugnen, was beſtand und gefährlich war: wir ſahen gewollte Paradoxe darin, verwöhnten Überdruß am Einfachen und Echten, keineswegs ſtichhaltig, weder vor ihrer eigenen Vernunft noch vor den Ereigniſſen. Im äußerſten Fall, nein, dies glaubten wir nicht, daß ſie im äußerſten Fall Verräter werden könnten am Geiſt, am Menſchen. Jetzt ſind ſie es. Lieber als umzukehren und, es zurückbannend, hinzutreten vor ihr Volk, laufen ſie mit ſeinen abſcheulichſten Verführern neben ihm her und machen ihm Mut zu dem Unrecht, zu dem es verführt wird. Sie, die geiſtigen Mitläufer, ſind ſchuldiger als ſelbſt die Machthaber, die fälſchen und das Recht brechen. Für die Machthaber bleibt das Unrecht, das ſie tun, ein Unrecht, ſie wenden nichts ein als ihr Intereſſe, das ſie für das des Landes ſetzen. Ihr falſchen Geiſtigen dreht Unrecht in Recht um, und gar in Sendung, wenn es durch eben das Volk geſchieht, deſſen Ge-

133

wissen ihr sein solltet. Euer Volk hat den Auftrag
von der Geschichte, aber an welche trostlose Geschichte
glaubt ihr denn, da ihr nicht an den menschlichen
Fortschritt glaubt? Euer Volk ist Abriß und Bestimmung der Menschheit, — die ihr leugnet. Euer
Volk ist heilig, ist die Idee selbst, die erste freilich,
die ihr nicht bezweifelt. Es hat die tiefsten Erkenntnisse, und jenseits von ihnen darf es handeln wie
ein reiner Tor, dies ist sein Vorrecht und sein Ruhm.
Es bedarf keiner Erziehung, noch des Beispiels der
anderen Völker, die sämtlich verfallen und verurteilt
sind, was nicht hindert, daß ihre Besiegung ein Be-
weis wäre für seine schicksalhafte Größe. Der ganze
nationalistische Katechismus, angefüllt mit Irrsinn
und Verbrechen, — und der ihn predigt, ist euer
eigener Ehrgeiz, dürftiger noch, eure Eitelkeit. Entschiede sich das Schicksal eures Volkes etwa nicht
durch laute patriotische Abenteuer, sondern in innerer
Arbeit, innerem Fortschritt, was würde euch übrigbleiben, als dienend mitzuarbeiten, mit fortzuschreiten
dienend. Aber ihr seid nicht zu dienen da, sondern zu glänzen und aufzufallen. Nur kein miß-
liebiges Wort dem mitlebenden Geschlecht, von dem
eure Geltung abhängt; es vielmehr verwechseln mit
dem Volk, dem ewigen Volk; und aus den Lastern
und Irrtümern dieses zufälligen Geschlechtes womöglich ein Heldengedicht des ewigen Volkes machen.
Durch Streberei Nationaldichter werden für ein halbes Menschenalter, wenn der Atem so lange aushält;

134

unbedingt aber mitrennen, immer anfeuernd, vor
Hochgefühl von Sinnen, verantwortungslos für die
heranwachsende Katastrophe, und übrigens unwissend
über sie wie der Letzte! ... Mit Zorn und mit Schmerz
nahm Zola damals die Trennung vor von denen,
die er trotz allem für seinesgleichen gehalten hatte.
Dulden und Hinfristen war nicht länger erlaubt, die
äußersten Prüfungen waren angebrochen und ver=
pflichteten die Geister, streng und endgültig gesondert,
hinzutreten, die einen zu den Siegern des Tages, die
anderen zu den Kämpfern für die ewigen Dinge.
Kameraden bislang, gleich auserlesen, wie es schien:
plötzlich aber vertiefen alle Züge sich, und auf jenen
steht Untergang, auf diesen Leben. Jene waren oft
die verlockenderen gewesen, auch für ihn selbst wohl;
jetzt macht es nichts aus, daß man in eleganter Her=
richtung gegen die Wahrheit und gegen die Gerechtig=
keit steht; man steht gegen sie und gehört zu den Ge=
meinen, Vergänglichen. Man hat gewählt zwischen
dem Augenblick und der Geschichte, und hat einge=
standen, daß man mit allen Gaben doch nur ein
unterhaltsamer Schmarotzer war. Sogar die Gaben
kamen jenen jetzt abhanden, Zola sah die gehalten=
sten Dichter unvermittelt den windigsten Journalis=
mus treiben. Ein Journalist aber, der heute auf
seiten der Wahrheit und der Gerechtigkeit stand, konnte
Kraft und Höhe davontragen für sein übriges Le=
ben. Und hier, die rechtlichen Geister, die die Zeit
nicht belügen wollen, weil sie an die Ewigkeit glau=

135

ben, sie sind nun bei uns als Trost und Gemeinschaft, auch wenn sie früher nicht unsere Freunde
schienen. Anatole France schien unversöhnlich in seiner Gegnerschaft gegen Zola, er verfolgte sein Talent, mißdeutete seine innerste Natur. Die unfehl-
bare Prüfung kommt, und sieh, die Geister erkennen
einander, die reinen Geister, die immer noch lieber
in keiner guten Zukunft je wirken wollen als in
einer schlechten Gegenwart; die Geister der Wahrheit;
die menschlichen Geister.

Zola, verbannt und schweigend, trennte, was welt-
lich war, von dem Ewigen: trennte es vor allem
in sich selbst. Er gestand sich ein, daß das Unglück des
Hauptmanns Dreyfus ihm vielleicht allzu gelegen gekommen sei. Als die Sache um sich griff und in Schwung
kam, hatte er glauben können, er werde siegen, bald,
ohne große Rückschläge und zu schwere Opfer. So hatte
Voltaire gesiegt, als er das Gedächtnis Calas' ver-
teidigte. Auch sein eigener Ruhm, so lange doch nur
aus Bewunderung gemacht, sollte in Zukunft Begeisterung zeugen. Die tiefen Volksschichten sollten
von ihm wissen mit ihren einfachen Herzen; seines,
das sich von den Büchern loszulösen begann, verlangte so sehr nach ihnen. Sie konnten ihn empor-
tragen, wer weiß wie hoch. Die letzten Ziele seines
politischen Ehrgeizes waren ihm wohl mit Namen
genannt worden von seiner mittelländischen Phantasie . . . Dank dem Jahr der Verbannung und des
Schweigens hatte er sich nun zurück und war sich

136

wieder bewußt, daß der Geist dem, der für ihn arbeitet, als Preis eben nur seine Arbeit zuteilt, und daß dies genug ist. Am Ende aller inneren Erfahrungen dieses schweren Jahres sah er unter den Zügen des kommenden Triumphators nicht einmal mehr in geheimen Augenblicken seine eigenen Züge, nur die der Wahrheit. Daß sie siegen müsse mit Glanz, ohne einen Schatten oder Vorbehalt, glaubte er fest wie je. Ihr Vormarsch ging weiter unaufhaltsam, alle Ereignisse bereiteten nur noch ihren Einzug vor; und endlich hörte man ihren Schritt, an dem Tage, als der Kassationshof die Revision des Prozesses Dreyfus beschloß. Zola, den fertigen Roman des schweren Jahres unter dem Arm, fuhr sofort heim. „Nun die Wahrheit gesiegt hat und Gerechtigkeit herrscht, kehre ich heim," sagte er. Er sagte noch von der Wahrheit, die ihm anvertraut gewesen war: „Sie war wie die kleine heilige Lampe, die man im Sturm dahinträgt und schützen muß gegen die Wut einer mit Lügen sinnlos gemachten Menge." Er stellte fest, es war wirklich die Wahrheit gewesen, die er in Händen gehalten hatte. Alle Anklagen in seinem Brief an den Präsidenten der Republik, die kühnsten und die am höchsten hinaufgreifenden, waren jetzt nicht nur bestätigt: sie sahen aus wie Erfindungen eines zahmen Romandichters neben der trotzig ragenden Wahrheit. Und anders hatte es gar nicht kommen können, die Wahrheit siegt immer. „Von der ersten Stunde an hatte ich die Gewißheit; ich ging einen

137

unfehlbaren Weg, mein Mut war also nicht so groß."
Er verkleinert schon sein Wagnis, er glaubt schon
edelmütig sein zu können, weil alles gewonnen ist.
Sind die Dinge nicht von jeher so verlaufen? Kein
Buch hat er schreiben, keine Überzeugung vertreten
können, ohne getränkt zu werden mit Lügen und Be-
leidigungen; und oft schon tags darauf mußte man
ihm recht geben. Auch seine Tat kann nicht anders
ausgehen. Nach den ersten qualvollen, niederschmet-
ternden Akten muß der letzte die Wirrsal in Frieden
und Eintracht auflösen zum Ruhm der Unschuld,
noch mehr, zum Ruhm des Vaterlandes. Dann
wird es gerüstet sein, seine geschichtliche Sendung zu
beenden und der Welt die Gerechtigkeit zu bringen,
wie es ihr die Freiheit gebracht hat.

Aus solcher Höhe der Fall. Ein zweites Kriegsgericht verurteilt Dreifus zum zweitenmal. Der
letzte Akt war nicht der letzte, die Grenzen der Lüge
und der Ungerechtigkeit sind hinausgeschoben, man
erkennt nicht mehr, bis wohin. Und Zola, der das
Unmögliche wirklich werden sieht, fühlt nur noch
Grauen. Der Wille zum Bösen, dem die Welt erlegen scheint, und ihre vollkommene Widerstands-
losigkeit gegen seine Anschläge können einem Geist
der Güte zuletzt nur noch Grauen machen. Er fühlt
einzig, wie sollen wir, nach dem was geschehen ist,
bestehen vor unseren Söhnen? Das Andenken an
Grausamkeit und Irrsinn, das wir ihnen hinterlassen, wie sollen sie es noch gutmachen? Bedeutet

dies den Tod der Nation und unserer Welt? „Wel=
ches Bad von Güte, Reinheit, Rechtlichkeit wird uns
erretten aus dem Giftschlamm, worin wir verenden?"
Unter Schuften wie diese, unter knechtischen Dumm=
köpfen wie diese haben wir gelebt; dieses unser Land,
in dessen Lauten wir unsere menschlichsten Gedanken
formten, hat sie hervorgebracht! Alle Grade der so=
zialen Gewalt haben sich verschworen zum Untergang
des armen Jammerbildes, dieses angeklagten Opfers,
das der Mensch selbst scheint. Sie haben ihn her=
geschleppt von seiner Teufelsinsel, jenem Kerker des
Menschengeistes, und wollen ihn endgültig stumm
machen mit Aufbietung aller ihrer bewaffneten Über=
macht. Der öffentliche Ankläger lügt störrisch, scham=
los liefert das Gericht sich den falschen Zeugen aus,
die die Schuldigen selbst sind. Diese Generale, die
gefälscht und das Recht gebrochen haben, halten jetzt
unter ihrer Schreckensherrschaft das Gericht, die
Öffentlichkeit, das Land. Einer muß untergehen, sie
oder der Mensch. Es ist am äußersten, nur seine Er=
mordung rettet sie selbst vor dem Zuchthaus. Aber
sie sagen: sie rettet das Land. Denn es sind Menschen,
deren Deckmantel und schmutziges Geschäft das Vater=
land ist. Das Volk meint mit dem Namen des Vater=
landes irgendeinen uneigennützigen Traum. Sie aber
berechnen den Gewinn aus seiner Begeisterung für
ihren Ehrgeiz, ihre Habsucht, ihren Machthunger.
Hinter dem Nebel seiner Begeisterung begehen sie
ihre Verbrechen. Da stehen sie, sie sind nicht die Sol=

baten der Demokratie; und da sie nicht ihre Soldaten
sind, sind sie ihre Henker. Nie werden Führer ihrer
Art in einen Krieg ziehen, den sie nicht zuerst zur
Unterdrückung des eigenen Volkes angezettelt hätten.
Man sollte sehen, was sie, vor die Wahl gestellt, vor-
zögen: auszuscheiden aus einem großen, freien Vaterland, oder weiterzuherrschen über ein besiegtes
und verkleinertes. Da stehen sie mit ihren Tressen
und Helmbüschen und heischen das Opfer des Menschen für ihre Ehre, diese Ramschware, für ihren
Patriotismus, diesen Pöfel. Jesus ist nur einmal
verurteilt worden, für sie soll der Mensch zweimal
sterben. Mag alles einstürzen, Frankreich eine Beute
des Bürgerkrieges, das Vaterland in Asche und
Trümmern, das Heer selbst entehrt, und an das
Kreuz mit dem Gedanken, wenn nur der Säbel König bleibt!

Wäre es uns bestimmt, aus solcher Tiefe noch wieder an das Licht zu gelangen? Vielleicht sind wir nur
darum bis auf den Grund des Grauens gesunken,
weil das Geschick tragische Größe wollte, eine über
alles erhabene Schönheit, Buße wohl auch, und dank
ihr die Verklärung? Ungeheures müßte freilich geschehen, die Reinigung der obersten Stellen der Hee-
resverwaltung, die Ausräucherung der Jesuiten-
schule, die der Generalstab ist, und dahinter der Kirche
zu Leib, denn sie steht dahinter, und allen ihren Kun-
den, Zöglingen und Söldnern, dem ganzen Heer der
Verschworenen, bis in seinen Kern, der Unwissen-

heit heißt. Nicht mehr und nicht weniger als eine
Erneuerung Frankreichs! — und ist dies der Sinn
und Ausgang des lebenden, vom Schicksal geschaffenen Werkes, das sich hier abwickelt? Zola konnte
damals nichts sehen, als daß zum Anfang der Buße
eine neue Schändlichkeit geschah, und daß wieder gelogen ward, aber jetzt im Namen des Mitleids. Der
Unschuldige ward begnadigt. Er bekam nicht sein
Recht und seine Ehre, man ließ ihn nur laufen. Seine
Mörder gingen weiter mit allen ihren hohen Würden
in der Sonne umher. Dazu also die übermenschliche
Anstrengung, deren es bedurft hatte, um seinen Grab-
stein zu heben, beschwert wie er war mit allem auf-
gehäuften Unrecht. Sei es! Der Unschuldige hat
Zeit, zu warten, bis ihr ihn wieder einsetzt und hoch
ehrt vor aller Welt. Eure Schuld werdet ihr ihm
niemals ganz bezahlen können. Denn eure Schuld
besteht nicht nur in seinem Leiden, das ihn heiligt,
sie ist angewachsen um den vollen Schatz von Emp-
findung und Gedanken, den er euch geöffnet hat.
„Der zweimal verurteilte Unschuldige hat mehr getan für die Verbrüderung der Völker als hundert
Jahre philosophischer Redekämpfe und theoretischer
Menschlichkeit. Zum erstenmal, seit die Welt steht,
hat die gesamte Menschheit den Schrei nach Befreiung
ausgestoßen und ist aufgestanden für Rechtlichkeit und
Großmut, nicht anders, als bildete sie nur mehr ein
Volk, das eine Volk von Brüdern, das Dichter er-
träumen." Dies darf kein Spiel gewesen sein. Wenn

141

es gelänge, durch den Kunstgriff der Begnadigung
das Bild des Unschuldigen zu verwischen, auch die
großen Begriffe, für die es dasteht, wären getrübt.
Zola ist entschlossen, weiter zu arbeiten für den Un=
schuldigen, rastlos und ohne Furcht, daß er die Welt
ermüde oder erbittere. Das Entgleiten des erhofften
Sieges steigert seine Inbrunst, in ihm erschließt sich
eine mystische Liebe zu dem Auserwählten des Lei=
dens, in dessen Nachfolge auch er selbst Verfolgung
erlitten hat um der Gerechtigkeit willen. Er scheint
nun in seinem Gefühl so einfach wie irgendeine ein=
fache Gestalt von einst, die ein Wunder gewirkt hat
nur mit der Kraft ihres Herzens. Mehr als hundert
Jahre zuvor war durch dasselbe Paris eine Frau ge=
gangen, eine Frau aus dem unteren Bürgerstand,
war von einem Menschen zum anderen gegangen,
großen Herren, Leuten von der Straße, der Königin
selbst, und zu jedem, trotz Spott, Müdigkeit und Ge=
fahr, sprach sie nur eins: in der Bastille sitze ein
Unschuldiger, der Unschuldige müsse befreit werden,
keinen Tag länger könne die Welt sonst leben. Sie
erreichte es auch; es schien merkwürdig und ergriff.
Aber erst lange danach ward klar, es sei ein seelisches
Vorspiel der Revolution gewesen. Zola ist, auch
wenn er an seinem Schreibtisch sitzen blieb, unter
den Volksgenossen umgegangen als ihr Gewissen, wie
vormals Madame Legros. Sie eine Handwerkers=
frau, er der weiteste Geist; aber beide sind hervor=
getreten aus dem tiefsten Herzen einer Menschen=

art, die glaubt an den Menschen, die schwärmt für
ihn, und die ihre Höhepunkte immer dann erreicht,
wenn sie für seine Unschuld kämpft.

Aber schon damals hatte die Königin befohlen, die
Akademie solle Madame Legros mit dem Tugendpreis
krönen, nur sagen dürfe man nicht, wofür. So ver-
läuft es auch diesmal. Die Wahrheit und die Gerechtigkeit siegen trotz allem, nur darf es nicht ver-
lauten. Der Sieg muß zweifelhaft bleiben. Nicht
nur Königinnen, auch das Geschick bestimmt es so.
Nach der Begnadigung des Unschuldigen werden die
Parteien weiter streiten, ein Jahr noch, und das
Ende ist die Amnestie aller, Kehraus, Straflosigkeit
und Vergessen für Gerechte wie Ungerechte, Verbrecher wie Rächer. Und dies scheint aller Welt ein
annehmbares Ergebnis, der vernünftigste Ausweg.
Es tut nichts, daß die Wahrheit entnervt wird durch
einen Straferlaß, der keinen Unterschied macht zwi-
schen dem General Mercier und Zola. Niemand
weigert sich, es hinzunehmen, daß das Gefühl der
Gerechtigkeit verdunkelt wird bei den Kleinen: auch
Jaurès nicht, der Hochherzige. Und nie wird es dem
Land einfallen, aufzustehen dagegen, daß das Gute
verschleiert, das Böse nicht feierlich gezüchtigt wird.
Denn dies ist nicht der Weg des Geistes unter den
Menschen. Mit nichten tritt er aus einem einzigen
Beispiel, einer weithin sichtbaren Begebenheit strah-
lend hervor, blitzt nieder die Mächte der Finsternis
und überzeugt mit seiner jähen Apotheose auf einmal

143

alles Volk. Auch diese Dinge lehren es wieder. Die Taten sind nicht ohne Rest komponierbar, kein fünfter Akt beendet hier die Irrungen und Zweifel. „Der Fall Dreyfus hat Frankreich sehr geschadet,“ werden noch immer die Toren sagen, wenn sie schon längst umgeben sind von dem Nutzen, den er gewirkt hat. Als er begann, saßen in Regierung und Generalstab die Mörder des Unschuldigen und handelten unter dem Willen der Kirche. Der Kampf nahm die Herrschaft den schlechten Republikanern und gab sie besseren, die das Unrecht nicht wollten und nur zu schwach waren für das Rechte. Ihnen werden vielleicht andere folgen, die gut und nicht mehr schwach sein werden. Vieles könnte möglich werden: die Angriffskraft der Kirche gebrochen, das Heer der Demokratie geführt zu ihrer Ehre von ihren eigenen Söhnen; und die Gleichheit als Abschluß, die wirtschaftliche nach der politischen, und damit endlich die wahre Republik, die Republik der Gerechtigkeit und der Wahrheit. Aber auch dann kein Ende, der Kampf ist nie aus, der Sieg hat kein Gesicht, und erst die Söhne mögen feststellen, wieviel die Väter gewonnen haben. Die Wirklichkeit ist bitter und dunkel, wir können nichts tun, als unser Blut und unsere Tränen geben. Wir können nichts tun, als kämpfen für die Ziele, die nie erreicht werden, aber von denen abzusehen schimpflich wäre, — kämpfen, und dann dahingehn.

# Verklärung

Reicher um diese Erkenntnisse, zog Zola sich in
Stille und Arbeit zurück, 1900, nach drei Jahren
politischen Kampfes. Nicht mehr zwei Jahre hatte
er zu leben. Und zum Abschied von den Eintagsmenschen und bedenkenlosen Genießern des Augenblicks, mit denen er es die Zeit über zu tun gehabt
hatte, den todgeweihten Verächtern der ewigen Ideen,
verhieß er ihnen die Rache, die von jeher die Dichter
genommen haben. „Verbrechernamen gibt es, die,
mit Ehrlosigkeit gebrandmarkt von uns, nur noch
fortgeschwemmt werden wie Unrat im Strom der
Zeit." Mehr: er wollte aus seinem erkämpften
Wissen heraus bezeugen, was er nahen sah am Horizont, seine hartnäckige Hoffnung, viel Wahrheit, viel
Gerechtigkeit werde eintreffen, bald, von den fernen
Feldern, wo die Zukunft sprießt. Er war sechzig
Jahre alt, aber nicht entmutigt. Die Kraft, in vierzig Bänden ausgegeben und erworben, er hatte sie
handelnd noch einmal ausgegeben und noch einmal
erworben. Er war, da er dem Leben glaubte und es
liebte, gemacht für Katastrophen. Ihm konnten sie
nicht an, er wußte: das Leben geht weiter, wenn ich
liegen bleibe, geht weiter, wie ich es gekannt habe.
Ich habe vorgelebt denen, die nun leben sollen. „Ein
Hauch ist vorbeigeweht, und alle wollen schneller zur
Gerechtigkeit kommen, wollen in Wahrheit leben und
so viel Glück wirklich machen, wie immer möglich."

Handelt! Macht wirklich! Fangen sie nicht schon an?
Er sieht mit seinen letzten Blicken den ersten Schim-
mer heraufsteigen des Tages, den er mit geschaffen
hat. Die Bewegung wächst immer, die Kräfte von
morgen schicken sich an, den verderblichen Mächten
der Vergangenheit die entscheidende Schlacht zu liefern.
Die Ausbreitung des Unterrichtes, die Kirche ausgeschlossen von ihm, die Reinigung des Heeres und
des Staates, Fürsorge, Steuergesetze, und die Arbeit
neu geehrt: die wahrhafte Republik kündet sich an;
er sitzt dort draußen in der Abendsonne seines Gartens
und läßt nur gedeihn. Sie wissen ihn nahe, das
Leben weiß ihn sich immer nahe, und sie holen ihn
herbei, damit er ihre Genossenschaften und Grün-
dungen feiere und ihnen noch einmal den Kampf
verherrliche und die Arbeit. Es scheint ihnen wohl,
er sei der Vater ihrer Republik und habe wahr gemacht, was verheißen war über seinesgleichen. „Der
einsame Denker bestimmt, schreibend und handelnd,
das Schicksal der Menschen. Er nur zeugt in ihnen,
vermittelst des Gefühls, die Ideen, von denen sie
leben, und die sie mit aller ihrer Kraft festlegen in
sozialen Wirklichkeiten. Er nur treibt sie zum Handeln an, zum Gutmachen durch Rechtlichkeit und
Wahrheit.“ Kein Jahrzehnt mehr, und von der
Kammertribüne herab wird der Minister der Arbeit
in Sätzen, die von Zola scheinen, das Recht des
geistig befreiten Menschen verkünden auf irdische Gerechtigkeit statt der himmlischen, das Recht des

arbeitenden Menschen, wirtschaftlich so unabhängig zu werden wie politisch. Zola selbst hat das Letzte, das ihm gegönnt war, darangegeben, uns vorausschauen zu lassen, was uns versprochen ist. Les Quatre Evangiles, Entwurf des neuen Erdenbundes, begonnen mit dem Loblied der Fruchtbarkeit, erweiterten sich nun zum dargestellen Wunder der Arbeit, dem Heldengedicht ihrer Kraft und Herrlichkeit. Aber aus Arbeit die Idee, so hatte er es erfahren. Fécondité und Travail zogen nach sich Vérité und Justice. Durch Wahrheit zur Gerechtigkeit, dies war sein Weg, es mußte der der Menschheit sein. Er konnte ihnen nicht mehr das heilige Bild ihrer erfüllten Gerechtigkeit enthüllen, ihm blieb nur noch Zeit für das dritte der Evangelien. Wahrheit war die Seele aller seiner Anstrengungen gewesen; er hatte begonnen in ihrem Namen und schloß nun mit ihr. Der Fall Simon in Vérité ist nochmals der Fall Dreyfus, vereinfacht durch Provinz und kleine Verhältnisse, mit dem Militär und den Patrioten in zweiter Linie, ganz vorn aber, wie es ihm gebührt, der Kampf der Kirche mit der Schule; Umklammerung der Jugend durch die Kirche, der Zukunft des Landes, seiner Verwaltung, Armee, seines Geistes und Gewissens; Verwirrung des Landes, Schändung, Wahnsinn und drohender Zusammenbruch, aber dann seine Befreiung durch den Sieg der Wahrheit. Auch hier eine Ungerechtigkeit, und „eine einzige Ungerechtigkeit genügt, damit ein Volk daran sterbe, in langsam

147

überhandnehmendem Wahnsinn". Der jüdische Laienschullehrer ist unschuldig an der Ermordung des Kindes, ein Frater hat es getan; warum euer abergläubisches Wüten, das nur euch selbst in die Fesseln liefert? „Die Herren der Welt haben nie jemand vergiftet, es sei denn die Unwissenden." Ungeheure Geduld des andern armen, Verfolgung leidenden Lehrers, der an der Stelle des unschuldig Deportierten eure Kinder die euch noch unbekannte Wahrheit lehren will, die eigene Prüfung, die gefestete Vernunft. Nur seine gewappnete Liebe befähigt ihn, durchzuhalten. „Er bemühte sich zärtlich, die Kinder besser zu machen als die Väter, in die verruchte Gegenwart senkte er den Keim der glücklichen Zukunft, und das Verbrechen der anderen löste er ab um den Preis seines eigenen Glückes." Sein Werk gelingt ihm, o, nach wie vielen Rückschlägen; dennoch ist eines Tages die Nation keine am Boden lastende Bleimasse mehr, und ist herangezogen zum Glück. Der Unschuldige kehrt zurück im Triumph. Es triumphiert die Wahrheit, — aber da hat der Unschuldige schon weiße Haare... Und auch so noch ist dies eine Utopie; den Sieg, wir wissen es, erlebt man nicht. Wir können ihm nur entgegenträumen, wenn wir endlich ruhen vom Kampf. Geduld und Liebe werden ihn, wie jener arme Lehrer, erwerben für die Späteren. In der Abendsonne seines Gartens träumt Zola ihm entgegen, mit beruhigter Miene. Ehemals las man darin, er sei unruhig und ver wickelt; und dies ist ein Gesicht, fast einfach, fast ohne Qual und Hintergedanken, geklärt durch Erleben, nicht verwirrt, und den Menschen befreundeter, nachdem er sie erkannt, als wie er anfing, sie zu kennen. Die Haare im Nacken halb lang, biederer Graubart, und das ideale Gesicht eines alten Lehrers, sanft, trotz seiner Weisheit voll Zuversicht, ein Lehrer der Demokratie.

Die Weisheit sagt: „Dein Werk ist getan, aber es ist umstritten und gefährdet." Die Zuversicht sagt: „Es ist da." Die Weisheit sagt: „Du glaubst doch nicht, es werde unbehelligt immer fortwirken und der Mensch sich nach deinem Beispiel auf geradem Weg hindurcharbeiten zum Geist. Das ist nicht seine Art. Seine Art ist es, den Geist zu hassen, wenn schon mit schlechtem Gewissen. Gesetzt auch, du zeitigest wenigstens nahe um dich her eine Annäherung des handelnden Menschen an die redliche Vernunft des denkenden Menschen: Schicksal der Vernunft ist es, zeitweilig zu ermüden, sich aufzugeben und das Feld zu räumen den Orgien einer komplizierten Naivität, den Ausbrüchen tiefer alter Widervernunft. Denke dir einen Taumel der Widervernunft, gegen den die Verurteilung eines Unschuldigen, und was dann folgte, belächelnswert wäre. Zeitwenden stehen vielleicht bevor, da eine Welt, die von dir nichts weiß, sich dahin bringen läßt, zu toben im Rausch von hundert Giften, wüstem Haß, stinkender Lüge, tauber Ungerechtigkeit; im Krampf, den sie Begeisterung

nennt; in Geschäftsgier, die sie auch Begeisterung
nennt; im tollwütigen Drang, zu vernichten, Drang
rückwärts, Drang hinab, zum wiedergekehrten Chaos,
so dunkel, daß auch dein Wort es nicht mehr aussprechen und erhellen könnte. Wo bleibt dann jene
Demokratie, die du naturalistisch genannt hast, weil
sie die angewandte Wissenschaft vom Menschen sei?
Der verantwortungsloseste Lyrismus ist wieder da,
Lyrismus des Abgrundes, die ewige Scham jedes
Menschengläubigen. Damit rechne." Die Zuversicht
sagt: „Ich rechne damit, — und über den Abgrund
hinweg grüße ich jene, die dann kommen, die um
so fester in ihren Herzen die Liebe einer zu vervoll-
kommnenden Erde tragen werden und eines Men-
schengeschlechtes, dessen Aufstieg kein Ziel kennt. Nach
jedem Rückfall in den Abgrund werden die Herzen
fester sein. Die besten Werber für den Geist sind
seine Widersacher, Grausamkeit und Elend. Wo sind
die Eroberungen des Schwertes? Welches Reich ist
durch Blut fruchtbar geworden? Sie sind verdorrt,
sie verdorren. Bestand hat einzig, was der Geist erobert. Über allem ist die Literatur, ihr Werk ist der
Mensch" . . . Die Weisheit sagt wieder: „Wenn es so
wäre, wer wird durch so ungeheure Zeiträume dein
Werk noch erkennen? Es ist wohl nicht ungeschehen,
das kleinste Saatkorn kann fortzeugen. Aber darum
dein Stolz? Dein Leiden? Dein Kampf? Sie kennen
dich nicht einmal heute, da sie dich noch sehen und
vernehmen. Dein ist der weitest reichende Ruhm der

150

Zeit, wie sollte sie dich nicht mißverstehen? Die Zeit
sieht Einzelnes und keine Einheit. Die Parteigänger
deiner letzten Bücher nennen die ersten unsittlich, die
Bewunderer deiner ersten sehen ab von deinen letzten.
Wer umfassend sein möchte, sagt, du habest zuerst
gute Romane geschrieben, die keine gute Handlungen
gewesen seien, und dann gute Handlungen vollführt,
aber das seien keine guten Romane. Sie wissen noch
nicht einmal wirklich, daß ein Schriftsteller ein Temperament feststehender Art ist, das man nur noch mit
Unrecht verwirft, wenn man es je einmal hat gelten
gelassen. Du warst in aller Zustimmung und allem
Haß doch immer allein mit deinem unbeirrbaren Ich.
Deine Art, zu sehen und zu leben, gehörte nur dir
und wird mit dir sterben." Die Zuversicht antwortet:
„Nein. Gib nicht acht darauf. Deine Methode war
die des Zeitalters selbst. Zukünftige Geschlechter
werden dich weniger lesen, aber besser kennen, und
die Gestalt eines Vorfahren vor Augen haben bei
Nennung deines Namens: eines der guten Männer,
die schon damals das Glück für alle suchten in der
Wahrheit. Auch dich wird die Liebe retten, der Atem
des Alls, der durch deine Brust ging. Sieh, schon
heute, aus einer dir mißgesinnten Jugend, tritt ein
einzelner junger Mensch zu dir; hat eine der deinen
fremde Art, das Schöne zu suchen, und will dir doch
sagen, er wisse es wieder, du seiest groß. Zwanzig
Jahre nach deinem Hinscheiden, vielleicht fünfzig,
kommt die Entdeckung für alle" ... Hierauf nochmals

die Weisheit, leiser und schmerzlich: „Ist es aber auch wahr, daß dein Werk dies eine Erdengedicht sei? Es ist vielgliedrig, in seinen früheren Teilen ist übergenug Erde, in seinen letzten fast nur noch Geist. Du warst vielleicht nur einmal vollkommen." Die Zuversicht: „Genug für ein Leben." Die Weisheit: „Sieh hin, als wärest nicht du es. Hier ist ein Künstlerwille, vom Süden ausgezogen wie ein Eroberer, sein Stärkstes die sinnliche Kraft, aufzurichten und zu bewegen. Aus seiner Fülle selbst und Blutwärme erblüht ihm Geist, wird stark, wird herrisch und erstickt die Leiblichkeit des Werkes. Wo ist fortan noch die Heftigkeit der Szenen, daß Reißende im Fluß des Dargestellten, all das lodernde Leben? Der Gealterte, hoch gestiegen in armes Land und ermüdet, sieht sich um: Zweifel rührt ihn an, ob nicht sein wahres Werk nur jenes war, das seinem jungen Blut entsprang. Aber er ist doch gestiegen! Hat er denn die sinnliche Beherrschung des Lebens nicht mitgebracht bis in das Land des Geistes? Nur durch sie wird der Gedanke vollkommen, die unsinnlichen Denker wissen dies nicht. Aber der Künstler, der es erst weiß, kann es nicht mehr beweisen. Sieh hin, da stehst du." Hier aber die Zuversicht: „Dann sei getrost, dein Schicksal ist ein Zeichen für Größeres. In deinem kleinen Dasein war also Raum für die ganze Tragödie des Menschen. Er muß das Leben wollen, und doch auch etwas, das mehr ist und sich kaum jemals bindet mit ihm: den Geist. Kurzer Zielpunkt, wo beide sich binden, sich ganz durchdringen. Schon löst sich der eine, und das andere entgleitet. Liebe es so, denn so soll es sein."

Zola, in der Abendsonne seines Gartens, fühlt: „Es geht dahin, und ich liebe es nur mit noch mehr Leidenschaft. Und was ich liebe, ist der Kampf, und selbst die Erkenntnis nur um seinetwillen, die tägliche Arbeit unter Schmerzen, die Arbeit, unser Gesetz. Nicht schauen: — kämpfen, und dann verschwinden!" Wenn nun der Tod kam, heftig und ungesehen, in einem Unglücksfall, der vorgriff und rasch abbrach: was brach er ab, was konnte der Tod Dem hier noch vorenthalten? Kein Greisentum; sein Herz war, als man ihn sezierte, stark wie Jünglingsherzen, nie würde es haben alt sein wollen. Nicht Gewißheit und Frieden; Greise, denen sie zu gut anstehen, haben wohl vordem manches versäumt. Hier ist die kurze Verklärung des guten Arbeiters, der anhält und atmend auf seiner erhobenen Stirn den letzten Strahl empfängt. Schon stürzt er hin, nicht unter der gehabten Mühsal, sondern weil sie beendet ist. Wir wollen ihn aufheben, das Pantheon steht offen.

# Der Europäer
## (1916)

Sein Geist trägt alle Keime, bestimmt aber wird er durch Vernunft und Fleiß. Wir lieben das Maß und den Nutzen. Zwischen einem selbstzerstörerischen Ekstatiker und einem Heiligen, der anderen helfen will, empfinden wir als europäisch nicht den Verzückten, sondern den Helfer. Der von seiner Macht betrunkene Eroberer scheint uns fremd, und heimisch nur der Führer, der wohltätig zusammenfaßt, was durch Idee schon eins war. Die Arbeit der Völker, einst und anderswo untertan der Laune einzelner, wir verstehen sie nur als sinnvoll sogar im Riesenhaften, gelassen trotz ihrem Fieber, — und in dem Gewimmel, von dem sie geleistet wird, liegt auch ihr Plan schon beschlossen. Maschinenhallen und Bankgebäude wachsen zum Himmel, Isthmen werden durchbrochen und Berge, und fernste Gebiete den Regeln unseres Erdteils angepaßt, damit möglichst viele zunehmen an Glück. Der Nutzen der meisten ist die Seele unseres Tuns und Trachtens, selbst wenn er vorerst nur bei wenigen wäre. Denn wir haben Gewissen füreinander. Die Mitverantwortung eines

154

am anderen ift in uns gelegt. Niemand verleugnet
fie ganz, und wir begreifen, fie wird uns einft zur
gleichen Begünftigung aller führen. Arbeit, europäifch
verftanden, ift der Weg der Veredlung und fchafft
erft den Begriff der Gerechtigkeit. Ohne den Gedanken
der Verbefferung des Menfchenfchickfals würden wir
es nicht wagen, vor die fremden Raffen hinzutreten,
noch weniger, die Hand auf fie zu legen. Die Römer,
blond und nüchtern in aller Triebkraft unferes
Südens, der wahre Kern unferes Wefens waren
fie, als fie ihre ganze Welt, um fie zu bewirtfchaften,
unter den „römifchen Frieden" verfammelten. Noch
die Phantaftik der Kreuzzüge, diefes gemeineuro-
päifchen Unternehmens, verhehlte nur fchlecht feine
praktifchen Züge. Fabellande dahinten, mit jenem
Ort des Zaubers genannt heiliges Grab, ftanden
wohl vor dem Geift; aber der Geift, der brannte,
konnte auch rechnen, und die Fabellande der Heiden
waren auch politifche und wirtfchaftliche Gegenftände,
— ohne. daß man es ausfprach. Denn wir fprechen
nicht aus, was felbftverftändlich ift, daß wir leben
und uns bereichern wollen. Wir fprechen lieber aus,
was nicht gemeinmenfchlich, fondern nur europäifch
ift, daß wir dort, wo wir unfere Gefchäfte beforgen,
immer doch irgendein fittliches Mehr bewirken. Die
Oftindifche Kompagnie beftand aus Geldleuten, aber
es waren, fagt man, humanitäre Geldleute, gefonnen,
zu verdienen, indem fie glücklich machten. Und wären
fie, famt ihren Nachfolgern bis heute, die härteften

155

aller Ausbeuter gewesen, ist denn ein Zweifel, daß
sie recht behalten haben, und daß ein relatives Menschenglück, wenn auch einzig die größere Sicherheit
des nackten Lebens, den dunklen Massen Indiens
und Ägyptens nie bekannt geworden wäre ohne England? Es ist aber mehr als das nackte Leben: das
Erwachen der Seele selbst kommt jenen Schläfern der
Jahrtausende nur von uns. Bis in die Tiefen Asiens
handelt, wo Revolte sich regt, in den Empörten der
Sinn Europas, nicht ihrer. Die Revolte der Vernunft, der Würde des Menschengeistes, ist von den
Zeiten der Griechen her unser Erbteil, um das wir
kämpfen mit den Fremden, von dem wir mitteilen
den Fremden. Noch immer — wiegen wir uns doch
nicht in die Sicherheit des Besitzes! — halten wir
uns aufrecht gegen die Übermacht, wenige wache
Kämpfer gegen den dumpfen Druck der ganzen ur-
alten Welt. Noch immer stehen wir in den Ther-
mopylen.

Wir können überflutet werden. Die Drohung
nimmt ihre eigentliche Kraft daher, daß wir alles
dennoch in uns selbst tragen, auch wir: Widervernunft und Selbstaufgabe, sklawische Grausamkeit, un-
rechtwollende Hysterie, jeden Abgrund des Geistes,
Asien und das Chaos. Wir werden beleckt vom Chaos.
Nicht nur, daß geistige Seuchen bei uns den Boden
fanden: halluzinatorischer Wahnwitz unseres Mittelalters, und seither die Rassenkriege, dieser düstere
Selbstmord; denn niemand von uns würde seinen

Nächsten vernichten können, ohne sich selbst zu verurteilen, wir sind ein Leib. Nicht nur solche Aus- und Niederbrüche, die es wie Sendung erscheinen lassen, daß wir noch jedesmal, auf dem schmalen Grat zwischen zwei Geistesnächten, zurückgefunden haben in die Vernunft Europas. Auch alltäglich schleppen wir an Schlacken und Gebrechen, unserem Kastenwesen, das nicht europäisch ist, unserem Beharrungsvermögen, unserem oft so stumpfen Herzen, und diesem elenden Mißtrauen gegen den Geist, als sei er auflösend, verfallsträchtig, und sei nicht vielmehr Leben, unser einziges Leben. Noch tragischere Wunden sind offen, an den Rändern unserer Welt. Woher das ungeheure Menschentum der russischen Dichter, wenn nicht von der Geißel und vom Abgrund! Ihre Grausamkeit und ihre Mimosenhaftigkeit, diese tiefen Entsagungen, dies Wissen um die äußersten Grenzen des Menschlichen und die verzweifelte Kraft, sie darzustellen: ein unermeßlicher Druck von außen schuf es, — mitgefühlt aber ward es, wie sonst nirgends, an der Stelle des geringsten Druckes, in Frankreich. Hier lag das Chaos am tiefsten verschlossen, da erkannte man den Bruder in dem, den es zerquälte. Dies ist Europa. Wir stärken einander gegen das Chaos. Einer vom andern und jeder von sich erwarten wir die Erfüllung unserer Verheißung, alles dessen, was Vernunft uns zusichert, seit unseren Ursprüngen unbeirrbar: Erfüllung der Gerechtigkeit, Erfüllung der Freiheit.

Dies entscheidet, nicht aber die Zwischenfälle, in denen wir einander nicht zu kennen scheinen.

Wir gehen, jeder auf seinem Weg, dem Ziele aller entgegen, — und nicht einmal die Wege müssen für immer getrennt bleiben. Europa samt und sonders ist in jedem von uns, alle unsere Rassen in jeder, jede in allen. Keins unserer großen Länder, das nicht die volklichen Grundtypen der anderen auch in sich vermischte. Die Mischungen sind verschieden; und je nach den Forderungen der Zivilisation und den Gelegenheiten der Geschichte überwiegt in einem Land zeitweilig ein Typ oder ein anderer. Wir Deutsche haben in unserer Vergangenheit einige Stunden eines Willens zur Demokratie, wie wenig andere, und glauben doch jetzt, wie keiner, an das Herrenrecht. Wir werden Lügen gestraft werden. Auch die Franzosen Ludwigs XIV. wurden es, von ihren Enkeln, — die gleichwohl ihre wahren Enkel sind. Welches unserer Völker lebt individualistisch? Italien, das nach den blühenden Egoismen seiner Renaissance heute als wichtigste Klasse seine Proletarier hat? Welches kollektivistisch? Vielleicht Deutschland, mit dem unerhörten Abstand seiner Geister von seinem Durchschnitt? Jedes unserer Völker ist befähigt, eine anerkannte Wesensform des anderen einzutauschen, — und so scheinen alle unsere Sprachen nur der Umriß eines einzigen vielgestaltigen Wesens, verwandt, wie sie sind, nicht allein im Stamm, in Haltung und Geberde, sondern so abhängig voneinander

158

durch Redensarten, Vergleiche, Wortspiele, daß wir
oft glauben können, nicht die Sprache wandele sich
von Land zu Land, sondern nur die Aussprache. Und
unsere Gesichter! Gebilde von Vernunft und Fleiß,
geprägt mit dem Stempel desselben Glaubens, durch-
gebildet vermöge der Gedanken derselben Meister, in
vielen hundert Jahren verschönt von den Spuren
derselben Gesichte und Gedichte, derselben Musik; sind
es Gesichter, oder ist es ein Gesicht, das europäische
Gesicht?

Rassenschwärmer, in ihrem Eifer, Europa in ewig
feindliche Lager einzuteilen, stellen für die von ihnen
behauptete Ur- und Vorzugsrasse ein Ideal hin. Es
heißt Germane und soll aussehen wie ein Opern-
siegfried, zusammengesetzt aber ist es aus der hohen
Statur eines Russen, dem Langschädel, wie ihn Si-
zilianer haben, und keltischem Blondhaar. Schwache
Denker kennen sich selbst nicht. Jene dort wollen
einen „Germanen" beweisen, und was sie aussprechen,
ist der Europäer. Denn wir sind Idee und vollkommen nur im Sinne Europas, sonst aber wechselndes
Stückwerk mit unsicherer Geltung, einer in den Augen
des anderen. Was bedeutet uns Deutschen England?
Wir wissen zu gut, was heute. Aber der Dichter
eines stürmischen deutschen Morgens vor mehr als
hundert Jahren, Reinhold Lenz, wollte einen Menschen schildern, der Gefühl war, nur reißendes,
zehrendes Gefühl, Aufbäumen des Gefühls gegen die
Welt, die Macht, den Nutzen, Sterbenwollen aus

Liebe zum Gefühl, — und er nannte sein Gedicht „Der Engländer". Desgleichen trat auf der Treppe eines Hauses in Neapel vor Goethe einer hin und starrte ihm so erschüttert ins Gesicht, als werde er es niemals glauben, dies sei ein leibliches Wesen und dennoch der Verfasser des „Werther". Auch dieser war ein Engländer.

Unser Empfinden gleicht sich, mithin gleicht sich unsere Moral. Wir können uns nur noch näher kommen. Unsere Fremdheiten und Konflikte sind nichts als das Durcheinanderspielen von Schülern, die noch nicht taktfest sind; aber sie spielen dasselbe. Öffentliches Geheimnis ist es, eben jetzt, daß eine europäische Gemeinbürgschaft besteht, gegen die wir alle nur mit schlechtem Gewissen verstoßen, — und gerade deshalb unser Wüten, wenn wir gegen sie verstoßen. Das Recht ist, sei dem draußen wie ihm wolle, bei uns zu Hause mächtiger als die Macht. Wir wissen es, und behaupteten wir noch lauter das Gegenteil. Gewalt kann draußen, fern von Europa, gelten; wir selbst üben sie draußen; die Welt ist so schwerfällig, die Geschichte so langsam. Bei uns zu Hause, dies wissen wir genau, bleibt Gewalt zuletzt jedesmal unwirksam, und wie von selbst, wie durch die schweigende Übereinkunft der Dinge und der Geister, lenkt schließlich alles wieder in die Bahnen des Rechts. Dem Europäer gehören unveräußerlich schon jetzt die Freiheit und die Selbstbestimmung. Vorgesehen aber sind ihm die Einheit und der innere

Friede. Unser gemeinsames Haus hat innere Grenzen, die in irgendeiner guten Zukunft sollen aufgehoben werden. Nicht sollen sie blutig eingerissen und, wer dahinter wohnt, vernichtet werden. Wir wissen, dies ist sittlich unmöglich; und da Vernunft das Gesetz unseres Erlebens bleibt, ist es auch in der Tat unmöglich. Eine Katastrophe, und dann weiter. Sie kann uns verwunden, aber nicht umbringen, und sie muß uns stärken. Wir sind geschaffen für Katastrophen. Nie haben wir durch unseren Krieg das tiefe Gewissen verlernt, dem das letzte Ziel unserer Kämpfe bekannt ist. Sie sollen uns, durch die Vergeblichkeit unseres Hasses selbst, hinleiten zu unser aller Vereinigung. Welches andere Ziel wäre nicht Tagestand und viel zu billig für alles, was wir zahlen. Stehen wir nur erst jenseits dieses Abgrundes, und viel Boden wird gewonnen sein für Europa. Das Blut, das wir vergießen, klagt nicht nur an, es spricht zu uns von künftigem Zusammenstehen mit Herz und Hand. Wir verstehen es Wort für Wort, es ist uns verwandt, zu nahe verwandt, um es zu vergießen; es vergießen, heißt nicht weniger als ein verkehrter Inzest.

Das Blut, das er vergoß, sprach zu einem; er hat bezeugt, daß er es völlig verstand und plötzlich erschrocken einhielt vor dem, was geschehen war. Sein Feind lag da, im blutigen Schmutz der Straße, nicht tot nur, sondern auch in jener schlechten Verfassung, die zu Beginn des Krieges den Feinden Deutschlands

eigen und den deutschen Zeitungen bekannt war. Der
ihn getötet hatte, sah ihn sich nun an: das zerdrückte
und ausgeblichene Käppi auf dem verzerrten Gesicht,
und auch dies nur noch von bleicher Schmutzfarbe; die
zerschliffene Friedensuniform, die Packschnur, womit
das Seitengewehr befestigt war, die geplatzten Lack-
schuhe, und die still gewordenen Arbeiterhände, die
klein waren. Der ihn getötet hatte, befragte ihn mit
den Augen, und das Blut des Toten, das, zwischen
zwei Knöpfen hervor, über seine Brust und in den
Schmutz rann, antwortete für ihn.

„Ich habe Feldarbeit getan wie du und hatte eine
Freundin wie du. Dich und deine Landsleute habe
ich weniger gehaßt als den Kerl, der mir meine
Freundin wegnehmen wollte. Das Café in unserem
Dorf hieß Café Voltaire. Dort schoben die Kameraden
Kegel, und wir sorgten dafür, du kannst es glauben,
daß unser Maire unseren Deputierten unterrichtete
über den Willen des Volkes. Die Regierung mochte
sehen, wie sie sich hielt. Den Pfarrer liebten wir
nicht, es war recht, daß die Regierung ihn nicht mehr
bezahlte. Für das Vertrösten auf den Himmel soll
man kein Geld bekommen. Man soll sich auch nichts
schenken lassen von einem Reichen, eine Zigarette aus
Höflichkeit, aber nie Trinkgeld. Wir wollen Gerechtigkeit, dafür sind wir Menschen."

Hier schwieg das Blut. Der es vergossen und verstanden hatte, versprach sich, es niemals zu vergessen.
Freilich auch er ist nun tot.

162

# Das junge Geschlecht
## (1917)

Bei dem Anblick Zwanzigjähriger sage man sich: „Sie kennen schon das Leiden," und „Sie lernen früh sehen, zu viel sehen." Die Jungen von heute sind streng mit den Älteren; sie prüfen uns, so tief sie können; sie rechnen uns keine Leistung an, auch nicht die unter zehntausend einzige: sie komme denn aus einer vollen und reinen Menschlichkeit. Sie wollen keine Nachsicht üben mit denen, die sich selbst zu viel Nachsicht schenkten und es bequem fanden, „umzulernen", wo es galt, sich behaupten. Die Zahl derer, die sie des Lebens wert halten, ist erschreckend klein. Aber wie viele sahen sie auch schon sterben. Man möchte sie anmaßend nennen, aber man sage sich: „Sie kennen schon das Leiden, und schuldig daran sind wir." Als sie nur erst geboren wurden, handelten wir schon oder ließen geschehen, führten, zumeist unwissentlich und lässig, einfach indem wir lebten, diese unnennbaren Jahre herbei, die für die Zwanzigjährigen nun „die Jugend" sind.

Wir ließen geschehen; und manche taten mehr. Als wir anfingen — kurz gesagt, wir wollten nur ge-

nießen, und weder beſſern noch uns beſſern. Die
geiſtig Lebenden waren keines anderen Weſens als
jene, die wirtſchaftlich und politiſch obenauf waren,
oder als ſelbſt die Unterlegenen und Armen. Für
Ideen leben anſtatt für Erwerb und Genuß — vom
Ende des Jahrhunderts bis 1914 ſchien es unmöglich, es würde ausgeſehen haben wie Selbſtbetrug
oder wie Spaß. Sogar die Armen ſamt ihren Führern verloren ſtückweiſe ihren Glauben und kämpften bloß noch um Pfennige, um ein Weniges mehr
an Wohlleben. Die Lebensgier war bei allen und
auch bei uns. Ihre vermeſſenſte Form iſt es, aus
dem Geiſt ſelbſt ein Spiel und einen Genuß zu machen,
ihn nicht um ſeiner Sittlichkeit willen zu erſtreben,
nur weil er blenden und kitzeln kann. Ein verant-
wortungsloſer Unernſt der Geiſter zeitigt das Paradox. Das Paradox iſt ein geiſtreicher Verſuch, der
Wahrheit auszuweichen. Die Wahrheiten galten bei
uns für langweilig und für unbequem. Sie waren
zu lange bekannt und ſchon ſo vielfach in der Welt
verwirklicht, daß es nicht vornehm ſchien, ſie auch
dieſem Land noch zu erkämpfen. Um ſo weniger
ſchien es vornehm, je mehr man fühlte, man könne
es nicht.

Die Demokratie, die Humanität, der freie lite-
rariſche Geiſt und das Bewußtſein der Einheit mit
unſerm Erdteil, alles war ſeit 1870 zurückgegangen,
in ſeinem Anſehen und Beſtand nur immer zurückgegangen. Wie vielverſprechend, falſche Werte in

Umlauf zu setzen, den klugen Teufel zu spielen und nicht für die notwendige, offenkundige Wahrheit einzustehen, nein, für den schwieriger zu beweisenden Schein. Dies übernahmen sehr viele. Es waren natürlich nicht die Besten und nicht einmal immer die Geehrtesten, aber sie überwogen durch ihre jährlich wachsende Zahl und die Anpassung an das, was bestand und vorging. Von Jahr zu Jahr vollständiger bis zum Kriege erschöpfte sich die literarische Denkarbeit Deutschlands im Rechtfertigen des Falschen und im Auftrumpfen mit Paradoxen. Persönlichkeit und Auszeichnung statt des überall sich vollziehenden Ausgleichs. Heiligung des Eingesetzten statt der überall umgehenden Revolte. Der Staat und seine Größe statt des Menschen und seines Glücks. Die Macht statt der Sittlichkeit, die Macht des Stoffes, nicht die des Geistes. Die Verachtung der Vernunft — und damit die Verachtung des Menschen, statt des europäischen Glaubens an seine höhere Bestimmung. So die meisten. Einige von uns bewahrten sich so rein, wie wir schnell Vergehenden uns rein bewahren können von dem Augenblick, mit dem wir vergehen. An sie nun hält sich das junge Geschlecht.

Denn es ist anderen Wesens. Es glaubt nicht, daß irgendein Talent genüge zur Beschönigung des Widergeistes. Es glaubt an das absolute literarische Kunstwerk, nicht aber, dies könne entstehen und nichts dahinter sein als Selbstaufgabe und Bankerott. Es will nicht spielen, sondern verwirklichen: Werke des Geistes, seien sie Bücher oder Taten.

Gruppen der Tat sind schon da in den Städten Deutschlands, gebildet aus lauter Jugend, die die Beschlüsse der Vernunft für bündig hält, im Geist die Tat schon mitbegreift, ja, die Literatur und die Politik, solange ruchlos getrennt, endlich wieder vereint in ihrem Herzen. Die Gruppen warten auf ihren Zusammenschluß, — und in der deutschen Öffentlichkeit wird wieder erscheinen, was sie lange verlernt und vergessen hatte, eine Partei des Geistes, erste Auflehnung gegen den in Riesenverbänden organisierten Widergeist, unter dessen Schreckensherrschaft wir gelebt haben. Die gealterten Mitglieder der Parlamente, die nach vierzigjähriger Unbesorgtheit jetzt plötzlich unter ihren Tischen einige liegengebliebene Volksrechte entdecken, gehen unbequemen Tagen entgegen. Mit dieser Jugend wird nicht zu handeln sein. Die „Realpolitik“ der Gealterten wird sich als Illusion erweisen, gesetzt, sie habe zuletzt noch jemanden getäuscht. Sie werden das große Dementi erfahren, daß die wahre Wirklichkeit in den Geistern besteht, nicht in den Tatsachen. Sie werden einer Macht begegnen, die diesen Machtpolitikern noch nicht dämmerte, der Idee. Große Wandlung, tiefe Erneuerung, aber sie kommt. Wer denkt denn, es sei getan mit Sätzen in der Verfassung? Was sich ändert, ist die Ansicht vom Staat, das Gefühl vom

Volk, die Stellung zur Menschheit, die Grundempfindung des Lebens selbst.

Der Staat. Zerstoben ist dann der Unfug einer Ansicht vom Staat, der über den Menschen sei und nicht frage nach ihrem Glück und Dasein. Dies war der Irrtum einer ganz nach außen gerichteten Menschenart, die nur „Erfolge" kennen wollte, aber keine Besserung, kein Hinan. Der Staat hängt einzig ab von uns Menschen, von unserem Willen und Blut. Ob er gut ist, entscheiden unsere Tugenden und Laster; und er führt uns hinan oder drängt uns hinab, je nachdem unsere Triebe ihn beherrschen oder unser Ideal. Selbst für sich verantwortlich, erfüllt ein Volk seinen Staat mit seinen schöpferischen Kräften, — indes Machthaber höchstens seine erhaltenden nutzen, wenn nicht gar seine noch nicht menschlichen. Zwischen den Deutschen und ihrem Reich liegt es so, daß sie früher wenig Wert auf die Eigenschaften gelegt haben, die in ihm nun vorherrschen, und daß alte und wesentliche deutsche Kräfte noch unbeteiligt sind an dem Reich. Das junge Geschlecht wird sie geltend machen. Das Reich wird endlich seine Wurzeln hinabsenken bis in die deutsche Landschaft, die deutsche Musik. Der menschheitlich denkende Goethe wird in ihm wirken, und der freiheitliebende Schiller ihm nicht weniger verschmolzen sein als Kant, Gesetzgeber der Vernunft. Das Reich, zu sehr bislang nur technischer Betrieb und Wirtschaftsverband, von außen, aus einem Kriege heimgebracht, anders als

167

die Deutschen es erträumt hatten, und, so wie es war, noch nicht die Heimat ihrer Seele: es wird der Staat werden, der ganz dieses Volk ausdrückt, heraufgestiegen aus seinem eigenen, im Tiefsten unzerstörbaren Wesen.

Das Volk. Dann steht es anders da. Ihr Volk der Zwanzigjährigen werdet im Menschlichen höhere Stufen erreichen, und euer Staat selbst erbaut sie euch. Er dient euch nicht weniger als ihr ihm. Um zu wachen über ihn, wacht über euch selbst. Hütet jeder in euch das Bewußtsein der Gleichberechtigung und der eigenen Verantwortung. Demokratien schaffen die Eigennaturen nicht ab, sie wollen, daß jeder eine sei. Verlaßt euch nicht auf große Männer, so entgeht ihr den Katastrophen. Verehrt niemand, verachtet niemand. Kennet den Menschen und pflegt ihn, dann habt ihr in einem Zivilisation und Kultur. Euer Volk betrachtet durchdringend und mit Güte. Fürchtet nicht den Kampf mit ihm. Gewiß, nichts werdet ihr weniger fürchten als den inneren Kampf, diese Selbsteinkehr der Nationen. Ihn fürchten nur die, die sich überheben. Für sie ist immer irgendein „innerer Feind" da, den sie hassen. Ihr aber, gleichberechtigt und verantwortlich, werdet lieben, auch wenn ihr kämpft.

Euer Volk liebend, könnt ihr die Menschheit nicht hassen. Seinem eigenen Volk in wahrer Liebe zugeneigt ist Der allein, der auch zwischen den Völkern von Güte weiß. Ein Volk, das alle seine

168

Rechte hat, verletzt in unserem Erdteil nicht die der anderen. Zu Unterdrückern machen sich nur Unterdrückte; ihr aber seid frei. Das Mehr an Freiheit entspricht überall einem zunehmenden Gefühl normalen Menschentumes. Wer von euch wird sich einen Patrioten nennen, weil seine Gedanken in bezwungenen, für ihn auszunutzenden Ländern sind, anstatt daß er sein Bestes in dem Glück seines Volkes sucht, und das Glück seines Volkes in dem Glück aller Völker?

Eure Grundempfindung des Lebens, Zwanzigjährige, wird die Gewißheit des Glückes sein. Ihr werdet euch nicht scheuen, es für erreichbar zu halten. Niemand wird euch vortäuschen, es widerstrebe dem inneren Gesetz, das nicht Glück von uns wolle, sondern Pflicht. Denn eure Pflicht ist der Geist, die Durchdringung der Welt mit Geist, der Staat als Gebilde der Erkenntnis, das Volk angeschaut mit dem Wissen um die Seele, und das Leben selbst erfüllt mit jener leichten Luft, die durch die schönen Werke des Geistes weht. Dies aber ist Glück. Eure Pflicht, Zwanzigjährige, wird das Glück sein.

# Die Bücher und die Taten
## (1918)

Diese Jahre, die scheinbar nur wenige bereichert haben, geben dennoch sehr vielen mehr und bleibenderes als Kriegsgewinne; sie lehren sie, zu lesen. Man kauft Bücher, der Buchhandel hat Hochkonjunktur. Die meisten finden zum erstenmal so Geld wie Zeit. Denn die Vergnügungen sind selten und kurz geworden, man hat sie bald bezahlt, ist früher wieder daheim und merkt es jetzt: der Beruf, auf den man ehemals sich ausredete, um nicht lesen zu müssen, war niemals das wahre Hindernis, die Zerstreuung war es. Man sammelt sich nun, und wer zu sich selbst kommen will, geht gern den Weg, der durch die Bücher führt. Bald nimmt er es wahr, in jedem Buch geht ein Mensch seinen Weg, kommt von einem Zielpunkt seines Lebens her und strebt zu einem andern. Sein lesender Begleiter verpflichtet sich. Auch er soll erkennen und dann danach leben. Bücher verlangen Taten.

An der Front lesen manche den „Willen zur Macht". Verstehen sie ihn? Die jungen Soldaten Bonapartes trugen in ihren Tornistern einen Voltaire. Sie verstanden: da er sie die Vernunft lehrte,

170

konnte er kein Freund der Tyrannen sein, die sie
haßten. Richtig verstehen ist alles. Nur solche Taten
verewigen euch, die mit dem tiefen Sinn eurer großen Bücher übereinstimmen. Groß aber sind die
Bücher, die von Taten wissen.

Im Vorjahr haben wir den dreihundertsten Todes-
tag Cervantes' gefeiert. Der Don Quijote, ein Roman, die Darstellung erfundener Menschen und Be-
gebenheiten, deren sich doch alle Tage neue erfinden
lassen, ist dreihundert Jahre lang in allen Ländern
der Welt, von fast allen, die je ein Buch lasen, in ihre
Erfahrungen aufgenommen worden. Warum gerade
er? Warum erinnern sich des Don Quijote noch die
Greise und schon die Kinder fühlen mit ihm?

Ein Kind hält in Händen das erste Buch, das es
mit eigenen Augen liest, den Don Quijote, mit Bil-
dern von Doré. Eins der Bilder zeigt den Ritter im
Hemd, geschwungenen Schwertes sich hindurchkämp-
send durch ein kellerartiges Gemach, worin Wein-
schläuche liegen. Der Feind sind diese Schläuche, —
die keine Schläuche der bekannten Art sind, sondern
dicke, gedrungene, weinrot und bös wie Gesichter.
Das lesende Kind findet sie genau so unheimlich und
bekämpfenswert, wie der Ritter sie findet. Es steht
an seiner Seite und ist von nichts so weit entfernt
wie vom Lachen. Der Don Quijote ist nicht sehr zum
Lachen, gar nicht für das Kind von gestern, und auch
die Zeitgenossen damals, die sich wiedererkannten,
haben gewiß nur leise gelacht und etwas schmerzlich.

Der König von Spanien irrte sich wohl, und der Student, der auf einer Bank vor dem Schloß so sehr lachte, las nicht den Don Quijote; oder er wäre ein besonders platter Bursche gewesen. Das Kind, dessen erstes Buch der Don Quijote war, erfährt einige Jahre später, daß der Verfasser des Buches auch ein Kriegsmann gewesen ist — vielmehr eine Art von Kriegsmann; denn wer eines Tages so schreiben soll, war der jemals wirklich im Krieg? Oder aber, hätte er ganz im Ernst gehandelt, gewirkt, gelebt und hätte dennoch die Kraft der Seele behalten, die das Leben gereinigt will durch den Geist, wie der Ritter von der traurigen Gestalt es will? Das ehemalige Kind bedenkt, daß der Krieg, durch den Cervantes ein Krüppel, an dessen Folgen er sogar zum Sklaven ward, gewiß ein Krieg um Geld und Gut wie andere auch, aber für einen Don Quijote doch mehr war: Türkenkrieg, heiliger Geisteskrieg, Rettung unseres europäischen Gewissens, das damals Katholizismus hieß. Don Quijote hatte also nichts voraus vor seinem Verfasser, weder Leidenschaft noch Enttäuschung; sie waren einander wert, und Cervantes verfaßte sein Werk eigentlich schon, als er noch im Krieg war und es erlebte. So entsteht ein großes Buch. Zuweilen werden Kriege und ein Leben geführt, die des Geistes sind und als Frucht ein großes Buch tragen. Was schließlich übrigbleibt, ist das Buch.

Wir sollten nur ein solches Leben und solche Kriege führen, die des Geistes sind.

# Gespräch mit Talleyrand
## (Juli 1918)

Larevellière-Lepeaux, 1753 geboren, war Präsident des Direktoriums der ersten französischen Republik. Er folgte auf Robespierre und auf die, die ihn beseitigten. Als er stürzte, war der Zeitpunkt herangereift für Bonaparte.

Als junger Abgeordneter zu den Generalstaaten trat er den großen Herren entgegen, forderte gleich gute Plätze für die Bürgerlichen und eine nicht weniger würdige Tracht. In der Konstituierenden Versammlung zwang er den Minister Necker, die Salzsteuer fallen zu lassen. Er war leicht verwachsen, dürftig anzusehen, nicht reich und ohne Geltung; einzig die Macht der Vernunft und sein Wille zum Guten gaben ihm den Mut, dazustehen vor den Mächtigen und zu fordern. Er hielt sich aufrecht in jeder Rolle, weil er sich immer beteuerte, ihm liege an ihr nichts; das öffentliche Wohl bediene sich seiner. Er stimmte für den Tod des Königs ohne Haß, aus reinen Vernunftgründen. Persönlich dann verfolgt zur Zeit des Schreckens, verdankte er es seinem kränklichen Aussehen, daß er der Guillotine entkam. Es

173

schien unnütz, sie zu bemühen. In den Wäldern irrend wie so viele, verfluchte er das grauenvolle System des Tötens und das Ungeheuer der Anarchie. Es war erlegt, das Ungeheuer, eine bürgerlich geordnete Republik eröffnete ihr kurzes Dasein: da erhielt von den fünf erwählten Direktoren Larevellière die meisten Stimmen. Ihm fehlten von allen nur zwei, seine eigene und die seines nächsten Freundes. Diese hatte er abgelehnt als nicht unbefangen. Und eben darum waren so viele andere für ihn. Sie waren für ihn, weil er ehrlich unter Dieben, ein Mensch unter bösen Tieren und, umspritzt von unsauberen Begierden, ganz rein blieb.

Dies wußte er durchaus, und es war sein Stolz. Er war gütig mehr durch Vernunft als aus einer unbesonnenen Kraft des Herzens; und sein Wohlwollen war nichts weniger als weltfremd. Warum sollte er auch nicht den Genuß haben von seinen Tugenden, da doch die anderen in vollen Zügen ihre Laster genossen. Er erkannte klar den Vorteil, zuweilen, wenn auch möglichst selten, betrogen zu sein, anstatt von Beruf ein Betrüger. Er sah, daß die Schlechten sich endlich doch erledigen. Die Achtung der Guten, die in der Mehrzahl sind, ist ein nutzbringendes Kapital. Man tue das Rechte, wie mittlere Menschen es verstehen, sei weder geizig noch prahlerisch, sei gerecht sogar gegen die verabscheuten Schreckensmänner, sei maßvoll selbst im Widerstand gegen die Unanständigen und werde zum Löwen einzig nur, wenn die eigene Ehrbarkeit je sollte verleumdet werden!

Und doch hat solch ein Bürgersmann eine ganze Nacht lang auf seinen schwachen Schultern nicht weniger getragen als die Freiheit der Nation. Ohne ihn war es um sie geschehen, schon zwischen dem siebzehnten und dem achtzehnten Fructidor, nicht erst am achtzehnten Brumaire, dem Tage Bonapartes. Er war der einzige, der ihren anstürmenden Mördern die Stirn bot, als seine Amtsgenossen sich zweideutig verhielten wie der unheimliche Barras, oder verräterisch wie Carnot. Sein waren damals die Truppenbewegungen, die den Verschwörern vorgriffen, sein die Proklamation und sein vor allem, daß kein Blut floß. Er hat noch dies eine Mal die Republik und die Vernunft gerettet, er war der Letzte. Nach ihm alle Furien, Krieg ohne Ende und ohne Recht, Entvölkerung, Länderraub, Sklaverei, Verarmung und Wucher über eine entsittlichte Menschheit.

Als er dann doch gefallen war, es war am 30. Prairial des Jahres VII, die Feinde hatten ihn bedroht, er wankte nicht, die Freunde hatten um ihr Leben geklagt, ihnen wich er, — als er dann doch gefallen war, o, da bereuten viele, die das Ende alles Glückes nun nahegerückt sahen. Sie priesen ihn im Rat, die noch soeben ihn verraten hatten, und nach seinem kleinen Landgut hinaus wallfahrteten sie, den redlichen Mann zu sehen. Er war erschöpft von Bitternissen und wies die meisten ab. Zwei empfing

175

er, einen Greis, von deſſen Mund das Zeugnis ſeiner Tugend ihm tröſtlich zu hören dünkte, und dann noch einen Beſucher, zu unerwartet, um ihn fortzuſchicken, Talleyrand-Périgord, Miniſter des Auswärtigen der Republik, Napoleons und der Bourbonen.

Talleyrand drang in einen Garten, deſſen Bäume auf ihren Stämmen lateiniſche Namen trugen. Suppenkräuter ſäumten die Wege; und dorthinten, zwiſchen künſtlichen Trümmern wie von einem antiken Bauwerk, ſaß auf einem Quaderſtein der Geſtürzte. Die Haare ringelten über den unmäßig breiten Aufſchlägen ſeines Frackes, Schaftſtiefel bekleideten die dünnen Beine. Die rechte Hand herabgeſunken mit einem Buch, und Feldblumen in der linken, ſchien er zu träumen unter ſeinen Stirnfranſen. Aber aus ſeinem häßlichen, guten Geſicht ſahen die Augen dunkel und ſchlau.

Talleyrand gab ſeinem ſchönen, ſtolzen und offenen Antlitz den Ausdruck vollkommener Einfachheit. Er verſuchte zu wandeln wie ein Philoſoph, doch zog er den Fuß nach. Er verbeugte ſich nicht, er machte keine Faxen; noch nicht angelangt, begann er ſeine treuherzige Anſprache. Er komme zu einem Weiſen, noch größer hier in der Zurückgezogenheit als auf dem Gipfel der Ehren. Zu glücklich ſei er, ihm zu huldigen.

Worauf Larevellière das Buch fortlegte, ſich erhob, dem Gaſt die Hand reichte und von ſeiner ländlichen Zuflucht zu ſprechen begann. Hier ſei alles klein und

176

bescheiden. Denn arm in das Palais Luxemburg ein-
gezogen, habe er es arm wieder verlassen. „Ich verließ es zu Fuß, obwohl ich das Recht auf meinen
Wagen hatte."

Talleyrand bewunderte einen solchen antiken Zug
nach Gebühr. Er bezweifelte, daß Barras, daß Sieyès
so gehandelt haben würden. Diese leicht hingewor-
fenen Namen bestätigten dem ehemaligen Staatshaupt
die Vermutung, daß Talleyrand im Auftrage jener
beiden komme. Barras und Sieyès, die ihn zu Fall
gebracht hatten, wollten wissen, ob er jetzt gegen sie
schreiben werde. Daher sprach er lebhaft weiter von
seinem Garten. Von je hatte er gewünscht, seine
Arbeit der Botanik zu weihen und seine Muße der
Musik. Talleyrand erinnerte den Glücklichen daran,
wie viel Sorge und Wirrsal er hinter sich gelassen
habe. Barras nud Sieyès ständen weniger sicher
als je.

Da ließ Larevellière es genug sein. Er werde nicht
gegen sie schreiben, sagte er. „Ich überlasse sie ihrem
Gewissen und dem unersetzlichen Schaden, den sie der
Republik zugefügt haben. Sie werden es auch ohne
meine Feindschaft schwer genug haben, ich hatte es
ihnen immer gesagt; und fallen sie, fällt auch der
Staat — in die Hände eines Tyrannen."

Hier ward Talleyrand vertraulich. Er nahm im
Gehen den Arm des andern und eröffnete ihm:
Barras und Sieyès, die nicht nur ihn, sondern auch
einander hätten überlisten wollen, seien zuletzt beide

betrogen worden von den Brüdern Bonapartes. Er
setzte hinzu: „Was kommen soll, kommt. Du wirst
es sehen, Bürger Larevellière, künftig hat ein ehr-
licher Mann nichts mehr zu gewinnen."

„Und Sie? Was haben Sie zu gewinnen?" Dabei
befreite Larevellière seinen Arm. Es schien ihm an
der Zeit, den Unterschied festzustellen.

Talleyrand begriff, daß jener ihn für einen Schurken halte. Er wußte es ohnedies, er ging darüber hin
und sagte nur:

„Sie irren. Ich hatte nichts gegen Sie unternom-
men. Wozu noch."

„Aber damals!" rief der Gekränkte. „Schon am
Anfang, jene Affäre!" Er griff noch weiter zurück.
„Und gerade ich war es, der Sie zum Minister des
Auswärtigen vorschlug. Ich fiel auf Sie hinein, Sie
hatten sich mit Barras verabredet. Ich dachte: wer
wie Sie auf der schwarzen Liste des Königtums, der
Geistlichkeit und der Jakobiner zugleich steht, der biete
den Freunden der konstitutionellen Ordnung alle
Bürgschaften. Schon damals hätte ich wissen sollen,
daß es gegen Verderbtheit und einen zügellosen
Ehrgeiz keine Bürgschaft gibt."

„Sie irren wieder," sagte Talleyrand. „In der
Affäre, die Sie meinen, war ich gegen Sie weder aus
Ehrgeiz noch aus Gewinnsucht, sondern weil ich Sie
fürchtete — ja, fürchtete; denn mit soviel Reinheit
kann kein Weltmann im Bunde bleiben."

Larevellière beruhigte sich sofort. Er wußte, was er an seiner Reinheit hatte.

„Barras", sagte er, „hatte wieder einmal gestohlen. Sie wußten es wie ich, der Name des Bestochenen, der in jenem Schriftstück fehlte, war seiner, nicht meiner. Warum halfen Sie, Zweideutigkeiten zu schaffen, und verhinderten das Geständnis des verhafteten Bestechers, indem Sie ihn entlaufen ließen?"

Da der andere dies nicht erklärte, tat er es selbst.

„Ich weiß, weshalb Sie mir zumuteten, die Sache niderzuschlagen. Ich sollte euer Spießgeselle werden und das nächste Mal selbst mit stehlen. Meine Reinheit brachte euch aus der Fassung."

„So ist es," sagte Talleyrand gelassen. „Wir waren ratlos. Damals trennte ich mein Schicksal von dem Ihren. Habe ich nicht recht behalten? Ich bin noch immer Minister. Sie sind hier. So viel Makellosigkeit ist den Menschen unheimlich."

„Und meine Wahl mit allen Stimmen außer der meinen und der meines Freundes? Und die Wallfahrten hierher?"

„Es ist Reue," sagte Talleyrand mit schöner Stimme. „Es ist Sehnsucht. Wer kennte sie nicht? Ich besser als andere. Ich habe um die Tugend gewußt, ich bin verbannt umhergetrieben durch die neue Welt, arm und einsam unter einsamen Armen, ich habe um Gott gewußt. Und habe dennoch gewählt, was ich nun bin."

179

Mit gesenkter Stimme:

„Dies gestehe ich nur Ihnen."

Milde gestimmt bemerkte Larevellière: „Sie sprechen von Ihrer Schwäche, von unser aller Schwäche, die für das Gute nicht immer ausreicht."

„Nein," behauptete Talleyrand. „Ich habe es nicht gewollt."

Er fand es richtig, leichter im Ton zu werden.

„Sollte es nicht in gewisser Weise auch verdienstvoll sein, das Böse zu wählen? Ränke und Lügen gestalten das Leben schwieriger als der gerade Weg. Aber das ist nicht das Eigentliche. Das Eigentliche bleibt, daß die Menschheit es schlecht haben will. Drum kann meinesgleichen sie lenken."

„Sie will glücklich werden," sagte dagegen Larevellière, lächelnd wie Gläubige. Talleyrand setzte neu an.

„Ich wäre nicht hier, nur um einen Tugendbold anzustaunen. Ich kenne Sie als Geschäftsmann. Ihren großen achtzehnten Fructidor will ich nicht erst nennen. Um nur von jener Affäre zu sprechen, — hätten Barras und ich nicht rechtzeitig eingelenkt, Sie würden uns vernichtet haben dank Ihrem Scharfblick, Ihrer Unbeirrbarkeit, Ihrem leidenschaftlichen Willen."

„Wille zum Guten. Er ist die menschlichste Eigenschaft."

„Denken Sie an die Stadt Genf, Bürger Direktor!"

Da spreizte Larevellière die Hand. „Ich habe es
nicht gewollt. Gegen meinen Wunsch haben wir Genf
annektiert und seiner Freiheit beraubt. Die Genfer
selbst ersuchten um ihre Vereinigung mit Frankreich,
aber ich weiß wohl, das waren Machenschaften unserer
Leute.“

„Und es war die bedrohliche Nähe unserer siegreichen Heere und ihrer ruhmbedeckten Führer,“ bemerkte Talleyrand. Der Bürger Larevellière er-
widerte kalt:

„Mir hat es von jeher geschienen, als machte man
viel zu viel Aufhebens vom militärischen Ruhm. Die
bürgerlichen Tugenden sind von höherer Art. Die
bürgerlichen Geschäfte verlangen mehr Genie, mehr
Kenntnisse und eine längere Lehrzeit. Auch haben
erfolgreiche Militärs sich allzu oft den Zwecken von
Unterdrückern dienstbar gemacht, wenn sie nicht gar
selbst zu Tyrannen wurden.“

„Hierfür ist seit Ihrem Sturz nun wieder glücklich
die Bahn frei“ stellte Talleyrand fest. „Dies also
will jene Mehrheit, die Sie gestürzt hat: dies,
und nicht etwa das Glück. Den menschenfreund-
lichen Verheißungen unserer Revolution haben die
Menschen schon zu lange zugehört, und ihre Verwirklichungen langweilen sie schon. Gott und das
Glück sind irgendwo außerhalb der Menschenwelt;
wir haben von ihnen gehört, wir haben zu ihnen
gebetet; — und dann entschließen wir uns wieder

181

einmal, alles über den Haufen zu werfen und keine
Mühe, kein Grauen zu scheuen, um nur recht unglücklich zu werden. Dann stoßen wir die Völker, die wir
doch selbst befreit hatten, aus unseren Armen fort
und überliefern sie Ausbeutern, Generalstäben, Liefe-
ranten und den Verrätern aus ihrem eigenen Schoß,
die sich mit den Fremden in die Macht und den Raub
teilen. Der beklagenswerte Zustand aber, in den wir
ein Land wie Italien eben jetzt versetzen, muß für
uns selbst die schlimmsten Folgen haben. Und dies
gerade wollen wir," schloß Talleyrand.

Larevellière beteuerte feierlich: „Wir Menschen
wollen das Glück. Die Verderbtheit der seelischen
Neigungen, auf die Sie sich berufen, stammt noch aus
Abgründen, denen wir mehr und mehr entrinnen.
Die Verehrung der ungerechten Macht muß ver-
schwinden, da die Macht selbst von unserer Welt doch
endlich verschwinden wird, es sei denn die Macht der
Vernunft. Sie aber wächst heimlich in uns allen.
Katastrophen beschleunigen nur ihr Wachstum. Kata-
strophen nähern uns also dem Glück. Wir wollen die
Katastrophen im Grunde nicht aus Verderbtheit, son-
dern weil wir das Glück wollen."

Dies hörte Talleyrand und schwieg. Larevellière,
der zum Himmel hinangeblickt hatte, kehrte zurück
und bemerkte, daß Talleyrand die Augen gesenkt hielt.
Schon schlug er sie auf und sagte ohne Ironie:

„Noch sind wir unvollkommen."

„Noch sind wir unvollkommen," wiederholte Larevellière; und dann nahmen sie Abschied, der Bucklige und der Hinkfuß.

Sie haben sich niemals wiedergesehen. Larevellière nannte Talleyrand auch später einen Schurken. Dieser, so wenig er die Menschen sonst achtete, sprach mehrmals im Lauf seines Lebens mit geheimnisvollem Respekt von einem schon halb Vergessenen.

# Der Marquis von Keith
## (Ansprache, Oktober 1918)

Meine Damen, meine Herren!

Sie werden das Stück hier wiedersehen, wie Sie es
schon kannten. Ein armer, lebensgieriger Mensch
wird sich raufen mit einer Welt, die doch noch böser ist
als er; wird oben sein, stürzen und hoffentlich wieder
hinaufkommen. Es wird das alte, göttlich harte
Leben sein. Nur er, der es packte und hierherstellte,
lebt nicht mehr.

Verzeihen Sie ihm, daß er schon fortging! Bedenken Sie, wie maßlos viel von Ihrer aller Dasein
durch sein Herz hindurchmußte, und wie das müde
macht! Er hat seine Zeit, die eine der anstrengendsten
war, viel heftiger als die meisten anderen miterfahren,
so war er auch mit ihr zugleich am Ende.

Er hat sogar — sehen Sie doch, wie erstaunlich! —
er hat sogar vorweggenommen, was erst noch kommen
sollte. Die neunziger Jahre, in denen er jung war,
hatten eigentlich eine weichere Luft, sie waren ver-
gleichsweise harmlos und wohlwollend. Seine jungen
Kameraden damals glaubten an alles Gute, sie schrieben Stücke, die wohl düster, aber im Grunde menschen-

184

freundlich waren, und die Hinweise waren auf die nahe bevorstehende Lösung der sozialen Frage, auf den Frieden unter den Menschen.

Niemand in der ganzen Welt aber glaubte weniger an den Frieden unter den Menschen, als Frank Wedekind. Ob es ihm dabei wohl oder wehe war, er sah nur Kampf, fühlte nur das immer atemlosere Gewühl des Kampfes — im Lande wie in seinem Herzen. Weiber, die nur genießen, Männer, die nur erraffen, jede uneigennützige Handlung ein Hereinfall, jedes freundliche Gefühl ein Gelächter, nur kalte Neugier für Menschliches anstatt Teilnahme, nur Machtsucht, sogar bei dem Denker, den Armen vom Gesetz nur gerade das gefährliche Maul gestopft, den Schiebern aber jeder Erfolg auf Erden und im Himmel: das alles war in seinem Herzen schon fertig, als es im Lande erst heranwuchs, und der ganze Anfang des Jahrhunderts sprang, kaum daß es in der Wirklichkeit begonnen hatte, gewappnet aus seinem Kopf. Nirgends wie in seinen Stücken können Sie mit Händen greifen, wie sehr das Leben jener Tage schon Krieg war, bevor es dann wurde, was es war. Niemand hat so unausweichbar vorausgezeigt, wohin solche seelische Haltung treibe.

Er muß wohl viel gelitten haben unter seinen Erkenntnissen; — aber glauben Sie nicht, daß er auch vor Glück getaumelt hat in der Überfülle seines Erlebens? Was gilt es dagegen noch, daß er so lange Jahre unerkannt, sogar verlacht umherstehen mußte, und daß er sich, um seiner großen Werke willen, zum Bänkelsänger und Lustigmacher hergeben mußte? Auch das war gut, denn es war Kampf, der wahre Kampf. Wer sich von hoher Art und vom Leben erniedrigt weiß, gibt erst der Welt das Beste: ein Beispiel der Menschenwürde. Darum sehen Sie seine Helden inmitten des göttlich harten Lebens zuletzt nie etwas anderes behaupten oder beweinen, als ihre Menschenwürde.

Der Kampf um die Menschenwürde aber ist der Weg des heiligen Geistes. Sei vor dir selbst geweiht und halte darauf, daß niemand dich verletze, du wirst es lernen, die anderen zu achten wie dich; du wirst sie bald erhöhen wollen über ihr übliches Seelenmaß; du wirst sie endlich selbst lieben. Der bis an den Tod herangereifte Wedekind sann nichts anderes mehr als den Sieg des Geistes und der Güte in dem großen Lebenskrieg, den er so wohl kannte.

Er hatte recht. Aus solchem Kriege — sollten wir es nicht selbst erfahren? — gehen die wahren Kämpfer gütiger hervor, als sie ihn begannen. Sie haben gelernt, es helfe nicht viel, mit zusammengebissenen Zähnen zu leben; ebenso gern könne man ein wenig nachlassen von der Hochspannung des Selbstgefühls, einander anerkennen, vielleicht sogar helfen. Selbst der Marquis von Keith würde es heute begreifen. — Sie werden das Stück hier wiedersehen, wie Sie es schon kannten.

# Sinn und Idee der Revolution
## (Ansprache im Politischen Rat geistiger Arbeiter, München; Dezember 1918)

Wie die neue Zeit selbst mit ihren neuen Einrichtungen und Männern, ist auch diese unsere Vereinigung ein Erzeugnis der Not. Ein siegreicher Ausgang des Krieges würde eine deutsche Revolution nie gebracht haben, und noch ein rechtzeitiger Friedensschluß hätte sie verhindert. Alle sind wir heute Söhne der Niederlage. Ist es nicht aber der Natur gemäß, daß ein unterliegendes Land von seinen Kindern mehr geliebt wird als ein triumphierendes? Der Triumph enthüllt viel Unschönes. Zu lange haben wir es an Deutschland enthüllt gesehen. Wir bekennen uns viel lieber heute zu ihm. Darum sagen wir vor allem, daß wir es von Herzen lieben, und daß wir nach unserer Einsicht und unseren Kräften ihm dienen wollen.

Fern bleibt uns der Wunsch, unseren siegreichen Feinden möge ihr Sieg zum Verhängnis werden, wie uns selbst jetzt endlich unsere alten Siege. Wir wünschen vielmehr, daß der sittliche Ernst, den ein vor fünfzig Jahren besiegtes Land dank seiner Niederlage erworben hat, sogar die größte Gefahr, seinen heutigen

187

Sieg, überdauern möge. Nun aber wollen auch wir
selbst den sittlichen Ernst erwerben. Fühlt nicht zu
dieser Stunde mancher, der nie geglaubt hätte, dies
fühlen zu müssen, wie sehr wir in dem lange anhal-
tenden Glanz unserer früheren Siege uns selbst verloren hatten, und daß wir erst jetzt, auf dieser Wan-
derung durch Staub und erste Dämmerung, die Hoffnung haben, uns wieder zu begegnen?

„Seid nicht allzu gerecht!" rief schon Klopstock
seinen Deutschen zu; und solch ein Gedanke war, sittlich gesprochen, der Anfang vom Ende. Wir können
nicht gerecht genug sein. Jede Abkehr von der unbe-
dingten Gerechtigkeit zeitigt schon in der äußeren Welt
die ungeheuerlichsten Folgen; die Vergewaltigung
kleiner Provinzen bewirkt noch nach Jahrzehnten den
Zusammenbruch großer Reiche. Viel furchtbarer aber
sind die Erschütterungen unserer inneren Welt, sobald
wir die Ungerechtigkeit einmal in sie zugelassen haben.
Die Fälschung unseres gesamten Volkscharakters,
Prahlerei, Herausforderung, Lüge und Selbstbetrug
als tägliches Brot, Raffgier als einziger Antrieb zu
leben: dies war das Kaiserreich, daß wir nun glücklich
hinter uns haben. Und dies konnte es nur sein, weil
unter ihm, nach innen wie nach außen, Macht vor
Recht ging.

Macht anstatt Recht bedeutet nach außen den Krieg,
und bedeutet ihn auch im Innern. Gerechtigkeit verlangt schon längst eine weitgehende Verwirklichung
des Sozialismus. Jetzt soll sie ihn verwirklichen. Wir

sind dabei — sind nicht nur mit unserer Vernunft, auch mit unseren Herzen dabei. Wir wünschen das materielle Glück unserer Volksgenossen so ehrlich, wie man sein eigenes wünscht. Sie mögen es anerkennen, wenn wir zudem noch ihres seelischen Wohles gedenken. Das seelische Wohl ist wichtiger; denn das Schicksal der Menschen wird mehr von ihrer Art, zu fühlen und zu denken, bestimmt als durch Wirtschaftsregeln. Denkt gerecht, Bürgerliche! Solltet ihr in irgendeiner gesetzgebenden Versammlung je die Mehrheit haben, ergebt euch dennoch niemals dem verhängnisvollen Irrtum, ihr könntet die begründeten Ansprüche der Sozialisten, indem ihr sie niederstimmt, aus der Welt räumen. Denkt aber auch ihr gerecht, Sozialisten! Wolltet ihr die Sozialisierung nur eurer Macht verdanken, anstatt der Einsicht und dem Gewissen der meisten, ihr würdet nichts gewonnen haben. Diktatur selbst der am weitesten Vorgeschrittenen bleibt Diktatur und endet in Katastrophen. Der Mißbrauch der Macht zeigt überall das gleiche Todesgesicht.

Man gebe doch nicht vor, die Vergesellschaftung noch der letzten menschlichen Tätigkeit sei das Radikalste, das sich tun läßt. Einen Radikalismus gibt es, der alle wirtschaftlichen Umwälzungen hinter sich läßt. Es ist der Radikalismus des Geistes. Wer den Menschen gerecht will, darf sich nicht fürchten. Der unbedingt Gerechtigkeitliebende wagt sehr viel. Mag er Gewalttätigeren weichen müssen, mehr

Kraft war dennoch in seiner Mäßigung, seiner Treue zur Idee, als in jeder Gewalt. Unser Deutschland lerne.

In diesem Rat, der nur zum Guten raten will, kann niemals, selbst wenn sie ausschweifte, gerichtet werden über eine deutsche Revolution, deren schlimmste Ausschweifungen noch immer die Verbrechen des alten Regimentes nicht aufwiegen würden. Nur zu viele Entschuldigungen haben die revolutionären Fanatiker von heute. Sie werden ihnen geliefert von jenen alldeutschen Fanatikern, die bis gestern das Wort hatten, und die nur darauf warten, es wieder an sich zu bringen, um womöglich das Land noch einmal zu entvölkern, noch einmal zu entsittlichen, noch einmal an den Bettelstab zu bringen. Wo sollten die zur Macht gelangten Revolutionäre denn Gerechtigkeit erlernt haben? Sie sind unter dem Kaiserreich groß geworden. Sie sagen wohl, sie dächten nicht daran, ihre Macht freiwillig herzugeben. Ein kaiserliches Wort. Wer es spricht, hat noch so gut wie alles zu lernen von den Gesetzen einer wahrhaft befreiten Welt.

Wir sind hier, um dahin mitzuwirken, daß die sittlichen Gesetze der befreiten Welt in die deutsche Politik eingeführt werden und sie bestimmen. Wir wollen, daß unsere Republik, bis jetzt noch ein Zufallsgeschenk der Niederlage, nun auch Republikaner erhalte. Und wir sehen in Republikanern weder Bürgerliche noch Sozialisten. Dies sind hinfällige Unterscheidungen, wo es Höheres gilt. Republi-

kaner nennen wir Menschen, denen die Idee über
den Nutzen, der Mensch über die Macht geht. Unter
Republikanern kann ein unschuldig Verurteilter Ge-
wissenskämpfe heraufbeschwören, so ungehemmt, daß
sie den Verkehr, den inneren Frieden, sogar die Sicherheit des Landes bedrohen, — und wäre ihre Republik
auch nur eine sogenannte Rentnerrepublik. Ein Kaiserreich aber, selbst ein soziales, wird solche Gewissens-
kämpfe nie kennen.

Unser Deutschland werde so gerecht, frei und wahr,
wie einige von uns es sogar in seinen dunkelsten
Tagen verlangt und erstrebt haben — bestärkt in
ihrem Glauben an die Zukunft des deutschen Geistes
durch seine große Vergangenheit. In diesem Lande,
komme alles, wie es mag, wird endlich doch der Geist
herrschen. Er erobert Deutschland und die Welt; der
wirkliche Sieger des Weltkrieges ist nur er. Wer ihm
widerstände, wäre verloren. Wer ihn aufnimmt, ist
allen gleichberechtigt und verbrüdert. Unsere Versöhnung mit der Welt wird im Namen der uns endlich wieder mit ihr gemeinsamen, ewigen Gedanken
geschehen. Wir geistigen Arbeiter wollen es uns verdienen, unter den ersten zu sein, die Deutschland mit
der Welt versöhnen.

# Wir wollen arbeiten
(Auf Veranlaffung des Reichsamtes für wirtschaftliche Demobilmachung, Januar 1919)

Jemand fagte, beforgt wegen der neuen Steuern:
„Wir werden künftig nur noch für den Staat
arbeiten."

Dagegen ein anderer: „Es kommt darauf an,
wie der Staat aussieht." Dieser meinte, er zahle
seine Steuern lieber, wenn nicht mehr hauptfächlich
nur das Militär davon erhalten werde, sondern wenn
das Volk selbst, seine Wohlfahrt und Bildung den
Nutzen habe. Denn so legen wir unsere Steuern
eigentlich nur auf die Sparkasse, und sie verzinsen sich
uns.

Wir werden alle sehr viel arbeiten müssen, das
steht fest; aber nicht, wie früher, für einen Herrenstaat, der sich uns aufzwingt und den wir nur gerade
ertragen, sondern für einen Volksstaat, um den wir
selbst gekämpft haben, der unsere eigenste Sache ist,
und den wir daher niemals im Stich lassen dürfen.
Innerhalb dieses Staates werden wir untereinander
verschiedener Meinungen sein und werden uns nicht
besonders schonen; aber den Staat müssen wir alle

schonen, der ist uns gemeinsam, für ihn sind wir alle verantwortlich. Wir müssen darauf bedacht sein, ihn lebens- und zahlungsfähig zu machen, durch unsere Arbeit und unser vernünftiges Handeln.

Wer Arbeit bekommen kann und sie nicht nimmt, sondern auf Kosten des Staates lebt, sollte bedenken, daß er damit kein fremdes und gleichgültiges Kapital angreift, sondern das Kapital der Volksgemeinschaft und im Grunde sein eigenes. Er selbst macht sich arm durch seinen Müßiggang. Er wird später, wenn das Arbeiten nicht mehr zu vermeiden sein wird, um alles das, mit Zinsen und Zinseszinsen, weniger verdienen, was er heute, ohne zu arbeiten, verbraucht.

Streiks werden nach wie vor den Arbeitern nützlich und jetzt sogar im Interesse des Staates sein, wenn irgend jemand, sei es ein einzelner oder eine Gemeinschaft, wirtschaftlich oder politisch mehr gewinnen möchte, als ihm zukommt. Aber nur ein solcher Streik, der vor der Allgemeinheit verantwortet werden kann und von ihr gebilligt wird, ist fortan noch erlaubt, kein Streik, der um Sonderinteressen geführt wird und den andern Volksgenossen schadet.

Mit den Lohnforderungen steht es ebenso. Früher konnte man darauf losfordern, man bekam doch nie sein volles Recht. Jetzt dagegen wird mehr gezahlt als je, und dabei gehen die meisten Betriebe schlecht wie noch nie. Überdies rechnen wir damit, daß die Betriebe schon bald der Gemeinschaft, also uns allen mitgehören sollen. Was folgt daraus? Man darf nicht länger darauf losfordern, die vernünftigen Arbeiter und Angestellten wissen dies besser als jeder andere. Sie begreifen, daß durch übersteigerte Lohnforderungen erstens das Geld entwertet wird für sie selbst und für alle. Sodann werden sie sich besinnen, ihren eigenen Betrieb durch unhaltbare Ansprüche zum Stillstand zu bringen und damit der Gesamtheit ihre Arbeitskraft entziehen. Denn die Gesamtheit, der Staat, kann Verluste an Arbeit jetzt schwerer tragen als sonst. Er soll auf das dringlichste Lebensmittel herbeischaffen und hat zum Bezahlen nichts weiter mehr als unsere Arbeitskraft. Die Kohlen und Industrieerzeugnisse, gegen die er die Lebensmittel eintauschen muß, sind nur vorhanden durch unsere Arbeitskraft, da dürfen wir sie nicht selbst lahmlegen. Wir haben viele Rücksichten zu nehmen in einem Staat, der uns allen gehört. Dafür aber haben wir die Freude, selbst verantwortlich zu sein, selbst mitzubestimmen.

Und dies ist keine Freude des Stolzes oder gemeinen Machtgefühls, es ist eine Freude der Vernunft. Jeder einzelne hier bei uns ist in seinem Herzensgrunde viel zu vernünftig, als daß er sich verlassen könnte auf einen nicht nachgeprüften Glauben, genannt Kommunismus, in dessen Namen zunächst einmal alles drunter und drüber gehen soll, worauf dann vorgeblich das Himmelreich folgt. Hierzulande hat jeder einzelne etwas zu verlieren, nicht nur sein bißchen Eigentum und die Hoffnung, mehr zu erwerben:

vor allem seine gesunde Kritik, seinen Weltverstand und seine offenen Augen. Die gibt, wer sie einmal mitbekommen hat, noch schwerer auf als sein Geld.

Unser neuer Staat ist sogar eben zu dem Zweck errichtet worden, daß jeder immer mehr gewinnen möge. Die Mitarbeit am Staat fördert seine Einsicht, seine geistige Weite. Der Mitgenuß am Staat bereichert ihn. In den Städten wird der Arbeiter voraussichtlich auf Grund gemischtwirtschaftlicher Betriebe zum größtmöglichen Wohlstand gelangen. Der Staat und durch ihn der Arbeiter selbst, wird sein Interesse gegenüber dem privaten Kapital zu wahren wissen. Noch unmittelbarer aber wird jeder zu gewinnen haben, der auf dem Lande arbeitet.

Die großen Städte sind zu stark bevölkert für unsere heutigen wirtschaftlichen Verhältnisse. Weder Wohnungen noch Arbeit reichen für alles aus; trotzdem, aus ganz begreiflichen Gründen, trennt jeder sich ungern von der Stadt. Wenn er aber draußen für sich und die Seinen alles finden kann, was der Mensch wirklich braucht: Gesundheit, eine Arbeit, die ihn befriedigt, sein Auskommen, wohl gar auf eigenem Grund? Denn es ist wahrscheinlich, daß der aus der Revolution hervorgegangene Staat mehr Bauern schaffen wird, möglichst viele kleine Eigentümer, denen er die Betriebsmittel leiht, die fortan die Errungenschaften der Revolution als ihre eigensten ansehen und zu ihrer Verteidigung immer bereit sein werden. Lohnt es sich dann nicht, hinauszugehen?

Es lohnt sich vollauf. Und auch die Arbeit in der Stadt wird sich lohnen, selbst wenn sie noch auf lange Zeit hart genug und das Leben dürftig genug sein sollte. Denn wir tun unsere Arbeit zum ersten Male wirklich für uns selbst, da wir sie für einen Staat tun, der wir selbst sind. Wir selbst: das bedeutet, daß der Staat fortan beseelt ist und einen Gedanken verwirklicht, den Gedanken der Gerechtigkeit und des zunehmenden Menschenglückes. Jeder arbeitet künftig für den gemeinsamen Gedanken. Dies aber ist alles, was Menschen sich wünschen sollten: mit ihrer Arbeit ihr Leben bezahlen und dabei einem Gedanken dienen. So wollen wir arbeiten.

# Kurt Eisner
## (Gedenkrede, gehalten am 16. März 1919)

Der verewigte Kurt Eisner wird weiter beispielhaft in unserer Mitte weilen, seinen Tod überdauernd gewiß durch seine Taten, aber mehr noch durch das, was er war. Wir danken ihm nicht einfach den Sturz eines verworfenen Regimentes, sondern daß dieses Regiment, das selbst in seinen weniger schändlichen Zeiten nichts anderes gewesen war als geistlose Gewalt, unvermittelt und in sinnbildlicher Art abgelöst wurde von der Menschenart, die Geist will und Geist schafft. Die hundert Tage der Regierung Eisners haben mehr Ideen, mehr Freuden der Vernunft, mehr Belebung der Geister gebracht als die fünfzig Jahre vorher. Sein Glaube an die Kraft des Gedankens, sich in Wirklichkeit zu verwandeln, ergriff selbst Ungläubige. „So einfach ist es, Geschichte zu machen!" sagte er an dem hellen Morgen, der über seinem vollbrachten Staatsstreich aufging, — und man staunte und glaubte.

Geist ist Wahrheit. Seine Erfolge waren das Werk seiner Wahrheitsliebe. Denn sie macht schöpferisch, und dem schöpferischen Menschen vertrauen die Mit-

197

menschen. Er wollte vor allem, daß eine in den Tatsachen enthaltene Wahrheit vollzogen werde, wenn er einer proletarischen Revolution ihre selbstgeborene Vertretung außerhalb des Parlaments, die Räte, zuerkannte. In jeder Handlung sah er, neben ihrer praktischen Wirkung, ihr geistiges Gepräge. Achtstundentag, Demokratisierung des Heeres, eine befreite Schule, die wirtschaftliche Erfüllung der politischen Revolution: durch solche Taten dachte er, gleichwie in seinen Reden, die bis dahin verfemten Wahrheiten zu bezeugen. In seinen Reden kannte er nichts Dringlicheres, als den Urhebern all unseres Unheils ihr schändliches Bild entgegenzuhalten, den Lügen jeden Schein und Halt zu nehmen, Deutschland geistig zu reinigen und zu erneuern. Zuerst eine Luft, in der es für Menschen der Vernunft und Wahrheit sich atmen läßt, — dann bildet sich schon das neue Leben.

Er war der Mann der Wahrheit, daher der Haß derer, die sie fürchten. Daher auch die Achtung der Ehrlichen unter den Andersdenkenden, und sogar unserer bisherigen Feinde. Sie, die unsere ganze Revolution für eine Maskerade hielten, ihm glaubten sie. Eine reine Leidenschaft des Geistes ist unverkennbar. Man kann zweifeln an gewaltsamen Veränderungen des politischen Personals, und auch wirtschaftliche Tatsachen und Programme können so oder so verstanden werden. Unausweichlich, unwiderlegbar ist allein der Mensch, der Wahrheit spricht, dessen Blick und Atem Wahrheit sind. Der Völkerbund war,

198

längst bevor er Weltgeltung bekam, lebendig in Geistern wie der seine, in literarischen Geistern. Jetzt werden Vorhersagen Victor Hugos verbreitet, die viel früher hätten wirksam gemacht werden sollen; und jene „Friedensnovelle" Strindbergs berührt jetzt viele mit solchem Schauder, als seien Geister der Zukunft zwischen ihnen umgegangen, und erst nachträglich erführen sie es.

Auch Eisner hatte die Idee des Völkerbundes wirklich erlebt. Er griff sie nicht erst auf, als unser Land in seiner Not sie brauchte. Dies war es, was alle sahen, als er nach Bern kam. In Bern, auf der Sozialistentagung, hatte, solange er sprach, Deutschland keinen Feind mehr. Wohl war er sehr klug, als er den ersten praktischen Vorschlag machte, der unseren Gefangenen nützen und versöhnliche Beziehungen zu unseren bisherigen Feinden einleiten konnte; denn der Gedanke, das verwüstete Nordfrankreich durch freiwillige deutsche Arbeiter wieder aufbauen zu helfen, war sein. Aber die Unterschrift eines Franzosen und den einmütigen Beifall der gesamten sozialistischen Welt gewann er nicht durch eine einzelne Klugheit, sondern durch sein ganz von Wahrheitsliebe erfülltes Menschentum.

Wie anders wäre das Schicksal Deutschlands entschieden worden, hätte der geistige Mensch es mitgestalten können! Aber der geistige Mensch, durch Anschauung und Erkenntnis bewußt erst Mensch geworden und allem verwandt, was Menschenantlitz

199

trägt, gerade er, den kein Staatswesen ungestraft von
sich ausschließt, hatte länger als ein halbes Jahrhundert fremd und verhaßt beiseite gestanden. Der
tiefste Grund, weshalb das alte Regiment fallen
mußte, war seine immer furchtbarere menschliche Ver-
ödung, seine Zusammenhangslosigkeit mit der Menschenwelt, wie sie heute wirklich da ist. Alle sittlichen
Tatsachen von heute waren ihm unbekannt, es glaubte
die Welt vom Willen zur Gerechtigkeit noch gerade
so weit entfernt wie 1870. Schon bevor er auszog,
sich mit der wirklichen Menschenwelt zu messen, war
er verurteilt, der Staat, der einzig vom Machtwahn
lebte, von einer wurzellosen Ideologie der Macht.

Wen mußte der Sturz der entlarvten Machtschwind-
ler sofort hinauftragen? Den Menschentyp, der ihnen
entgegengesetzt war, der auf sittliche Tatsachen baute
und die Kenntnis der Menschen für die erste Voraus-
setzung der Politik hielt. So erscheint in der Revolution, überall mitwirkend, zuweilen bestimmend, der
Literat. Er erscheint mit seinen Tugenden und mit
seinen Gefahren. Die größte Gefahr des Literaten,
der in die Politik eingreift, wird eben dadurch bedingt,
daß er lange unterdrückt war. Er wird versucht sein,
sich zu rächen. Er wird vielleicht in Übereilung nachholen wollen. Die Welt soll ohne längeren Verzug
auf die Höhe seiner Idee gebracht werden — weniger
um ihretwillen als zur Ehre der Idee. Die Welt
hat nicht zu wollen, noch zu widerstehen, sie ist nur
Gegenstand, und auch die Menschen sind nichts weiter.

Eine Geistesart aber, die Menschen den Ideen auf-
opfert, gedeiht nicht mehr auf den höheren Stufen
der gereisten Vernunft. Dort ist man gewohnt und
verpflichtet, geduldig daran zu arbeiten, daß die Einsicht der Mehrzahl sich erweitere, und daß die vor-
wärtsdrängende Minderzahl nicht weniger Weisheit
betätige als Kraft. Ein hierauf gerichteter Geist
bleibt zeitlebens ein bescheidener Schüler der Menschheit, der er dienen will. Sie selbst weist ihm die Wege,
auf denen er sie seinem nie verlorenen Ziele entgegen-
führen möge. Anstatt ihr zu befehlen, erforscht er
ihre Seele.

Wer so unwandelbar in der Leidenschaft der Wahrheit und, eben darum, so mild im Menschlichen ist,
verdient den ehrenvollen Namen eines Zivilisations-
literaten. Dies war Kurt Eisner. Er ging aus einer
Zeit des Wahnsinnes und Verfalles mit ungebroche-
ner Vernunft hervor. Er liebte die Menschen, traute
ihnen die Kraft zur Wahrhaftigkeit zu und erwartete
daher noch so viel von ihnen, daß er sich hütete, alles
auf einmal zu verlangen. Er sah, wie furchtbar gerade
dieses Volk von seinen alten Machthabern überan-
strengt worden war im Blutdienst eines Staats- und
Machtwahnes, dem Menschen nichts galten. Fortan
sollte Schonung walten, Versöhnung, Brüderlichkeit.
Die Revolution sei eine Gemeinschaft aller Freunde
der Wahrheit, die der Weg des Menschen ist, — und
kein Krieg nach dem Kriege, kein Bürgerkrieg! In
der Rede, mit deren Entwurf er am 21. Februar in

den Landtag ging, gedenkt er seiner Bemühungen, durch vernünftige Beratung, anstatt durch brutale Gewalt, die infolge der langen Kriegszeit, der harten Entbehrungen krankhaft aufgeregten Massen vor den Schrecken des Bürgerkrieges zu bewahren. Er hat uns bewahrt; kein Blut war mehr geflossen; aber bevor er dies aussprechen konnte, floß, ach, das seine.

Es ward vergossen für die Wahrheit. Ihr hatte er es gleich anfangs dargebracht; er wußte: sie war zu sehr verhaßt; wer sie laut behauptete und sichtbar vertrat, mußte sterben. Er hatte Gegner von einer Art, daß sie nicht einmal die Enteignung so schwer ertragen haben würden wie die Wahrheit. Zu seinen Todfeinden hat er sie nicht durch Maßnahmen gemacht, sondern durch Bekenntnisse. Er ist ein Blutzeuge des Geistes.

Der erste wahrhaft geistige Mensch an der Spitze eines deutschen Staates erschien jenen, die über die zusammengebrochene Macht nicht hinwegkamen, als Fremdling und als schlecht. Daß er am Quell der Macht doch lauter blieb, widerstrebte ihren Begriffen. Seine Güte, die um keinen Preis, nicht einmal um den seines eigenen Lebens, Blut vergießen wollte, ihnen war sie Schwäche. Er hatte keine breiten Schultern und nicht die herkömmliche Regierermiene. Der Gemeinheit machte er keine Furcht, sie konnte auf ihn hetzen, bis einer schoß. Ja, wirklich, einer schoß in das reiche Hirn, in den Kopf eines Apostels mit weltklugen, weltguten Augen — und schoß noch einmal,

in die schmale Gestalt, die auf zarten Schultern Hoffnungen so vieler und so viel Menschenzukunft trug.

Bewahren wir sein unversehrtes Bild! So lange
er da war, hatte die Revolution einen Sammelpunkt,
in dem sie einig und ihrer frohen Zukunft gewiß war.
Der Ministerpräsident erhob sich zum Sprechen, da
verstummten alle, denn er war ihnen gemeinsam,
war der Aufgang der Revolution. Noch immer hing
über seinem Haupt die Röte jenes ersten Morgens
nach dem Siege. Ihr fürchtetet noch kaum die Wieder-
kehr der Bruderfeindschaften und Irrungen, all das
Harte, Bittere, Allzubekannte, das doch unausbleib-
lich ist, wo Menschen aus ihrer ersten Begeisterung
in den Alltag, sei es auch der Alltag der Revolution,
hinabtreiben. Er war der Aufgang. Möge die Revolution in seinem Bilde, das sie zum Höchsten verpflichtet, für immer das Andenken ihrer Jugend bewahren.

# Kaiserreich und Republik
(Mai 1919; die Veröffentlichung wurde bis nach dem
Friedensschluß hinausgeschoben)

Wir liegen am Boden eines Abgrundes, den wir
noch nicht ermessen haben. Untersuchen wir ihn,
schärfen wir im Dunkeln die Augen! Der Weg, den
wir hinabgetaumelt sind, ist eingestürzt. Vielleicht
führt ein anderer hinaus? Hoffnung gewährend, leuch-
ten, gerade weil es so tief ist, über dem Ausgang
unseres Gefängnisses die Sterne.

## Der Sieger
Das Deutsche Reich von 1871 war, wie es nun einmal ward, eine unwesentliche Schöpfung der Deutschen. An seiner Errichtung waren nicht alle ihre
Fähigkeiten beteiligt, und ihre besten waren weniger
vertreten als ihre nicht einmal guten. Die Deutschen
wohnten in diesem Reich nie ganz; ein wichtiger Teil
ihres Wesens blieb draußen. Das Deutsche Reich
von 1871 mußte zusammenbrechen, aus diesem tiefsten
Grunde: weil es nicht ganz deutsch war. Aber sein
Sturz begräbt nur eine fragwürdige Abart des Deutschen, nicht des Deutschtum.

1871 erschienen vor dem ersten Reichstag die Abgeordneten des Elsaß und Lothringens, verlangten das Recht, ihr französisches Vaterland zu behalten — und wurden ausgelacht. 1919 erbitten wir Deutsche für große Teile unseres Volkes von Europa und Amerika das gleiche Recht wie einst Elsaß von uns. Dazwischen liegt die Geschichte einer deutschen Verirrung.

Kaum im Genuß seiner Einheit, verleugnete Deutschland die Gedanken der Freiheit und Selbstbestimmung der Völker, worauf all sein Kampf, sein schwärmerischer Drang ein halbes Jahrhundert hindurch sich doch berufen hatte. Noch 1869 ward in jedem deutschen Hause gelesen und geglaubt: höchster Begriff sei die Freiheit, nach ihr erst die Nation. Garibaldi, Freiheitsheld, war auch ein Held Deutschlands. 1915, als Italien in den Krieg eintrat, war er schon längst zur Hälfte lächerlich. Der Begriff der Freiheit hatte inzwischen für deutsche Köpfe seinen Sinn verloren, ward geleugnet oder in sein Gegenteil verkehrt. Man sagte: selbstgewollte Knechtschaft sei Freiheit. Mit Paradoxen begründete man ein System des absoluten Militarismus, das anders im zeitgenössischen Europa nicht mehr begründet werden konnte. Man widersprach den Lieblingshoffnungen des vorgeschrittensten Teiles der Menschheit, und selbst seinen sichtbaren Erfahrungen und Verwirklichungen. Demokratie sei eine Verfallserscheinung, der dauernde Friede ein Traum und kein schöner. Einen menschlichen Fortschritt gebe es nicht, die sittlichen Tatsachen seien von jeher unverrückbar. Wie hielt man es nur aus, im Gegensatz zu allen zu verharren, deren Glaube ein Hinan war? Wie machte man es, des auch noch froh zu sein?

Man hatte Erfolg gehabt. Das Deutsche Reich und seine Sinnesart waren erzeugt vom Sieg. Der Fluch dieser Vaterschaft hat uns nie verlassen, er hetzte uns bis hierher! Der Sieg von 1870 verlor sich nie in unserem Leben seither, er ward nie aufgesogen. Er vermehrte sich in unserem Blut wie ein Giftkeim, millionenfach. 1913 waren wir in Handlungen, Gedanken, Weltansicht und Lebensgefühl unendlich mehr Sieger als 1871. Wir waren unendlich prahlerischer und machtgläubiger, unendlich hohler und unsachlicher. Erst jetzt hatten wir fast alle Würde der Freien verloren und ganz dem Geist entsagt, dem letzten Glauben an Dinge, die man nicht sieht, nicht zählen, nicht raffen kann.

Das unfaßbare Unglück eines schrankenlosen, unbeaufsichtigten Sieges ist abzuziehen von unserer Schuld. Mitverantworten muß sie das damalige Europa, das ihn zuließ. Schon 1870 lebten Wissende genug, Europa war als Einheit, deren Glieder nicht ungestraft einander verwunden, erkannt genug; England und Rußland, die es zuließen, daß Frankreich verstümmelt, Elsaß und Lothringen vergewaltigt wurden, befragten nicht ihr Gewissen, nur herkömmliche Gefühle und den Nutzen des Augenblicks. Der Krieg selbst erregte bei jedem Hochgesinnten, hier wie drüben, schon damals nur Zorn und Verachtung. Flaubert verübelte es seinen Zeitgenossen, daß sie ihn zwängen, zu empfinden wie ein Rohling des Mittelalters. Herwegh wußte, wer hier siege, und was Einheit heiße, wo „Knechtschaft sich verallgemeinert".

Die deutsche Einheit war geboten für Deutschland, aber nicht weniger für die Welt. Aufgabe war es, dem Nachbarn es zu beweisen, nicht, ihn niederzuschlagen. Aufgabe, das unausweichlich Heranreifende vor aller Augen sich vollziehen zu lassen — roh nicht einzugreifen in ein Gebilde, das nur wachsen wollte und das, trotz allem damals Verpfuschten, noch heute, nach dem Zusammenbruch seiner unrechtmäßigen Sicherungen, vor der Natur sich behauptet. Aber der deutsche Drang nach Einheit war in die Hände von Gewaltmenschen geraten, und sie stampften hinweg über das langsame Reifen einer friedlichen Demokratie. Er war schlau nicht weniger als gewalttätig, dieser Bismarck. Die deutsche Einheit wurde von ihm, im Interesse seiner Klasse, auf das Internationale hinübergespielt. Deutsche, aber auch Franzosen mußten für sie bluten. Nicht aus uns selbst, auf Kosten anderer mußte sie erstehen. Der äußere Friede dauernd gebrochen, im Innern eine segenbringende Entwicklung zerstört, aber gerettet alle, die von der Gewalt leben: bis heute galt eine solche Reichsgründung als Meisterwerk. Sie war ein ephemärer Handstreich, im Wesen verwandt mit jenem, der Napoleon den Dritten auf den Thron hob.

Nur als Sieger, in nachwirkender Erbitterung gegen den Besiegten, schien das Reich sich erhalten zu können. Der Erbfeind mußte bleiben, damit nur das Erbe blieb. Der Tag, an dem er die Waffen gestreckt hatte, wurde das Jahresfest des Reiches. „Macht geht vor Recht", hieß der sittliche Besitz, der mit heimgebracht war. Die Fronie Bismarcks, angesichts derer dem Friedensunterhändler Frankreichs seine hoffnungsvollen Worte von Versöhnung und Völkerglück auf den Lippen starben! Ihr sollt nicht versöhnt werden, ihr „mögt uns hassen, wenn ihr uns nur fürchtet", wie ein irrer Cäsar und Bismarck sich ausdrücken. Ihr sollt sogar eure Republik haben, um unmöglich zu werden in einem monarchischen Europa und vollends zu verfaulen. „Schmort in eurem Fett", bleibt in Quarantäne wie Pestträger, — bis vielleicht Gott, der uns schon einmal zu seinen Rächern an euch gemacht hat, uns ermächtigt, sein endgültiges Urteil zu vollstrecken! „Vom menschlichen, christlichen und politischen Standpunkt müssen wir Frankreich den Krieg erklären," sagte schon wieder 1875 ein Beauftragter Bismarcks zu dem Botschafter der Republik. Der Ton war geläufig, auch Renan hatte ihn vernommen. „Solche Geister glauben sich beauftragt, die Tugend zu rächen und den verderbten Nationen wieder aufzuhelfen. In ihrer Überspanntheit verstehen sie unter dem Deutschen Reich keine begrenzte Nationalität: was sie wollen, ist eine Weltwirkung der deutschen Rasse, die Europa erneuern und beherrschen soll." Schon 1870. Und die „Tugend", die zu rächen war, ist nur eine altmodische Bezeichnung für die Überlegenheit des Starken und Rohen. Daher, gleich damals, die Einmischung in innere Angelegenheiten des Besiegten, die Maßregelung Pariser Zeitungen auf Berliner Befehl, die Lockspitzel. Der Sieger — hat er ein schlechtes Gewissen, trotz seiner „Tugend"? — gebärdet sich wie ein mißtrauischer Schwächling, immer in Angst, sein Feind könne wieder zu Kräften kommen.

Dies aber, noch mehr als die Niederlage, schafft drüben Gefühle der Schmach. Dem verdummenden Triumph des einen entspricht bei dem andern eine Rachsucht, die die Sinne schärft. Der Sorge um den künftigen Rächer, der nicht genug erniedrigt werden kann, erwidert ein stiller Kampf um die Würde. „Das Recht!" behauptet der Besiegte, indes der Sieger auf seinen mit heimgebrachten Schein trumpft, daß Macht vor Recht gehe.

Nie war es anders. Dies sind Sieg und Niederlage. Der Unterlegene ist ausersehen, sich seines Menschentums zu erinnern, der Sieger ist verurteilt, im Geistig-Sittlichen tiefer zu sinken als zu den Zeiten seiner äußeren Ohnmacht. Der innere Zustand des Siegers unterbietet alles, was er vor seinen Siegen an Schlechtem erlitt. Als Napoleon verschwand, blieb Frankreich unfreier, weil unwahrer, zurück, als es vor der Revolution gewesen war. Im siegreichen Deutschland 1871 bis 1914 wurden Herrentollheit und Untertanenstumpffinn, Hofart und Selbstentmannung, Menschenfeindschaft, Erwerbsgier und Widergeist dicker aufgetragen und schamloser behauptet als in den schwachen Kleinstaaten von einst, die ihre Soldaten verkauften.

Den Fluch des Sieges zu bannen, müßte jemand über allen kriegerischen Siegen stehen und, selbst Waffen in den Händen, im Herzen nur sittliche Leidenschaft, als Ziel nur Frieden und Recht haben. Die Welt erlebt erst heute, 1919, die ersten flehentlichen Versuche eines Siegers, sich dem Fluch zu entziehen. Er trifft sie dennoch, sie werden die Folgen ihres Sieges noch schwerer überwinden, als wir die Wirkung unserer Niederlage; — aber kein Schauspiel hat je, so unwiderleglich wie dieser ihr Kampf mit sich selbst, um Gerechtigkeit, die menschliche Zunahme an Erkenntnis und gutem Willen bewiesen. 1870 war sie nirgends. Die Adeligen und Militärs, denen das zu einigende Deutschland sich in die Arme geworfen hatte, waren weit entfernt vom guten Willen; und die Erkenntnis eines Bismarck bestimmte ihn höchstens, das niedergeworfene Österreich zu schonen, damit um so sicherer auch Frankreich erliege.

Ein bürgerliches Deutschland, auf sich selbst gestellt, auf seine Freiheits- und Völkerliebe, seinen noch lebenden Idealismus, wäre andere Wege gegangen. Den Krieg mit Frankreich auch nur angenom-

men, war er doch mit jener überlegenen Menschlichkeit zu beenden, die heute die Besieger Deutschlands
ihren älteren Denkgewohnheiten abringen möchten.
Wir konnten, blieben wir damals uns treu, vorangehen den Weg der Menschenwürde: dies war zu
fordern gestattet. Freundschaft mit Frankreich — und
hundert künftige Kriegsursachen, politische wie wirtschaftliche, entfielen für die Welt, weil sie sittlich
nicht mehr galten. Ein großes Beispiel erledigte
sie alle.

Wir konnten der Menschheit vorangehen. Statt
dessen hielten wir sie vierzig Jahre lang auf, bis sie
endlich in das Chaos zurückfiel. Das neue Reich ent-
hielt nicht einen einzigen geistigen, politischen oder
nur wirtschaftlichen Keim: nichts war und ward es
als Nachahmung, Vergröberung, Hemmnis. Wiederholt ward das Ludwig Philippsche Königtum der be-
reicherten Bürger, aber hier noch platter; wiederholt
im weiteren Verlauf das Kaisertum Napoleons des
Dritten mit seiner blendenden Fassade, inneren Mürb-
heit, seiner Theaterregie, Prestigepolitik, seinem falschen Anstrich von Sozialismus auf der frechsten Ka-
pitalsorgie, seinem Militärabsolutismus in konsti-
tutioneller Verkleidung — nur massiger hier alles
und dümmer. Das englische Imperium ward nach-
geäfft samt dem englischen Nationalismus, das
Right or wrong, die Flotte, die Kolonien, — die
ausschließlich darum niemals groß genug waren, weil
die Englands größer waren.

Gewaltanbetung, noch dazu nachgeahmt: doppelte Unfreiheit. Was die Welt erblickte, war ein Herrenvolk aus Untertanen. Diesem Bild galt ihre Abneigung, um so mehr, da sie die Verzerrung ihrer selbst, ihre schlechteste Vergangenheit, ihre Rückstände und Hemmnisse hier wiedererkannte. Der Krieg des Reiches und der Welt war, als er dann kam, ein Kampf der Welt mit sich selbst; sie sollte ihre abgelebteste Form überwinden. Krieg würde vielleicht noch immer nicht das Siegel des zu überwindenden bekommen haben, wäre nicht die „schimmernde Wehr" des Reiches gewesen. Der Gedanke des Völkerbundes brauchte leider den Anblick eines Völkerfeindes. Kein Evangelium der Gerechtigkeit wäre noch erklungen ohne die Teufelsbotschaft von Potsdam. Menschen aller Länder, die weder gut noch schlecht waren, und die nicht von Natur dem Geist nachlebten, schwuren sich angesichts der unabsehbaren Drohung des Reiches, falls sie siegten, Freunde des Guten zu werden. Das Gewissen der Menschheit erwachte: sieh, da erwachte in ihm auch das deutsche Gewissen. Deutschland war befreit; besiegt waren nur das Reich und sein Untertan.

## Der Untertan

Die Eigenschaften des Untertans sind die, worauf das Reich gegründet war. Sie machen nicht den Deutschen aus, nur den Untertan. Es sind nicht deutsche Eigenschaften, jedes Volk hat sie. Jedes Volk hat sie angewendet, bekämpft, mit anderen vermischt.

Die Charaktere der Völker Europas sind überall aus Bestandteilen derselben vielfältigen Rasse zusammengesetzt; Zusammenhänge der Zeit und der Geschichte entscheiden, wie. Glücklich jene, denen nie das Verhängnis ein Reich zusprach wie dieses!

Untertanen und Freie haben nirgends grundsätzlich nacheinander gelebt, immer gab es Übergänge und Mischungen aus Absolutismus und Demokratie. Aber in Deutschland allein wurden sie durch ein falsches und unvollkommenes Geschehen so folgenschwer in einander verwickelt. Die absolutistischen Klassen waren nicht, wie anderswo, als politische Macht beseitigt, bevor neue Mächte sich durchsetzten. Der Adel und das Heer erwiesen sich als lebendig genug, um alles was vordrängte, umzubiegen und sich nutzbar zu machen. Die Demokratie war lebensnotwendig, hier wie überall, und der Bürger, ob er wollte oder nicht, vertrat sie. Hier aber war die Demokratie in der Schuld des Absolutismus und ihm untergeben wie einem Gläubiger. Die Demokratie hatte das Reich nur erstrebt, gemacht hatte es der Absolutismus. Jetzt mochte sie es bereichern, er beutete es aus. Durch seine Gewalttaten an das Ziel gelangt, brauchte sie ihn — gegen die anderen Demokratien.

Bis zum letzten Augenblick hat auf ihr die Schuld an ihn gelastet, und noch lange hat sie empfunden, wie sehr dies drückte. Selbst im höchsten Glanz des Reiches verweigerte ein Teil des Bürgertumes ihm und seiner Sinnesart den Tribut. Noch 1905 stimmte

213

der Freisinn gegen die Vermehrung des Heeres und der Flotte. Sie taten es wohl nur noch aus Überlieferung. Der Durchschnitt gewöhnt sich an Lasten, die vor allem sittlich sind, an Herren, die doch Macht verbürgen, und die der Eitelkeit schmeicheln. Sie starben dahin, die noch um Freiheit wußten. Sie wurden müde, die ohne Wahrheit, ohne Ehrlichkeit der Begriffe, nicht leben mochten. Alles ging seinen Weg. Die Demokratie machte ihre Söhne zu Absolutisten. Sie dachte fortan in Machtgesetzen anstatt nach den Geboten der Vernunft, sie schloß den Bund mit ihrem Widerspruch, — indes der Absolutismus sich um einige bürgerliche Hilfsmittel bereicherte. Er gab vollends auf, was einst Ritterlichkeit hieß, und bekam dafür Geschäftssinn. Sie machte sich seine vom Geist unangekränkelte Tatkraft zu eigen. Ein herrschender Typ entstand, der nicht Bürger, nicht Junker, aber beides in einem war, ein Wesen mit Sporen und einem Zahlenhirn, ein wandelndes Paradox, begabt, vor nichts zurückschrecken, was vergewaltigtes, ungerades Denken je ersinnen könnte.

Der Bürger dachte in Machtgesetzen. Der Arbeiter begann, es zu lernen. Er war am längsten Mensch geblieben; seine Führer waren noch Demokraten mit freier Stirn, als fast alle anderen sich geduckt und entwürdigt hatten. Ihr Glück war das Sozialistengesetz, es erhielt sie lange wach und in der Ruhelosigkeit des Verfolgten. Die älteren ermüdeten nicht einmal, als Sicherheit aufkam und Erfolge wuchsen. Vorgeblich

214

nur auf materialiſtiſches Denken eingeſtellt, boten
doch gerade ſie mit ihrem Glauben dem Zeitalter ſein
Beſtes; und wenn ſpäter die Republik noch Menſchen
und eine Gemeinſchaft fand, die, wenigſtens bedingt,
auf ſie vorbereitet waren, die Ehre gehört der Sozialdemokratie allein. Dennoch war dies nicht ihr Zeitalter; es unterſtand dem junkerlichen Bürger. Seine
übermächtige Geiſtesart prägte auch den ſozialiſtiſchen
Nachwuchs. Die neuen Führer wie ihr Heer empfan-
den die grundſätzliche Umbildung der Welt immer ent-
fernter, immer weſenloſer. Sie verſtrickten ſich täglich
tiefer in die Sorge, Gewinn zu ziehen aus der Welt,
wie ſie iſt. Ihr Denken war zuletzt kapitaliſtiſch —
mit Vorbehalt, oder unwiſſentlich, oder in der Fär-
bung der Heuchelei; aber kapitaliſtiſch.

Auch war es national. Sie ſangen hergebrachter-
weiſe ihre Internationale und hielten Weltkongreſſe.
Auf den Kongreſſen gaben ſie ihren fremden Freunden das Verſprechen, nie Waffen zu gebrauchen, und
wurden ſich ſchwerlich bewußt, wie falſch es war.
Sie dachten mit Recht, daß alle ihre Intereſſen gegen den Krieg ſeien, und dachten mit Unrecht, daß
ſie darum nicht kämpfen würden. Ihr gefühlsmäßiger
Nationalismus kannte ſich ſelbſt nicht. Die Arbeiter
hatten ihn im ſelben Maß wie die Bürger: auch ſie
überzeugt vom Recht der Macht, auch ſie durchdrungen, die Macht ſei hier. Ein Zeitalter ſcheidet
ſich nicht, es iſt eins. Klaſſenkämpfe geſchehen an der
Oberfläche, in der Tiefe ſind alle einig. Das groß-

bürgerliche Zeitalter Deutschlands hatte für die sittlichen Verpflichtungen im Leben eines Volkes nur Achselzucken. Gewissensfreiheit, die Öffentlichkeit des Staates, die Teilung der Gewalten? Zugeständnisse an eine Scham, die schon tot war. Aber höchste Aufgabe und Pflicht: reicher werden, härter werden, Weltmacht sein.

Bis in die entsetzlichsten Orgien der Weltmacht hinein ist über angeborene Gefühlsweichheit geklagt worden. Erstrebenswert erschien eine, England nachgesagte, Unberührtheit von Gefühlen, nicht aber Englands kluger Anstand. Wer spät kommt und auf einmal viel nachholen will, kann es wohl weiterbringen als die Erstgeborenen — aber leichter im Schlechten. So hart waren in keinem kapitalistischen Gemeinwesen die menschlichen Beziehungen. So herrengemäß fühlten sich doch nirgends die Herren, und noch in keiner uns verwandten Welt wurden Menschen so sehr zum „Menschenmaterial". Was wäre selbst die angepriesene „soziale Gesetzgebung" anderes gewesen als Instandhaltung von Material, Fürsorge für Maschinen, die dienstfertig und ungefährlich erhalten werden sollen, was anderes als Angstprodukt und Prophylaxis, — anstatt Herz zu sein für Gleiche, und Verantwortung vor dem eigenen Menschentum. Auch in der sozialen Gesetzgebung, wie in der Charitas, entscheidet es nicht, wieviel getan wird, sondern wie und von wem. In Frankreich ist die größte der bürgerlichen Parteien sozialistisch durchsetzt. In Frankreich und in England haben reiche Leute Gesetze zum Nachteil der Reichen, bürgerliche Minister Enteignungen vertreten. Man schwankt, seiner Klasse halb schon müde, hinüber zu den Forderungen einer heraufkommenden Empfindungsart. Ein Ausgleich vollzieht sich durch Einfühlung und wandelbares Gewissen.

Das Bürgertum des Reiches war im vorgeschrittensten Europa das letzte mit völlig starrem Gewissen. Es verharrte noch auf eigenmächtiger Höhe, wußte sich noch das Maß der Dinge; und den Klassengenossen des Westens, seine Humanität, seine allmählich sich vollziehende Abdankung verachtete es derart, daß es seine soziale Nachgiebigkeit für eine nationale Ermüdung hielt und den Westen für reif zum Untergang. Um so zuversichtlicher ergab sich das ungebrochene Bürgertum des Reiches einem nie und nirgends erhörten Gewaltkult, der übersinnlichen Gewißheit, die letzte Entscheidung der menschlichen Dinge, eines seelenlosen Menschenmechanismus, vollzögen nur Kanonen, die Maschinen der nationalen Industrie errängen ihren endgültigen Erfolg dank den militärischen Maschinen, und die Schlußbilanz einer siegenden Wirtschaft ziehe der Krieg. Ein Glaube so kühn, wer wird ihn bekennen? Auserwählte in hohen Stunden. Er färbt darum nicht weniger Denkart und Lebensstimmung auch derer, die seiner sich kaum bewußt sind, und durchdringt ihre Handlungen.

Die deutschen Eroberer saßen in den Ländern Europas, lange bevor ihre Heere nachrückten. Sie haben nicht nur durch Unterbieten aus Konkurrenten Todfeinde gemacht, sie haben Europa „friedlich durchdrungen", wie andere Nationen nur die Kolonien. Sie haben ein weltwirtschaftliches System befolgt, das vor dem Kriege schon Krieg war. Man bringt nicht französische Industrien an sich, nicht das italienische Bankwesen, und überschwemmt nicht England mit Unternehmungen und Menschen, ohne politische Folgen, und schwerlich ohne politische Absichten. Das „Alldeutschtum" ist herangewachsen an der Flotte, diesen Maschinen bürgerlicher Herkunft, für die Produktion von „Weltmacht". Das „Alldeutschtum" war eine Ausgeburt der Beziehungen des Bürgers zur Gewalt. Es bedeutete wirtschaftlichen Militarismus. Es war die Seele der Epoche. Vergebens nannte man sich konservativ oder liberal, vergebens zierte sich die Regierung: zuletzt geschah immer, was alldeutsch war, — bis an das tödliche Ende.

Es geschah nicht, weil es gut, nicht weil es klug, nicht einmal, weil es wirklich stark gewesen wäre. Es geschah nur, weil es alldeutsch war und demonstrierte. Denn Alldeutschtum war eine sinn- und verantwortungslose Demonstration der Kraft — der metaphysischen Idee der Kraft vielmehr als ihres wirklichen Gehaltes. Alldeutschtum war eine Angelegenheit entarteter Professoren an pflichtvergessenen Lehrstätten des Geistes, aber ihrer bedienten sich militärische und industrielle Nutznießer. Es war alldeutsches Philosophem, in der Politik die Moral

218

„überwunden" zu haben und grundsätzlich nur zu tun, was abscheulich war. Oder ist nicht das zweimalige Anerbieten des englischen Bündnisses abgelehnt worden — eingestandenermaßen, weil man, getreu nach Bismarck, in einem Bündnis immer der stärkere Teil sein, mithin es durchaus nie aus Freundeshand entgegennehmen wollte? Um den Preis einer guten Tat hätten sie sogar Marokko nicht gewollt! Das Haager Schiedsgericht, diese vom Reich zum Scheitern gebrachte Gelegenheit einer Weltwende des Friedens und der Güte, wird von dem schuldigen Reichskanzler Bülow in dem Buch, das ihn rechtfertigen soll, nicht einmal erwähnt, — und er hat es geschrieben in dem Krieg, der das Ende seiner·„Deutschen Politik" ist. Welch eine deutsche Politik! Die ganze Wirtschaft und alle großen Entscheidungen für den Kriegsfall berechnet, den eben dies herbeiruft. Der Nationalitätenkampf als Selbstzweck gesehen, die Nationen nur als Futter für irgendeinen Machtwillen; — und die Darstellung seiner Ostmarkenpolitik durch diesen Bülow ist das Häßlichste und zugleich Kindischste, was zum Preise nationaler Unterdrückung und zum unfreiwilligen Nachweis ihrer Vergeblichkeit je erbracht wurde. „Epochen, die so unerbittlich und allgemein vernehmlich das Urteil über den politischen Irrtum sprechen, sind so selten, wie sie groß sind": — das wahrste Wort eines Reichskanzlers.

Die Überwindung der Moral gehört nicht eigentlich zur Macht und ihrem Wesen. „Bei strenger Wahrung

219

der Gerechtigkeit," gestand mit Bedauern Pitt, sei
keine Macht zu denken. Die Gerechtigkeit für Schande
zu halten, empfahl er nicht. Alte Mächte mit erwor-
bener Weisheit achten endlich doch den Ruf des Gewissens. Diese neue Macht war ruchlos, weil sie zu
schnell aufgeschossen, von sich selbst überrascht und
in der Tat höchst fragwürdig war. Der Eindruck bestand, daß weder das Reich noch sein Untertan ihr
Dasein einfach hinnahmen wie etwas Naturgeworde-
nes. „Künstlich" nannte das Reich sogar sein Schöpfer, eine Treibhauspflanze war der Untertan; und
auf unsolide Art zur Welt gekommen, nahmen sie
sich das Recht, auch so zu leben, rechneten, anstatt
mit Zeit und Selbsterziehung, auf jeden Zufall der
Gewalt, jede unlautere Nachhilfe, jeden Bluff. Der
erste von allen war ihre vorgebliche „Regierung über
den Parteien". Irgendein Mensch, der an Kraft des
Urteils, der Tat, des Charakters nichts voraus hatte
vor jeder mittleren Gestalt des täglichen Lebens,
wurde durch eine Ernennungsurkunde des Herrschers
unvermittelt der große Mann, dessen Geist über die
Niederungen der Parteien erhaben und jeder Verantwortung entzogen, in ein nationales All von Kraft
und Herrlichkeit tauchte. Das Amt des Reichskanzlers war nicht das eines sterblichen Ministerpräsi-
denten, es war dank seinem ersten, so erfolgreichen
Verwalter ein archaistisch vergrößerter Popanz, das
arme Menschengesicht Dessen, der es bekleiden sollte,
erstarb darin. Vom Absolutismus die ganze Ver-

logenheit, vom Parlamentarismus einzig nur die Be-
stechlichkeit, dies war das Rezept. Der Staat, der danach lebte, durfte mit Verachtung hinabsehen auf die
Demokratien, die es sich versagen müssen, zu lügen,
und deren Parlamente jeden Skandal überstehen,
weil sie, machtvoll und aktiv, die Rolle von Bestochenen niemals lange behalten können. Aber Demokratien haben keine Fassade, und das Reich hatte eine,
die nichts durchließ. Gegen Ende begann sie zu brök-
keln, ein Heeres- und Marinestank drang aus den
Spalten ... Gleichviel, nur selbstgerecht so fort, nur
laut, nur vornweg, nur betriebsam. Das reichste Volk
gewinnt, indes man jeden Gewinn alsbald in neue
waghalsige Spekulationen steckte, das mächtigste Volk,
und es säete sich ringsum Feinde, seine einstige Ohnmacht.

Betriebsamkeit kann dem Unsittlichen die Seele er-
setzen, seine Welt fühlt sich, weil sie sich dreht. Man
feiert die eigene Tüchtigkeit wie ein Verdienst um den
Geist der Menschheit. Sie aber zeigt sich beleidigt.
Zu viel Tüchtigkeit ist Angriff. Die aggressive Wirkung dieser vom Reich verfälschten Deutschen ward
meist nur ihren Manieren zugeschrieben, ihrer unbeirrbaren Jahrtausendfresse, ihrem allumfassenden
Dünkel: — „Die deutsche Wissenschaft", „Die deutsche Musik" erledigten die ganze Welt, genau wie
„Das deutsche Heer". Das Wesentliche blieb dennoch
ihre Betriebsamkeit. Was war ihr Kaiser? Betriebsam.

Ihr Kaiser vertritt die Deutschen seines Reiches, im Namen ihres Wesentlichen, restlos vor der Geschichte. Sein Weben und Walten, die Sorgen seiner Nächte und seine feierlichsten Rufe in die Seele seines Volkes — waren Betriebsamkeit. Ein Überallundnirgends im Adlerhelm, der das monarchische Prinzip oder ein neues Fabrikat anpreist, dies hieß Kaiser. Wie modern! Ludwig Philipp trug seinen Regenschirm, bis er ihn zuklappte und nach England abfuhr. Hier aber war alles gewachsen bis ins Babylonische, das Geschäft, der Anreißer, die Bürgerlichkeit — und dazu gespickt der ganze Betrieb mit Drohungen für die Konkurrenz, mit trocken gehaltenem Pulver und schneidigem Schwert. Geschäft auf Grund von Siegen, vergangenen und künftigen! Da jagte er durch das Land, der Bürgerkaiser, mit seinen siebzig Uniformen, und stachelte seinen Untertan an, noch tüchtiger zu sein, auch dies noch zu verfertigen, auch hier noch „an die Spitze" zu kommen und, Neidern und Schwarzsehern zum Trotz, immer noch „klotziger" zu verdienen. Womit immer er sich befaßte, was er gerade vorführte und empfahl: Erfolg! Erfolg, höchste Bürgertugend! Alles verstehen wollen, aber nichts wirklich können und lieben, überall gewesen und schon wieder zurück sein, an nichts hängen, haltlos und unsachlich bis zum Grauen sein, ein Schein sein, eine Bühnenlarve — und dort, wo das Herz sitzt, nichts haben als die Anbetung des Erfolges, sei er bei durchgedrungenen Künstlern oder amerikanischen Milliardären, die unbedingte Anbetung jedes Erfolges, der sich in Geld ausdrückt: so und nicht anders mußte der Mann aussehen, der in solchem Reich die Norm war und allen ihr erhöhtes Bild bot. So und nicht anders war er. Er ist von den Seinen bewundert worden, wie selten die menschliche Eigenliebe sich selbst bewunderte. Er war ihr Abgott. Als sie ihn gehen ließen, verstießen sie nur sich selbst. Sie sollen ihn nicht verleugnen. Sie sollen sich nicht auf ihn entlasten. Seine Schuld ist die kleinere, denn seine Rolle auf dem gemeinsamen Theater war durch sie bestimmt. So viel sie selbst aus ihm machten, hat er nicht beitragen können zu ihrer Schönheit.

Der Oberste Kriegsherr dieses Theaters hat wohl auch schwere Stunden gehabt. Auf keinen Fall ist es glaubhaft, daß die einsame Spitze ganz so ohne Blick und Wissen gewesen sei wie die Moleküle im breiten Gestein der lebenden Pyramide. Wenn er, krank wie sein Reich, der Erschöpfung nahe war: — er hatte sich eine internationale Abfuhr geholt oder, „im Innern unbeschränkt", mit Reden wie eines aus der Haut gefahrenen Schwerindustriellen den Sozialismus vernichtet und war nun erschöpft, welcher bittere Geschmack trat ihm da auf die Zunge? So schmeckt die Unfruchtbarkeit. Herbei, Geschaffenes! Ach! nur Nachgeahmtes kam, und die englische Flotte blieb die größere. Nachahmung: die ganze Leere der vierzig Jahre gähnt aus dem Wort. Der Bürger äffte den

Ritter, beide zusammen äfften England und das Reich alle dagewesenen Beispiele „öder Weltherrschaft". Nachahmung macht unfruchtbar bis ins Kleinste. Kein Bedarfsartikel erschien, damit er nur gut sei; er hatte „deutsch" zu sein und irgendwie „an der Spitze" zu stehen.

Quälender aber werden die Fragen, wenn aufgerufen werden soll, was bei der Hast, voranzukommen, verloren ging. Nachahmung muß doch Eigenstes kosten? Da die technischen Erfindungen des Zeitalters, trotz unserem heißen Bemühen, fast alle draußen entstanden, was versäumten wir statt dessen? Steht das Können der Hand und des Auges nicht hoch bei uns, wir hatten doch ein anderes, und fühlten es als unseres, solange wir unverfälscht waren. Aber gerade die Werke des Geistes waren dem Reich eine Verlegenheit, wie lästige Fremde, die man rücksichtenhalber nicht ausweisen kann. Auch suchten sie selbst nur selten einen Anschluß an die Wirklichkeit des Reiches. Das seit 1870 erwachsene literarische Geschlecht hat freilich um 1890 einen Versuch gemacht, dem Reich und der Epoche, die so sehr Stoff waren, ihren seelischen Gehalt abzugewinnen und dergestalt sie zu besiegen. Stofflichkeit um der Wahrheit willen und, schon dadurch, sittlicher Drang aus ihr heraus: dies ergab den Naturalismus. Die Erregung, die er bewirkte, war größer, als ein nur literarischer Umschwung sie zeitigen kann; sie galt der neuen Wirklichkeit, die hier sich ankündigte. Notwendig aber fehlte dem deutschen Naturalismus, trotz liebenswertesten Werken, in einem solchen Reich das Rückgrat des festen Ideenglaubens, den zu derselben Zeit Zola bewährte. Gute Wallungen gehen vorbei mit der abnehmenden Jugend; und diese sozialen Dichter schwenkten ab, gleichwie ihr Altersgenosse, der Kaiser, als „die Kompottschüssel voll" war, seine kurze Hinneigung zu den Enterbten vergaß. Was noch folgte, war die Vollendung einzelner, nicht mehr Ausdruck der Epoche. Wie jeder dichtende Geist sich allein fühlte! Stand im Wesen jenseits dieses ungünstigen Augenblicks und kämpfte um seine Beachtung mit nicht ganz gutem Gewissen und einem Wozu? Drang einer durch? Dann war er mißverstanden, ward Zwecken angepaßt, die unter ihm waren. Das Schicksal Nietzsches.

Nietzsche hat, wie jedes große Talent, einen Zeitgeist um mindestens zehn Jahre vorweggenommen. Seine Amoralistik wie sein Aristokratismus sind Gewächse des Jahrganges 1870. Sie reiften früher bei ihm als im Lande; aber hinter Borgia handelte Bismarck, und seinen philosophischen Willen zur Macht beflügelte das Deutsche Reich. Der Gegenstand seines Machtwillens freilich war größer als diese: es war der Geist. Irdisch würde er, wie Flaubert, die Herrschaft einer Akademie verlangt haben, anstatt eines Klüngels von Waffenfabrikanten und Generalen. Moralfrei hieß für ihn: wissend, nicht: tierisch. Wenn im Jahre 1914 viele der Unseligen, die hinausgetrieben waren gegen eine mißverstandene Welt, in ihren Tornistern den „Zarathustra" getragen hätten, dann ist aus ihren Tornistern Lachen erschallt. Mit ihnen kämpfte, leider, kein Nietzsche. Er hat sie weder für wissend noch für adelig gehalten; ja, über die aufgeopferten Geschlechter des Reiches hinaus hat er, höchst ungerecht, Deutschland verworfen, von je und für immer verworfen. Mögen Künftige es ihm verzeihen. Auch er stammte, woher das Reich stammte; die Zerrüttung des Zeitalters forderte auch ihn. Er sah nicht mehr klar, nicht hinweg, und hatte vergessen, daß das wahre Deutschland aller Zeiten ein geduldiges, einsichtsvolles, der Gerechtigkeit ergebenes Volk ist.

Hielten die Söhne des Reiches ihn ganz ernstlich für ihren Propheten? Es kam spät und sah nicht echt aus. Einfacher fanden sie zu ihrem Wagner. Der war nicht rein, war einer der Ihren, erfolgsüchtig, vom Stoff besessen, mit der Lüge auf bestem Fuß — und machte Musik, was über alles Fragwürdige, wenn Meister und Jünger es wünschen, Unklarheit verbreitet. Der Tag wird gleichwohl aufgehen über seinen herrlichen Helden, und sie werden als Verräter dastehn. Sie haben das Volk, in das sie sich hineinmusizierten, an die schlechtesten Triebe des Zeitalters verraten, sie haben das Zeitalter, an dem sie mitwirkten, erst recht zum Ausbruch gebracht, es seelisch entfesselt. Es wäre nicht ganz so abgründig schlecht geworden ohne die Helden Wagners. Viele haben neben ihm mitgeschaffen an der Verderbnis, haben, wie der berüchtigte Treitschke, ihr erquältes Deutschtum auf den Haß begründet, Haß der Welt und Haß des natürlich, harmonisch Deutschen, das die Weltfreunde Schiller, Mozart, Goethe darstellen. Geister jedes Faches haben Paradoxe, künstlerische Verführungen, gelehrtes Blendwerk beigebracht; deren Folge und Ergebnis „alldeutsch" heißt. Wagner benutzte unter allen den populärsten Apparat, er entzog seine Mittel der Aufsicht der Vernunft, und er war bedenkenlos wie einer, weil im Vorrecht des Künstlers. Ein revolutionäres Erlebnis verraten und zu der Macht überlaufen, die wieder obenauf ist: gesetzt, daß niemand es dürfte, so doch ein Künstler? Was ist ein Künstler, wenn nicht der wirksamste Bekräftiger des gerade Bestehenden! 1848 hätte dem willigen Künstler mehr Gelegenheit zur Wirkung bieten sollen! Freiheit und Menschentum, die versagen, haben allem anderen Platz zu machen, das auf der Opernbühne nur ziehen kann: einer schwitzenden Kraftentfaltung, dem als Zustand waltenden Siegesgetöse, gewissen Schwülsten von Deutschtum, die um des Farbenspieles und Effektes willen sogar antisemitisch schillern. Wie sieht er die Macht, die ihm heilig ist? In Gestalt von Zaubermännern mit Schwanenhelmen. Wie das Volk? In den Spalieren eines vom Glanz seiner Herren geblendeten, von den Ereignissen ewig überraschten Chores. Wie den Deutschen? Als den ruchlosen Tölpel Siegfried. Wie sich selbst, der Plebejer? Mit den adeligen Zügen

eines blonden Stolzing. So darf denn auch, als das
Leben herum ist, der letzte Schwindel nicht aus-
bleiben, das christliche Leiden, von dem der große
Mann und Königsliebling sich allerwege nach Kräften gedrückt hatte. Jung belügt man sich selbst, als
Mann die anderen, im Alter wieder sich. Was bleibt?
Musikalisches Ausdrucksvermögen, genial so viel man
will, für vergiftete Gefühle und einen verfälschten
Geist; die Oper, die ein schönes, luftig-sinnliches Gebilde gewesen war, grob materialisiert und zum Wag-
nerbetrieb gemacht, einer vorwiegend sozialen und wirtschaftlichen Tatsache, die den Bestand ihres Gründers
länger sichern wird, als seine Kunst es vermöchte. Was
bleibt? Eine scheinbare Vermehrung des deutschen
Ruhmes, — bis am entscheidenden Tage das Heraus-
fordernde, Enge und Trübe der in solchem Werk handelnden Seele dem Haß der Feinde um so festeren
Anhalt bot. Über alles dies aber hat das zielbewußte
Talent, dem seine Kunst nicht zuerst Kunst, sondern
„deutsch" war, genau wie dem mitlebenden Fabri-
kanten sein Produkt, sich noch die Philosophie des
leidenden Geistes Schopenhauer angemaßt. Oder war
sie wohl erworben? Durch die Bitterkeit des Laster-
haften? Die Weltverachtung des Ehrgeizigen? Nicht
ungestraft jagt jemand, der an sich selbst nichts zu verraten hatte und überall nur sich anschmeißt und ein-
schwindelt, sein Leben lang dem Rausch der Wirkung
nach, dem sofortigen Genuß des Tages, — anstatt daß
Ruhm und Tag, herangereift, zu uns treten. Lange, nach-

228

dem er und sein Geschlecht dahin waren, traten Ruhm und Tag zu einem derer, die in seinem Schatten gelebt hatten und gestorben waren. Ein großer Künstler, o Gottfried Keller, kann selbst zu einer solchen Zeit ein braver Mann und darum erst groß sein: aus einem Stück, eines Glaubens, und mit Selbstverständlichkeit deutsch.

Ein Zeitalter, das an Geister wieder glaubt, wird sie erblicken. Das Auftreten des Genies entscheidet sich nach dem Bedürfnis. Das mechanistische Kaiserreich hatte die Atmosphäre, die es verdiente: es schuf sich eine Ideologie des Bösen. Die Welt nicht, aber seine Welt ward in der Tat, weil alle es glaubten, nur von bedenkenloser Erwerbsgier gelenkt, und ein Realist sein, hieß, allein das Böse für wirklich halten. Da war eine Mehrheit von Schwachen, zum Guten so leicht zu haben wie zum Bösen, — und durch alle Umstände begünstigt, redeten Wortemacher und Nutznießer ihr das Böse ein. Seht zurück auf jene jahrzehntelange widernatürliche Aufgetriebenheit des nationalen Willens, jene Ruchlosigkeit des öffentlichen Denkens und die Abtötung der euch altgewohnten Vernunft, in der nicht Kraft allein, auch Güte herrscht. Könnt ihr es noch glauben? „Ein ewig dauernd Herrenvolk" verlangten sie von euch, — und dies war schlechthin grauenvoll. Dies hieß: bekämpft alle anderen Völker, bis sie tot oder Sklaven sind, thront einsam als Feinde aller, als Unterdrücker, Richter, einziges Weltgewissen — und so für ewig. Ward dessengleichen von Menschen je gefordert? Rom und England wußten davon nichts. Kein Volk mit widerstandsfähigem Wirklichkeitssinn ist einer so ungeheuerlichen Versuchung erlegen. Ihr seid es. So kam der Krieg.

Er kam durch Deutschland nicht, wahrhaftig, nein. Durch das geduldige, einsichtsvolle, der Gerechtigkeit ergebene Volk des ewigen Deutschlands kam er nicht. Er kam durch ein Wesen, das gegebene Tatsachen stumpfsinnig verehrte, das Unterwürfigkeit, Grobsinnlichkeit und Härte für Gesetze des Lebens hielt und Menschenverachtung für seine letzte Frucht; das, unsachlich, unwahr und in allem Geistigen frivol, für Höheres nie kämpfen, immer nur raffen und schmatzen, aber nie kämpfen wollte, und das überdies einen solchen Unfug für Reife und Gipfel, sich selbst, den Wechselbalg des Deutschen, für seine Vollendung ausgab. Der Krieg kam durch den Untertan.

Der Untertan verzichte doch darauf, die immer wiederholten Kriegsdrohungen seines mit ihm verschmolzenen Kaisers für Verirrungen eines einzelnen zu halten. Wilhelm der Zweite hat jedesmal ungehemmt nur herausgesagt, was im Hintergrund jedes Bewußtseins war und 1913, bei der wüsten Hetze jener Jahrhundertfeste, nicht mehr im Hintergrund blieb: zuletzt sind wir der Sieger. Wir dürfen uns überall verhaßt machen, brauchen über die Völker, mit deren Hilfe wir reich werden wollen, kein wahres Wort zu wissen und mögen sogar den Allerunwissendsten die Führung der Geschäfte lassen:

zuletzt muß doch alles noch eingeholt werden, denn wir sind der Sieger. Der Sieg, unser gottgewolltes Amt, gibt uns ein Recht auf alle Fehler, jeden Übermut. Ende gut, alles gut.

Dennoch durfte Wilhelm sich den Friedenskaiser nennen lassen; er wollte nicht, was er sprach, ein glänzender Erbe, der alle Hände voll zu tun hat mit Einheimsen, Prunken, Spielen, kann den Ernstfall nicht wollen. Der Ernstfall war in seinem Munde ein dramatisches Requisit, eine nur gedachte Ausflucht aus selbstgeschaffenen Verlegenheiten, keine Vorstellung, kein Ernst. Wie er, sein Untertan: zu phantasiearm und zu eitel, um die Folgen des eigenen Treibens zu ermessen. Gewalt im Sinn, aber solange die Futter- und Geldhaufen noch anschwellen, nicht geneigt zur Gewalt.

Gleichwohl, die Schwierigkeiten im Verkehr mit der Welt werden größer. Die Länder Europas lassen die deutsche Durchdringung auf dem Bank-, Industrie- und Handelswege nicht mehr willig geschehen. Beanspruchte Kolonien werden dem Reich ernsthaft bestritten. Schiedsgerichte und Kongresse sind ein tückisches Mittel, den Sieger zu überstimmen. Ein Sieger, eingefangen in Spinnengeweben! Wie lange kann es dauern, bis er sie zerreißt. Wollten selbst die Alten beim Geldverdienen sitzen bleiben, da ist eine Jugend, mehr Sieger und noch mehr Untertan als ihre Väter — „alldeutsch" der Nachwuchs sämtlicher Parteien. Da ist, hinter dem Kaiser, sein Sohn. Die Alten werden sich doch nicht beschämen lassen? Eine letzte Kraftprobe der Gewalt, ihr letztes Manöver vor dem Ernstfall. Es heißt Zabern — und macht viel Staub, viel Lärm. Aber wenn am Ende doch alle sich fügen, sich ergeben und das Schicksal hinnehmen, so mag es denn kommen.

Der Krieg bricht aus. Sie haben ihn nicht gewollt. Sie haben nur so gelebt, daß er kommen mußte. Sie sind nicht schuldig, denn man lebt doch, wie man geschaffen ist, — und das Reich hat sie geschaffen. Sie haben den Frieden gewollt, aber er starb ihnen sehr gelegen. Sie kommen auf einmal aus allen Verlegenheiten und kürzen durch einen Krieg, selbst wenn er verlustreich wäre, immer noch um ein Menschenalter den Weg ab, der sie zur vollendeten Weltherrschaft führt. Sie sind ihrer Sache sicher und triumphieren, weil man sie „angreift", so wahr wie 1870. Auch die anderen machen endlich einen Fehler, und der entscheidet. In den Ränken des Friedens konnten sie uns gefährlich werden. Jetzt haben sie das Spiel aus der Hand gegeben.

Der Geist von 1914 war Triumph — und war es in Deutschland allein. Handlungen bleiben zweifelhaft, unleugbar ist nur das Erlebnis. Deutschland hat sich das Urteil nicht durch seine Kriegserklärungen gesprochen. Eine Kriegserklärung kann vielleicht eine Flucht in die Offensive sein. Sie ist es nur dann keineswegs, wenn der Geist des Landes der deutsche Geist von 1914 ist. Wären alle behaupteten Herausforderungen Englands, Rußlands, Frankreichs erwiesen oder erweisbar, der Geist von 1914 würde bleiben und mehr beweisen. Daß die Regierung des Reiches allen Vermittlungsversuchen auswich oder sie unwirksam machte, könnte vergessen werden; auch drüben bei den andern liegen Versäumnisse, liegen Schuld und Vorschuld; unvergeßlich bleibt der Geist von 1914. Man wird nicht aus einem eingekreisten Wild durch Willensakt urplötzlich zum Welteroberer. Man sieht nicht von heute auf morgen die ganze Welt als politisch abgehaust, als sittlich verwahrlost und als leichte Beute an. Ein Geisteszustand — und gar dieser äußerste — ist das Erzeugnis langer Jahrzehnte. Der Glaube an dem schnellen Sieg, der nur ein deutscher Glaube war, setzt eine Vorbereitung nicht auf den Krieg nur, auch auf den Angriff voraus. Man glaubt nicht an Fähigkeiten, die man nie freiwillig zu bewähren denkt. Ein Volk, das unter Abtötung vieler anderer Anlagen und Kräfte seinen letzten Daseinszweck und ganzen Stolz in seine militärisch begründete und aufrechterhaltene Macht setzt, kann nicht leben, es sei denn, daß es sie sich endlich einmal greifbar beweist und losschlägt.

## Der Besiegte

Die ungeheure Tragödie nimmt ihren Anfang unter Jubelgeschrei. Vergib ihnen, sie wissen nicht, was sie tun, — bis auf jene, die es zu gut wissen. Dieses arme Volk ist von ihnen belogen worden vom ersten „Wir sind überfallen" bis zum letzten „Wir sind nicht besiegt". Ach! Wäre es nur nicht ganz so reif gewesen, sich auch selbst zu belügen!

Es ist beklagenswert wie je eines, das ausziehen mußte, Menschliches zu zerstören und seiner Seele zu schaden. Ihm ahnte wohl dunkel sein schweres Los. Im Getriebe der Straßen steht verloren der marschfertige Soldat, die Hand, diese stumme Minute lang, noch in der Hand seiner Liebsten. Unter den Bäumen des Dorfwirtshauses trinken die Burschen ein letztes Mal vor dem Aufbruch, so still wie Schlafende. Hier die Besinnung, das heimliche Wissen, — nachher drauf los, und kecke Prahlereien an den Wagen ihres Transportes gekreidet. Dahin führt ihr Zug sie, in wüste vier Jahre, mörderisch nicht nur dem Sterblichen des Menschen. Wo finden sie im fünften sich wieder? Im eigenen Land, auf heimischen Plätzen einander gegenüber, Wurfgeschosse in den Händen, und im Herzen nur Haß und Tod.

Der Zug, der sie fuhr, war die Lüge, und er fuhr in den Tod. Zum Leben hin führt nur die Wahrheit. Siegen, wenn Sieg denn wünschenswert wäre, läßt sich vielleicht noch mit Fehlern und Verbrechen, nicht mit Lügen. Während ein ängstlicher Nachbar, zivil denkend und daher beim Nahen der Katastrophe kopflos, seine Truppen zehn Kilometer hinter seine Grenze zurückzieht, werden Einbrüche und Fliegerangriffe bis mitten nach Deutschland hinein ihm angedichtet von eben dem, der Vorwände benötigt, um sogar bei einem Neutralen einzufallen. Da ihr es glaubt, wird es Methode. Jeden Bruch des Völkerrechtes, die Beschießung offener Städte, alle neuen Grausamkeiten im Töten, sogar die Wegführung von Geiseln und die Verwüstung ganzer Landstriche hat in den Zeitungen zuerst ein Feind begangen, und dann begehen beruhigten Gewissens wir selbst sie. Der Schrecken wird alsbald das vornehmste unserer Kriegsmittel; nur darf er nicht Schrecken heißen, er heißt Strafe, er heißt, noch freventlicher, Menschlichkeit. Härte kürze den Sieg ab ... Aber sie verlängert ihn; die Rechnung mit der Menschenseele war falsch. Man mache sie noch falscher, vielleicht stimmt sie dann! So treibt es den Lügner bis zur vielfachen Ertränkung von Menschen, die waffenlos über das Meer fahren, so wird er Sklavenhalter. Den Glauben an solche Mittel peitscht nur die Lüge auf. Sie aber, zuletzt gebiert sie den Wahnsinn. Nie, die langen Jahre des Unterganges, in denen jeder andere Kriegführende oftmals vor aller Welt sein Blut entströmen ließ, hat dieser, ob das seine auch zum Himmel schrie, den kleinsten Nachteil, geschweige eine Niederlage eingestanden. Hohnlachend der Zahl seiner Feinde, vermehrt er sie rastlos bis zu dem letzten, auch wieder verachteten, der ihm den Rest gibt. Vor Wunden und Hunger schon am Umsinken, belädt sich der Unglückliche noch immer mit neuen Gründen, ihn zu verabscheuen, mit neuen Herausforderungen an das

Schicksal. Ein zum Gespenst gewordener Irrer, bricht er zusammen. Es könnte ein Heldenschauspiel sein, wäre es nicht eine Krankengeschichte.

So endete ein Reich, das Sieger war und nur als Sieger leben konnte. Seine Feinde hatten es leichter; sie durften langsam das Gesicht der Ereignisse annehmen, mußten nicht Helden von Beginn und niemals die gottgewollten Sieger sein. Sie konnten sich gehen lassen, Ermüdungen zeigen und lange schwanken, bis ihre Kräfte gesammelt waren, noch länger, bevor ein allgebietender Führer sie gebrauchte. Wären sie geschlagen worden, sie würden viel verloren haben, nur nicht das Wichtigste, den Glauben an sich selbst. Der stand auf anderem. Das Reich hatte verkündet: „Ich bin die Macht, und Macht schafft Recht." Als sein verbürgtes Erbe hat es alles beansprucht, was ihm anstand und gegen seine Heere nicht gehalten werden konnte. Es kämpfte für das Herrenrecht. Von seinem vorgeblichen Gott hatte es seine behauptete Sendung. Schwäche wäre Lästerung gewesen, Niederlage Verrat. Angespannt vom ersten Tage an alle Kräfte, und schlug etwas fehl, gelogen, gelogen!

Hätte es allein geendet! Ein erkünsteltes Staatsgebilde ohne tiefe volksgemäße Notwendigkeit, ein häßlicher Klassenstaat, vielen zum Leid und wem zur Freude, der Staat, der unter allen, selbst Rußland nicht ausgenommen, am meisten Menschliches erstickt hat: hinweg und kein Wort mehr. Aber das Reich bestand aus Menschen, einem mißbrauchten, seelisch enteigneten Volk. Man sah sie nicht, das Reich führte ein Eigenleben, dem Menschen nichts galten. Es konnte diesen Krieg erklären, weil es ein Begriff und ein Götze war. Menschen im Namen von Menschen würden ihn nicht erklärt haben. Die blind laufende Maschine der militärischen Gewalt des Reiches mußte sich, von allen Geistern verlassen, zuerst totgelaufen haben, bevor man sehen konnte, sie bestehe aus Menschen, einem leidenden Volk.

Da sah nun die Welt: welch ein Leiden, und welch ein Weg des Leidens! Vom frischen Aufbruch an: ihr sahet neue Länder, hattet Abenteuer, das Sterben war noch kühn, noch nicht mißbraucht, — da hieß es schon Unrecht tun, hieß ruchlos und Geißel werden. Bald aber war euer Erleben so ungeheuer, daß nur noch stumpfes Handwerk des Soldaten, kein Gedanke, kein großes Gefühl mehr es bändigen konnte. Welche Idee vom Krieg, als Erzieher, Schöpfer, Vater, kam auf gegen die Hunderttausende der Leichen, von denen ihr umgeben waret? Was bedeuteten zwölf Millionen blitzgewöhnlicher Helden? Soldaten, die ihr das Volk waret, opferwillig und gutherzig waret ihr, wie von je das Volk. Eure Mühsal, die starken Taten eures Pflichtgefühls sollen in Ehren stehen. Unser Gedenken gelte nicht den Zwecken, denen ihr dienen mußtet, nur euch und euren Stürmen, euren Enttäuschungen. Gerade in den Höchstgestimmten unter euch erlosch die Flamme zuerst. Freiwillig Hinausgezogene wurden bis zum Ekel ernüchtert. Wo blieben

noch unentwurzelt Volksbegeisterung, Liebe für irgendeine gute Zukunft dieses Volkes — in einem technischen Blutbetrieb, der im Interesse der Größten
und Reichsten nur immer so fortging. Lebende Wider-
legung aller eurer Opfer waren die Prasser und Diebe
der Etappe. Die Summe eures Gefühles sei das
Vaterland, euer ganzer Glaube der Staat, — und
doch seht ihr, so oft eine Schlacht euch unzerstückelt
läßt, in die frechen Augen derer, die von eurem
tausendfachen Tode den Vorteil haben. Endlich sagten
sich einige: „Dort vorn, in den uns entgegengesetzten
Gräben, liegen Mißbrauchte wie wir, die sind nicht
unsere Feinde. Hinter uns stehen sie!" Diese trugen
schwer an ihrer Erkenntnis, ihrer Reue und Voraus-
sicht. Denn zerrüttet durch den Krieg, einen tücki-
schen Schlich seiner wirklichen Feinde, geschwächt in
seiner Zahl, seinen Leibern und Seelen, wird das
Volk auf lange für seinen wahren, eigenen Kampf
verdorben sein. Sie schwankten, sie stillten ihren
Zweifel mit dem kurzen Rausch neuer Eintagssiege.
Die Mehrzahl der Tüchtigen und Lenksamen dachte
über die eigenen Taten nie hinaus, lebte von einem
Gemetzel zum nächsten, an Plünderungen vorbei,
durch gelichtete Reihen der Kameraden, den Widerhall
des heimatlichen Jammers im Ohr, und merkte kaum,
wie alles schwand, der letzte Glaube, der letzte Halt
in sich, das bißchen Gesittung, der Rest des Menschen-
gefühles. Manchmal schrie einer auf: „Das kleine
Kind hab' ich an die Mauer geworfen!" — „Still,

Menſch!" — „Geſpritzt hat ſein Hirn!" — „Der
Mann iſt wahnſinnig. Einſperren!"

Der Jammer der Heimat aber hatte wilde Augen,
und die wildeſten, als ſie ſchon hohl waren. Vor den
erſten Kriegsberichten, dem Selbſtlob der Vernichtung,
ſtanden Bürgerdamen mit Blicken wie Hyänen. Den
öffentlichen Anſchlag, ein großer Feind ſei ertrunken,
ſah man mit Eichenlaub umkränzt. Die Luſt am
Böſen verband ſich der Technik und zeitigte Hand-
werkszeuge der Qual, die ohne Vorgang waren. Die
ſozuſagen geiſtigen Mittel derer, die hetzten und die
Dialektik des Greuels lieferten, ſtanken und vergifteten wie nur die hölliſchſte Bombe. Jeder neue
Feind ward unter ihren Mörderhänden zum Verbrecher, Verräter und Bankerotteur, wie viele Mörde
an Wehrloſen, im Feld begangen, fallen auf das Gewiſſen ſchreibender Heimkrieger? — aber jenſeits
unſerer Vereinſamung lag wie je die Welt, nicht-
achtend unſer furchtbares Geſchick, vor uns ſelbſt
Recht haben zu müſſen. Das erbärmliche Reklame-
geheul, in Verſen und in Proſa, über den Seelenadel
dieſes Volkes, ſeine unvergleichlich hohe Gegenwart
und Beſtimmung! — indes es, ſittlich erſchüttert wie
noch nie, dem furchtbarſten Abgrund entgegenwankte.
Siege! Nahende Weltherrſchaft! Annexionen, deren
lange Liſte der Große Generalſtab noch 1918 hinaus-
ſchreien ließ! — und der Käfig unſeres Landes ward
immer enger. Unerſchöpflicher Reichtum! — und
unſer Geld ward immer billiger. Man leugnete uns

sogar unseren schlecht gefüllten Magen, was blieb da dem Durchschnitt noch übrig, als sich an Lügen voll und toll zu fressen. Am redlichsten dachten noch die erbosten Gewinner, die einen Friedensfreund denunzierten: „Wir verdienen im Kriege mühsam unser Geld, und jener Mann arbeitet für den Frieden!" Damals haben wir einen Zustand kennen gelernt, neben dem uns der verruchteste Polizeistaat von ehemals freundlich und frei schien. Die Mehrzahl hielt nicht, wie einst, zusammen gegen den vereinzelten Angeber, und kein Denunziant ward so leicht der größte Lump im Land: die Mehrzahl wetteiferte, jeder verfolgte jeden, und nur im geheimen flüsterten Menschgebliebene einander ihre Angst und ihren Abscheu zu. Wer hielt den Nächsten nicht für entbehrlich? Da zweifelte er doch wohl manchmal, ob nicht auch er es sei? Hatten nicht vor allem die Männer des Hauptquartiers mit ihrem Leben abgeschlossen, bevor sie Millionen wert des Sterbens hielten? Denn jeder neue Massenmord, jede Verlängerung des Krieges, alle entmenschten Verfolgungen der Welt wie der Heimat fallen auf das Hauptquartier als verantwortlichen Anstifter und entscheidende Instanz; keine andere Regierung bestand mehr in der Tat. Aber fehlgeschossen, sie haben sich vergewissert, wo alles starb, müßten nur sie doch weiterleben: sogar geschlagen. Alle sind noch da, geben sich die Ehre ihrer Taten und der Nation und ihren Toten die Schuld am Ausgang. Sie fühlen sich keinem Schick-

sal verantwortlich, nicht Gott und nicht dem Tod: alles
war ihnen Maschine, sie sind es wohl selbst.

Entsetzliche Tage, als sogar ein Friedensangebot nur
Kriegsmittel und neuer Schrecken war, als die Welt
die Fortdauer ihres Hinsterbens nicht sicherer erfahren konnte als durch den Frieden, der unter dem
leichenschänderischen Brunstgeheul der Alldeutschen ihr
angeboten ward. Wäre der Anbietende selbst ehrlich
gewesen, der Friede bog sich ihm, wie von selbst, zu
einer neuen Herausforderung um. Niemand glaubte
so wenig an das Aufhalten des Schicksals als die
Vereinzelten, die es im voraus erkannt hatten. Lauf'
ab, Schicksal! Haß, dem auf der ganzen Erde kein un-
benagter Fleck mehr bleibt, greife nach innen, friß vollends uns selbst! Der Wucher bricht aus. Der Frechheit
der neuen Reichen, die prassen im Angesicht der bleichen
Not, antwortet von unten der Diebstahl und erhebt
sich zum anerkannten Volksbrauch. Ihr Staat, der
ehrbare alte Schuft, lügt sich sein Letztes noch in den
Hals, da haben die Untertanen längst zynisch aufge-
räumt mit dem Rest ihrer Vorurteile. Er hat sie gelehrt, Macht schaffe Recht; und Generale verkaufen
Eisenbahnwagen voll gestohlener Waren für eigene
Rechnung. Er hat sie gelehrt, Erfolg sei alles; sie
bestehlen ihn dafür abwechselnd und ungestraft. Alle
bewuchern alle, man liefert seinen Konkurrenten der
„Mordkommission" aus, mag er abgeschossen werden,
Geschäft ist Geschäft. Ja, Väter selbst, es senkte sich
die Stimme, sind dahin gelangt, daß sie das Blut

ihrer gefallenen Söhne als Vorwand nehmen, den Krieg mit zu verlängern und Geld zu machen sogar aus diesem Blut. Ihr Staat hat diese Menschen gelehrt, schändlich sei nur der Mißerfolg; sie mißbrauchen noch die Frauen der Gefallenen. Er hat sie lügen, lügen gelehrt ... Nein, das ist vorbei. Sie treiben ihre Unzucht offen, sie tragen ihre wütende Erschöpfung frei zur Schau, ihre Auflösung vollzieht sich an der Sonne, mögen die Fliegen kommen!

Abtanz ohnegleichen! Ein verwildertes Volk rennt über sich selbst fort, wer zuerst am Abgrund sei. Ach! alle kommen hin; und der Krieg selbst konnte nichts, als uns Beine machen. Den Weg und das Ziel wies uns das Reich. Dies Reich, wie es angelegt und sittlich begründet war, konnte zu nichts anderem führen, es trug die Niederlage in sich von jeher. Auch kam sie dann nicht irgendwie, sie kam auf die hier einzig angemessene Art: keineswegs im Zustand der Verteidigung, sondern als Ausgang der letzten aller mißglückten Angriffsschlachten. Ihre Zeit war erfüllt, weil die Liste der Verkennungen, der sittlichen und der technischen Fehlschlüsse endlich erschöpft war. Noch schnell die letzte Lüge „Wir sind nicht besiegt", — da brach schon die Wahrheit aus mit der ganzen Gewalt, die der Höhe des Druckes entsprach: als Revolution.

Die Wahrheit war in dem zusammengestürzten Kaiserreich so lange gefangen gehalten, entehrt und verstümmelt worden, daß sie kein Gesicht und keine Stimme mehr hatte. Jetzt war sie erstanden; aber wie

242

sie ausfah, wußte niemand, und niemand hatte sie sprechen gehört. Eine Revolution ohne Idee! Eine fast
wortlose Revolution, das Aufstöhnen und Sichschüt-
teln des Besiegten. Wer hatte sie gewollt? Wo waren
denn Revolutionäre? Sie entwand sich ohne Hilfe
den blutigen Resten des Kaiserreiches, ratlos, wie sie
leben solle. Nichts fand sie vor als eine Niederlage,
verfallene Menschen, zerbrochenes Gerät, entwerteten
Besitz. Was immer sie tue, wie sehr sie sich verirre,
die Revolution wird nicht schuldig sein, sie ist eine
traurige Erbin, die Vollstreckerin eines Willens, der
vor ihr war. Langer, ruheloser Jahre wird sie bedürfen, um sich freizumachen für die Erfüllung ihres
eigenen inneren Gebotes, das Gerechtigkeit und Wahrheit ist.

Ihr Erbe: grobe Stofflichkeit, Machtwille und
Übung der Gewalt. Sie faßt sich wirtschaftlich auf,
als Klassenrevolte, nichts weiter; diese Revolution
fühlt noch nicht ihre nationale Einheit, ihren Beruf,
ein neues Zeitalter deutscher Geistigkeit heraufzu-
führen. Sie läßt es sich nicht träumen, sie könne
Menschen verändern, anstatt nur die Besitzverhältnisse.
Die Seele ist ihr Feld nicht. Klassen kämpfen jetzt um
die Macht, wie vorher ein Reich um die Weltmacht,
und dies soll alles sein. Einander Gewalt antun,
heißt ihnen noch, Recht haben. Wenn die einen die
Preise hochhalten, steigern die andern die Löhne, und
der Streik ist tägliche Regel wie der Wucher, wenn
nicht der Straßenkampf sie ablöst. Jede der Klassen

denkt sich wohl der Niederlage zu entziehen, besiegt sie nur die anderen? Statt dessen wälzen sich alle, einander zerfleischend, nur noch tiefer in sie hinein. Errette sie, Wahrheit! Mach' uns zu Menschen, Vernunft! Wir sind noch immer Untertanen. Noch immer herrscht, auf allen Seiten, die Denkart der Militaristen und der Fetischisten des Staates. Die Staatssklaverei der Militaristen ist schleunigst ersetzt worden; man kann den Menschen nicht mehr „hinausschicken", aber man könnte ihn unter eine Wirtschaftsdiktatur stellen, und der Rest seiner Selbstbestimmung wäre um so sicherer dahin. Niemand fragt: verlangt dies das Menschenglück? Sie fragen nur: will es der Sozialismus? Geistverlassen streiten sie sich um ihren Wirtschaftskatechismus. Ob dies „das Blut sei oder es nur bedeute", war zu seiner Zeit kein windigerer Zwist als diese ihre Kämpfe. Der Ketzer, der langsamer oder schneller sozialisieren will als der Rechtgläubige, gehört für ihn in „Schutzhaft" und „an die Mauer", nicht anders als für den Militaristen ein bedächtigerer Militarist, der nicht gleich alles annektiert. Den Vorteil haben die Reichen. Sie, um deren frühere oder spätere Enteignung es geht, denken nicht daran, sie jemals ruhig hinzunehmen. Wie kämen auch grade sie dazu, ihr Geld dem Gedanken einer befreiten Menschheit zu opfern, dem andere nicht einmal einen Glaubensartikel opfern. Ihr Geld tut das Seine, damit in einer Revolution, die sich selbst nicht kennt, noch immer sogar die wirtschaftlichen Dinge

244

nicht viel anders verlaufen als vorher. Ihre ent=
schlossene Feindschaft gegen jede, auch die unausweich=
lichste Sozialisierung verbergen sie hinter dem Haß
und der wütenden Furcht, die ihnen der „Bolschewis=
mus" macht.

Die Feinde der Revolution können von Glück sagen,
sie haben ihren Vorwand gegen sie, er heißt Bolsche=
wismus. Dieses Gebilde aus Blutdunst und Loga=
rithmen ist das offenbar Unmögliche; jeder sieht: wir
können es niemals haben, oder es wäre das Ende der
Welt. „Wozu dann", fragt der Versucher, „unsere
Revolution? Blickt nach Rußland! So muß eine
folgerichtige soziale Umwälzung nun einmal ver=
laufen." — Aber Rußland, wie es beschaffen ist, wird
in seinen großen Unternehmungen, so gut als in seinem
Alltag, Elemente haben, die mehr als modern, gleich
neben anderen, die Mittelalter sind, und eine heutige,
uns begreifliche Einheit wird nicht gegeben sein. Ruß=
land wird mit Urinstinkten arbeiten, die längst bei
uns geschwächt sind, und zugleich mit Spekulationen,
die wir noch vermessen finden. Es wird unsere po=
litisch=kulturelle Grundtatsache, die Demokratie, mit
einem Schlage abgetan haben, aber wer hat da zu=
geschlagen? Der Zarismus. Denn Rußland ist noch
immer nicht hinaus über den Zarismus, und wann
kommt es hinaus über ihn? So viel Geist aufgewen=
det zu haben in Jahrzehnten, die schweren Aufstände,
das Blut des langen Krieges, — und die Freiheit,
Seele jeder Revolution, entweicht aus dieser russischen

schon einige Monate nach ihrer Geburt! Sie waren
zu lange Knechte, wie könnten sie leben ohne Aus=
schweifung und ohne Gewalt. Die Mystik der alten
Herrschaft verkörpert sich alsbald neu. Eine andere
Wunderdoktrin, und andere Zaren! Weiter gefol=
tert, weiter getötet, in Massen, ganzen Klassen, und
auch die Ausbeutung wechselt einzig ihr Personal.
Ein verelendetes Volk, aber hunderttausend neue Be=
sitzer; „Kommunismus" zugunsten amerikanischer
Milliardäre, die ihn beerben. Da mißfällt den neuen
Zaren die selbstbeschworene Anarchie, die sie doch Frei=
heit nannten, bis sie alle ihnen zu Sklaven gemacht
hatte. Aus radikalen Sozialisten werden sie radikale
Imperialisten, vielmehr, sie waren es schon, sie glaub=
ten einst an den deutschen Sieg! Jetzt wird die „Dik=
tatur des Proletariates" umgedeutet als Dienstpflicht,
mit Hinrichtungen für jeden Fehler. „Die Arbeiter
müssen Disziplin lernen", so klingt die letzte Bot=
schaft „an alle" dieser Todfeinde aller . . . In Ruß=
land denkt zuweilen Europa, handeln wird zuletzt
Asien.

Aber wir? Mein Gott, aber wir? Sind denn wir
die Menschen, die sich das Glück, unwissend wie es
aussehe, von rechnenden Übeltätern aufzwingen las=
sen müssen? Zerfallen denn wir nur in Sklaven und
Peiniger, und kann der mörderische Haß das oberste
Gesetz unseres Kampfes sein? Gibt es unter uns
irgendeine Klasse, die gar nichts zu verlieren hätte,
und die ganz unverantwortlich wäre für das Ge=

246

schehene und für die Gesamtheit? Was bleibt bei
uns auch nur von Klassen, wenn zum Vergleich asia-
tische Satrapien stehen! Wir erscheinen ausgeglichen
daneben, unser Kampf geht um ein Mehr für die
einen, ein Weniger für die anderen, Vernichtung war
nie die Frage. Wenn der Kommunismus Rußlands
so viel als Todfeindschaft gegen die gesamte abend-
ländische Zivilisation heißt, wo hat sie ihre Feinde?
Bei uns, im Abendlande?

Auch gibt es keine echten Kommunisten hier: man
sehe nur recht hin! Wir wollen jeder hinauf, — und
mancher zu weit überragende, man muß dies wissen,
sehnt sich' schon hinab; auf gleicher, hoher Fläche wollen wir einander begegnen. Wir wollen gleich werden — aber nicht durch gleiche Schuldverpflichtung
an ein Ganzes, das jeden nur gerade mit durchbringt
und dem seine Person nichts gilt, sondern selbstver-
antwortlich, Kraft freier Arbeit und einsichtigen
Wohlwollens. Alle wollen wir erwerben, und alle
wollen wir unsere Vernunft pflegen: dies bleibt auf
unabsehbare Zeit das Unsere. Aber alle bedürfen wir,
auch im Wirtschaftlichen, des größten, mit der Selbstbestimmung des einzelnen noch verträglichen Maßes
von Gleichheit der Vorbedingungen und Aussichten.
Könnte auch das Land sich anders forthelfen, wir
müßten dennoch sozialisieren. Es ist vom dringendsten Interesse, daß sozialisiert werde, nicht, weil irgendein Programm es will: um des Menschen willen.
Der Reichtum einiger darf nicht länger die Mehrheit

247

zur Armut verurteilen: auch um der Reichen willen
nicht. Nie wieder sollen die Armen, als Opfer des
Reichtums, sogar sterben! Niemand, außer seinen wenigen Nutznießern, wünscht die Erhaltung des un-
beschränkten Kapitalismus, niemand aber auch eine
kommunistische Verallgemeinerung des Proletariates:
am wenigsten die Proletarier. Das Proletariat soll
weder herrschen, noch soll es überhaupt bestehen. Es
kämpfe, um sich selbst zu überwinden, nicht, um alle
in sich einzubeziehen. Es werde durch Sozialwirtschaft
gehoben, verbürgerlicht. Und auch der Bürger, seiner
selbsthasserischen Sucht nach einem historischen Herren-
tum entbunden, werde erst Bürger. In der Mitte
sollen sie einander finden und sich vermischen, die Arbeiter jeder Herkunft. Der neue Bürger, ein Arbeiter,
der seines gerechten Gewinnes sicher ist, nach ihm verlangen das Land und die Zeit. Sie bedürfen seiner,
weil nur er, den weder das Kapital noch der Staat
enteignet haben, die Ideen, auf die es ankommt, begreifen, erkämpfen und bewahren kann. Nur er ist
unabhängig genug, um gerecht zu sein, nur er gebunden genug, um menschlich zu sein. Deutschland wird
sozialisieren, weil neue Menschen so sich vollenden
wollen.

Nur die Niederlage konnte unsere europäische Vernunft dermaßen verwirren, daß einige von uns das
Heil aus Rußland erwarten. Was Rußland uns in
hundert Jahren gebracht hat, war nicht heilsam. Es
war nicht weniger, als das Umsichgreifen der preu-

zischen Monarchie, denn dieser Vasall Rußlands hatte seinen Rückhalt bei ihm, wenn er die Knechtung unseres freien Landes vollzog. Und kaum entronnen dem einen der russischen Schergen, ruft ihr den nächsten? Statt Gewaltherrschaft nur wieder Gewalt, für eine Klassenregierung einfach die andere? Die Schande wäre die tiefste, wenn sie mehr wäre als Halluzination der Niederlage. Wir winden uns in den Krämpfen, die sie macht, und wir haben ihre Wahnvorstellungen. Hattet ihr geglaubt, Niederlage heiße, den Feind im Land und verwüstete Provinzen zu haben? Nein, der Feind steht nur in Grenzstreifen, wir sind unter uns, töten und berauben eigenhändig einander, und das Land verwüstet einzig unsere Verzweiflung, die mit den Waffen gleich auch das Arbeitsgerät fortwirft. Erkennt an, was auch die Kommune von 1871 zugab: daß nur die Niederlage und ein empörender Friede sie ins Werk gesetzt habe. Der Bürgerkrieg, ein pathologischer Vorgang, Erzeugnis des Hungers, Blutverlustes, der langjährigen Überanstrengung und Seelenpein, fletscht die Zähne, macht Reflexbewegungen, und sein Kopf ist leer. Ein Gedanke! Woher würden die Führer ihn genommen haben, wenn sie ihn nicht in Rußland vorgefunden hätten? Sie fühlen dabei, das Beispiel passe nicht, biegen es zurecht und leugnen, ihrer Utopie zuliebe, störrisch die russische Wirklichkeit. Weihet beileibe nicht die redlich strebenden Kleinbürger, die hier sich Arbeiter nennen, in die russische Hölle ein! Die deutschen Arbeiter er-

249

müdeten ehemals manchen vorwärts drängenden Geist durch ihre Beharrlichkeit im Kleinen, ihr Sichabfinden mit dem bestehenden Staat, aus dem auch sie ihren Nutzen zu ziehen sich gewöhnt hatten. Ergreifend aber waren sie in ihrem Glauben, der Wille und das Wissen werde auf die Dauer das Schicksal wenden: der Mensch sei stärker als das Kapital. Jetzt, inmitten der Erschöpfung der Nation, verlangen viele von ihnen nicht nur mehr als in den Tagen der Kraft, verlangen alles auf einmal, nachsichtslos, ohne nur eine Pause der Erholung zu gewähren, — und des Verrates zeihen sie eine ihnen blutsverwandte Regierung, die nichts anderes will als sie, nur gehemmt durch diese drohende Stunde. Tragische Verwirrung, in demselben Augenblick, der ihren Glauben rechtfertigt, fallen sie auseinander, lähmen sich gegenseitig und brauchen Gewalt, jetzt, da sie hinfällig, überholt und widerlegt ist wie noch nie!

Die wahnwitzige Überhastung der Ansprüche und Besitzergreifungen ist alles Regime der Seele, so lebte nur das Deutschland des Kaiserreiches. Uns erneuernd, müssen wir wieder den Weg als Selbstzweck erlernen, das Ziel als Reife. Wer nimmt es im Sturm? Kein Mensch des neuen Zeitalters. Die Ungeduldigen unter den Sozialisten wollen die ganze Macht, — aber verwandt im Willen sind sie der älteren Menschenart der Krieger, die sie zurückhaben wollen. „Kriegerische Sozialisten" nennen sich einige; und drüben, jenseits der Masse der werdenden De-

250

mokratie, sammelt sich die andere Hälfte dessen, was in der Nation noch kriegerisch ist. Spuren führen hin und her zwischen den beiden äußersten Lagern. Die Freiwilligen von 1914 finden sich, zahlreich und genau so begeistert, in den Heerscharen der anderen Diktatur wieder. Sprache und Methode gleichen sich hier wie dort. Beide haben nie angefangen. Beide halten es mit Minenwerfern, Spionage, Bestechung; und was immer sie über ihre Gegner verhängen, ein höheres Recht als das bei Menschen übliche befugt sie. „Blut-diktatur" ist ein Beruf; wer sie schon einmal anpries oder, schlichter, in ihr nur lebte und wob, wird auch heute sich ihr zugesellen, gleichviel, wo er sie findet. Die Millionen sind gestorben und verdorben für das erste seiner Ideale, schon hat er ein zweites zur Hand, dem gut Menschen opfern sei. Überraschend viele derselben Personen wirken heute für das Äu-ßerste an Bürgerhaß, wie einst, als Alldeutsche, für das Äußerste an Völkerhaß; und nur eine wird sie immer unter ihren Gegnern finden: die arbeitende Vernunft, deren politischer Name Demokratie ist. Alldeutsche rechts nützen den Vorwand, den All-deutsche links ihnen schaffen, um die unfertige so-zialistische Republik frischweg zu militarisieren. Wahr-hafte Republikaner und Sozialisten lassen ungern den Greuel geschehen. Wen aber würde es wundern, wenn er eine große Kriegsfurie der imperialistischen „Weltherrschaft" als Führer eines Heeres der bolsche-wistischen „Weltrevolution" wiedersähe? Der Große

Generalstab hat zu seiner Zeit Lenin und seine Sturmtruppe gegen eine noch schwache russische Demokratie geschickt und so sie besiegt. Die Spießgesellen arbeiten, nach wie vor, einander in die Hände, so feindlich sie sich stellen. Wer ruft, im Ernst, gegen den Bolschewismus nach dem Psychiater? Doch nicht dieselben, die den Weltkrieg erklärten? Vergesse niemand, daß die Kommunisten wohl Geiseln getötet haben, aber nicht die Reisenden der „Lusitania", und daß dieses erst jenes menschenmöglich gemacht hat! Sie haben einander nichts vorzuwerfen. Sie hängen in ihrer Gemeinschädlichkeit so eng zusammen, daß immer einer den andern nach sich ziehen müßte, ein alldeutscher Putsch den Bolschewismus, nicht weniger als dieser die wiederhergestellte Monarchie. Sie könnten sich sogar vermählen. Das Alldeutschtum brüllt 1919, inmitten der Friedensverhandlungen, noch einmal nach dem Krieg auf, es möchte klingen wie 1914. Sein Verbrechen war sein Leben, in seiner Ohnmacht denkt es brünstig daran zurück. Jedes Mittel, um aufzuleben, wird ihm recht sein. Auch Generalkommandos können eine sozialistische Ordnung verfügen, und der verwirklichte Kommunismus muß nicht anders aussehen als ein „soziales Kaisertum".

Geistige! Wollet erkennen, und fragt euch, wo euer Platz sei. Am äußersten Punkt, denkt eure Leidenschaft, und nimmt das Äußerste für das Radikale: als entschiede gerade für euch die Wirtschaftsdoktrin,

nicht die Menschenart, die für sie dasteht. Aber die
verhaßte bürgerliche Denkweise wird durch noch so
vollständige Enteignung nicht widerlegt, und Gewalt schafft keine neuen Menschen. Ihr selbst, die
ihr neu und morgendlich sein möchtet, fallet zurück
mit eurem sozialen Materialismus in das 19. Jahrhundert, und, soll Militarismus euer Mittel sein, in
schlechtestes 19. Jahrhundert. Seht euch eure Ge-
fährten an! Auf einen euresgleichen kommen in der
Führerschaft der Äußersten mindestens zwei Militaristen. In gutem Glauben knirscht oder klagt ihr:
„Wir Angegriffenen, Herausgeforderten, die wir nur
Liebe und Güte sind!" Was bleibt aber einer hoff-
nungslosen Minderheit, die zur Macht will, zu tun,
außer Gewalt? „Dann also Gewalt!" hat schon
mancher beschlossen, der noch tags zuvor schwur, er
werde rein vom Blut bleiben. Trauriger als dies:
Freunde von gestern sind für eine Abschattung. des
Denkens denunziert und verfolgt worden von ihren
Freunden: denselben, die noch gestern dahinstarben
vor Ekel und Gram über die Seelen des Krieges.
Eine Seele ist schnell verdorben heute, hüte sich
jeder.

Wer den geistigen Menschen in der deutschen Revolution zu oft an falscher Stelle sieht, darf nie
vergessen, daß nur das Kaiserreich ihn dorthin verdammt hat. Keine Verirrung der Revolution, an
der es nicht schuldig wäre! Der Mensch des Geistes
war im Kaiserreich der Paria. Weder angesehen noch

ernst genommen, von der Macht und den Würden
ausgeschlossen wie sonst keiner, konnte er unter dem
Druck und Widerstand nur erstarken, wenn er ihnen
nicht nachgab. Sein Beruf war, lebender Protest zu
sein; sein Erfolg, zu widerlegen. Er verbrachte das
Zeitalter des Widergeistes geduckt, mit Knirschen und
Grimassieren. Sein innerer Zustand war der des
Hohnes, und manchmal vertiefte er ihn zur Unterwürfigkeit. Er war manchmal überzeugt, sein Verhältnis zur Welt könne nie sich ändern, mit der Welt
entzweit sei der Geist von Ewigkeit. Er dachte konservativ und nihilistisch zugleich. Er war das frag-
würdigste, das abgründigste Erzeugnis des Reiches.

Es stürzt, der Auswürfling ist unter den Vorder-
sten derer, die sich zu rächen haben. Genau wie die
anderen, sieht er vorerst nur seine Rache; aber rächt
er nicht noch Höheres als andere? In ihnen ward
der Mensch beleidigt, in ihm auch Gott. Reizbarer
als alle, verdankt er dem Fegfeuer des Krieges eine
viel furchtbarere Läuterung. Er hat erlebt: sie sind
so schwach, so sehr zum Bösen bereit, — ihnen kann
die Güte nur helfen, wenn sie Waffen trägt. Von
den Verworfensten haben sie sich gefügig mißbrauchen,
entseelen, zu Tieren erniedrigen lassen, — Widerstand
darf nicht erlaubt sein gegen mich, der ich ihnen Geist,
den Menschengott, bringe. Das Äußerste! Nur Vernichtung des Überlebten kann euch noch helfen,
Durchgang durch Nacht und Tod, und dann die Auf-
erstehung im Licht . . . So fühlen Ekstatiker. So

fühlt vor allem der junge Mensch, der schon vor dem Anfang des Krieges in seinen der Zeit vorausschwingenden Nerven das Ende hatte und, hochgestimmten Menschentumes voll, voraussetzungslos seine Seele ergoß. Solche Jugend hat jetzt in die Politik eingegriffen; und wie in den Künsten, steht sie vielleicht auch hier zu sehr von der Wirklichkeit der Welt ab. Sie gebe acht, ihr droht derselbe seelische Rückschlag, wie ihn ein Wagner erfuhr, und mit ihm alle jene Revolutionäre, denen ästhetische Entladung das erste ist, und die noch nicht wissen, daß viel Arbeit, viel beherrschte Welt die Tiefe erst schaffen muß, die sich entladen mag. Der ästhetische Mensch in seiner empfindenden Selbstherrlichkeit steht ihnen für die Menschheit. Wollet doch erkennen, daß die arme Mehrheit, die ihr verachtet, die gepeinigte, tödlich verstörte Mehrheit eures Volkes von euch redlich und geduldig noch erst gewonnen werden muß, bevor ihr sie beglücken könnt. Geistige, entledigt euch des Hochmutes! Nehmt Mittelmäßigkeit und Schwäche nicht für Kränkung eurer Nerven, die rückwärts gewendete Haltung eines betäubt noch am Boden Liegenden nicht für Verrat. Laßt euch mitten hinein in die Welt eurer Heimat, ihre werdende Demokratie. Sie mißfällt euch? Demokratie war schöner, als sie nur ein Schlagwort der Opposition war? So sieht sie aus, wenn sie wird: so, ein Arbeiter, der an die Spitze des Staates gelangt, so, seine Genossen, die noch hinauf wollen. Wer selbst nur aus ihr sein ganzes Recht schöpft; ver-

leugne sie nicht! Verfehlt nicht euer Leben, Geistige, schließt euch von Tat und Wirklichkeit nicht
selbst aus, ihr, die das Kaiserreich ausschloß. Ent-
zieht euch der Demokratie nicht, sie würde verarmen.
Arbeitet an ihr, nach dem Antlitz eures Gottes, des
Geistes! Ihm macht sie ähnlich, nur dies sei euer
Teil: arbeitend den einzigen Kampf zu kämpfen, dessen Spuren diese Erde bewahrt.

### Der Kämpfer

Arbeit für Menschenalter! Die ärmste aller Demokratien erquält Atemzüge, deren jeder der letzte
scheint, und hat doch vor sich ein Tagewerk, anspruchs-
voller als jede andere. Sie soll als erste ganz ernst
machen mit dem Sinn ihres Namens; ihr Gesetz, das
alle gleichstellt, soll auch den Vorsprung des über-
mäßigen Reichtums keinem lassen. Sie soll gerecht,
soll höchstes Menschentum, soll auf Erden Gott sein.
Inzwischen aber nehmen die einen ihre Beschützung
als Vorwand, um Krieg und gröbsten Militarismus
noch hinzufristen, und die andern fluchen, in leerem
Grimm, ihrer Schande. Draußen der Feind aber
nennt sie Betrug.

Sie ist nicht Betrug, nicht schändlich, ist stärker, als
ihre angeblichen Beschützer und besser, als sogar
ihre überzeugten Wortführer glauben. Sie ist das
verwickeltste, gefährdetste Unternehmen, in das
ein Volk gestellt werden konnte. Wenn nichts weiter daraus würde als ein Ding nach Art

der schlechtesten der Republiken, man müßte noch staunen. Aber es wird mehr werden. Eine wahre und reine Demokratie wird heranwachsen trotz unserer tiefen Not, obwohl so wenige erst wahr sein möchten und der Wille noch überall befleckt ist. Das einmal erwachte Gewissen fällt nicht wieder in Schlaf. Was war anderes zu erwarten, als daß eine so plötzlich ausgerufene Demokratie zunächst fast nur Demokraten wider Willen enthalten werde und solche, die mit dem Wort ihren Vorteil meinen. Gerade die Not wird sie bald an die Geistesmacht glauben lehren, deren sie bis jetzt sich nur zu bedienen denken. Der Zwang der Dinge, Niederlage, Armut, feindliche Bedrängnis und innerer Zerfall befehlen den Unvorbereiteten: rafft eure besten Kräfte zur Umkehr auf, tiefer geht es nicht mehr in den Abgrund! Sie werden dem Zwang folgen nach Art des menschlichen Durchschnitts, mit viel Wehgeschrei, Wut, Klagen um Verlorenes, Drohungen an das Schicksal, mit manchem Selbstbetrug und heftigen Versuchen sich zu drücken: aber sie werden folgen, man darf ihnen glauben. Sie wollen leben, darum — ihnen bleibt nichts anderes übrig — sind sie Demokraten.

„Erblickte man diese eindrucksvolle Masse von zwölfhundert leidenschaftlich bewegten Männern, so konnte eins dem aufmerksamen Beobachter auffallen. Sie wiesen sehr wenige starke Individualitäten auf, gewiß viele achtbare Leute von ansehnlicher Begabung, aber keinen derer, die ihr Genie und Charak-

ter die Menge hinzureißen ermächtigt, keinen großen
Erfinder, keinen Helden. Die machtvollen Neuerer,
die dem Jahrhundert die Bahn geöffnet hatten, waren damals nicht mehr am Leben. Übrig war ihr
Gedanke, er ging vor den Völkern her. Große Redner standen auf, ihn auszudrücken und anzuwenden,
fügten aber nichts bei. Der Ruhm der Revolution
in ihren ersten Augenblicken, aber auch die Gefahr,
die ihren Schritt vielleicht hätte unsicher machen können, lag darin, daß sie ohne Männer auskam und
ihres Weges allein ging, nur im Drang der Ideen,
im Glauben an die reine Vernunft, ohne Wunderbild
und falschen Gott." — Die französische Revolution
stand also, nach Michelet, zu Anfang auf mittelmäßigen Menschen. Diese hatten nur den Vorteil, daß vor
ihnen revolutionäre Denker gelebt hatten. Sie hatten vierzig Jahre Enzyklopädie hinter sich, anstatt
vierzig Jahre geistwidrigen Kaisertums. Sie waren
von Leidenschaft für ihr Geschick erfüllt, anstatt im
Innern noch widerspänstig. Sie glaubten. Sie liebten einander. Sie fühlten sich Sieger.

Könnten wir wie sie sein, wir wären in der
einzig wünschenswerten Verfassung gewesen, vor unsere Feinde und Besieger zur Friedenshandlung hinzutreten. Jeder unserer Delegierten und mit ihnen
wir alle würden fühlen: „Triumphiert, wie ihr wollt,
erklügelt einen so harten Frieden, als ihr nur wollt:
es liegt nicht so, wie ihr noch denkt, wir sind trotz
allem im Aufstieg, da wir uns zu dem neuen Geist

bekennen, und ihr, die ihr jetzt statt unserer der Gewalt fröhnen müßt, liegt am Boden." . . Wenn sie
uns aber stolz gesehen hätten auf unsere Niederlage,
die dann nur in der Tat, nicht nach dem Sinn eine
gewesen wäre, so hätte es geschehen können, daß unsere Besieger sich ihres Sieges schämten. Sie wären
nicht primitiv genug, um noch laut und hart zu
triumphieren über einen Besiegten, der seine Schuld
erkannt und anerkannt, bereut und schon hinter sich
gelassen hätte. Dies ist wohl keinem Volk gegeben.
Nicht Verwandlung erlebt es, nur unmerkliche Umbildung. Angesichts eines ganz neuen Volkes würden jene die Rolle der veralteten verschmäht haben.
Die Szene in Versailles, als sechs Vertreter Deutschlands in einen Saal und vor den weiten Halbkreis
der Sieger traten, als aus der Mitte der Sieger,
vorn ein Greis aufstand, der fünfzig Jahre das Auf-
gehn jener Tür und das Eintreten der Besiegten erwartet zu haben schien, — aufstand und sprach „Die
Stunde der Abrechnung ist da": diese großartigste
und abscheulichste Szene würde nie gespielt haben . . .
Nun hält der Fluch des Sieges die Sieger gefangen,
und alle ihre flehentlichen Versuche, ihm zu entrinnen, sollen vergeblich gewesen sein. Sie wußten schon
von dem Gesetz der Gerechtigkeit; ihre Staatsmän-
ner wollten keineswegs alle, wie noch 1871 Rußland
und England es dem unseren erlaubten, als Henker
des Besiegten gegen sich selbst wüten — und müssen
es dennoch. Jedes der siegenden Länder hat große

269

Volksteile, vielleicht eine Mehrheit, die verwirft, was an Deutschland geschieht; aber es geschieht. So erniedrigt der Sieg, immer und unausweichlich. Auch Wissende, Gesittete verfallen seinem Fluch. 1871 wiederholt sich verkehrt. Die Grausamkeit und Begehrlichkeit, die sie solange bei Deutschland verachteten und haßten, jetzt wird sie ihnen, wollten sie hundertmal entrinnen, auferlegt von ihrem eigenen Elend, ihrer Eifersucht untereinander, ihrer Furcht vor der Rache des Besiegten, ihren wiedererwachten alten Trieben. Aber alles nimmt doch erst überhand durch das unglückliche Verhalten Deutschlands.

Denn Deutschland verhält sich selbst am allerwenigsten, als leiteten die Friedensverhandlungen eine neue Zeit ein. Zu Hause findet es weder Worte noch Taten der Erneuerung. Die Lügen des Kaiserreiches werden übernommen samt seinem Personal, und das Kaiserreich gedeckt gegen unfromme Enthüllung: nicht nur, weil die regierenden Sozialdemokraten schon wieder Gefangene des Militärs sind, das sie vor ihren eigenen ungebärdigen Genossen retten muß. Ein fauler Wind der Verdrossenheit am neuen weht. Wo ist überzeugter Protest, wenn Revolutionäre unter Qualen getötet werden, vorgeblich, weil sie radikal, in Wahrheit einzig, weil sie Revolutionäre sind und herhalten müssen statt der gemäßigten, — indessen den schlimmsten Kriegsfurien niemand ein Haar krümmt. Jeder Republikaner, der es in der Tat ist, wird vom Gerücht der Bürgerhäuser als

260

„Bolschewist" verfolgt. Wer irgend mitgewirkt hat zur Revolution, verfällt lebend oder tot, und wäre er rein wie Eisner, dem verleumberischen Haß all der Unbelehrten, deren ganze Zukunft doch einzig steht auf der Revolution. Das Wort Revolution darf in Parlamenten von den Kaiserparteien niedergebrüllt werden, an den geflüchteten Kaiser ergehen offene Huldigungen: was alles wohl ganz ohne Aussicht ist, dem Grafen von Chambord wurde von den Bürgern der dritten französischen Republik viel länger gehuldigt und er kam nie; aber sind dies die Mittel, mit denen Deutschland vor seinen Besiegern sich neue Rechte zu erwerben denkt? Aufgewärmter Militarismus, ausgedrückt im Denken, Prahlen, Kundgeben und Schuldenmachen für das Militär, in blutiger Verfolgungssucht, wird kaum vertrauenswerter durch seine einstweilige Ohnmacht, nur kläglicher wird er. In der besonderen Lage Deutschlands ist die Beschimpfung der erfolgreichen Gegner genau so würdelos, als kröche es vor ihnen. Eins wie das andere bedeutet Selbstverleugnung dessen, der als Sieger nicht anders, nur, wie in Brest-Litowsk, noch ausschweifender gehandelt haben würde als sie. Deutschland kann noch nicht vergessen. Seine Ansprüche und Anklagen, Manifeste und Proteste erfüllen die Welt mit dem Kreischen eines gefesselten Imperialismus, nur selten mit der Stimme beleidigten Menschentumes. Eine Verzweiflung, die bis zur Anrufung des Bolschewismus und allgemeinen Weltunterganges geht, die sich belustigt

wie vor dem Weltuntergang und ihr erwuchertes, er=
schobenes, erspieltes Geld noch eilends hinauswirft,
wenn sie es nicht listig in Pelzen, Perlen und
ausländischen Grundstücken versteckt, gebietet nicht
mehr die Achtung, die ihr sonst zukäme. Die Welt
der Feinde sieht nichts Neues hier aufstehen, sieht
abseits einer enttäuschten, erbitterten Arbeiterklasse
das Bürgertum daliegen wie ein Wrack und als würde
es sich nie wieder zu leben getrauen ohne sein Kaiser=
reich, in seiner Feigheit nur die Revolution verwün=
schend, die dem „unbesiegten Heer" im entscheidenden
Augenblick „in den Rücken gefallen" sei. Gerade die
ärgsten Förderer des Krieges und Nachrichter des
Kaiserreiches fühlen sich am wenigsten verantwort=
lich der Republik, mit Verachtung entziehen sie der
einst gelobhudelten Nation das Notopfer. Die Re=
publik ist dieser Gattung Schande und Strafe, denn
sie ist arm, — als ob nicht Armut, die segenreiche,
euch die geistige Erneuerung erst verspräche, ohne die
ihr in Zukunft auch euer Geschäft nicht mehr finden
werdet. Suchte aber jemand die geistige Erneuerung
bei den Universitäten, der Essenz des Bürgertumes,
auch dort stieße er nur auf einen reuelosen Natio=
nalismus und auf das Bemühen, die „Grundlagen der
Politik", die im Auftrag der Republik gelehrt wer=
den, zu ihrem Schaden zu verfälschen. Die Beru=
fung auf die uns zugesagte Gerechtigkeit ist in der
furchtbaren Abrechnung unser einziges Haben; war=
um will unser Unheil, daß sie falsch klingt. Gerech=

tigkeit verspricht sich leicht, aber sie will erworben werden, und ward noch von keinem hier erworben, nicht von den Siegern, die sie zu erteilen sich vermaßen, noch von dem, der sie fordert.

Ein Volk, wie ein Mensch, muß zuerst voll und tief verantwortlich sein, bevor Gerechtigkeit ihm gebührt. Andere verdienen nur Gnade. Wofür nun hält Deutschland sich verantwortlich? Seine Provinzen möchten es am liebsten aufgeben und verlassen, so wenig hat das gefallene Kaiserreich, das ein Geschäftsunternehmen war, den inneren Zusammenhang des gemeinsamen Gewissens bei ihnen heranbilden können. Deutschland selbst aber: kaum daß ein Wort von Schuld fällt, schiebt es seine alten Diplomaten, seine Militärs, seinen Kaiser vor, — ohne doch auch nur mit diesen wirklich zu brechen. Aber was wären diplomatische Handlungen, wenn nicht Bestätigungen eines durch die Nation von langer Hand geschaffenen Tatbestandes. Wenn in den letzten Stunden vor dem Krieg die Welt noch eine Partei hatte, die sich mühte, ihn aufzuhalten, und dies nicht Deutschland war, das geschehen ließ und seinem Partner Vollmachten gab, das immer nur gedroht, so lange verantwortungslos gedroht hat, bis unversehens, ungewollt seine eigene Drohung es übermannte: o! dennoch bleibt bestehen, daß auch drüben die hereinbrechende Weltseuche ihre Träger und Verbreiter gehabt hat. Vielmehr noch: sie sind schuldig drüben, wie wir, durch ihr bloßes Wesen, das unserer Feind-

263

schaft begegnete, denn Dasein ist Mitschuld, Kämpfende sind Brüder. Reifer und dem Krieg schon abgeneigt, lebten sie dennoch in derselben Vorkriegswelt und ihrem Dunstkreis, unter Zusammenhängen, die in sich schon den Krieg trugen. Auch aus ihrer Vergangenheit her führten Leitungen der Zwietracht, Rachsucht, Gewalt; und der Gedanke der Gerechtigkeit zwischen den Nationen, der uns alle mit einer besseren Zukunft verbindet, hatte auch ihnen sich damals noch nicht vollendet. Not und Empörung haben sie ihn erst gelehrt — aber doch früher als uns! Wir danken den Gedanken, der uns retten soll, nur ihnen! — und die tiefste Schuldfrage ist erst diese: warum geistfremde Unerbittlichkeit bis zum Zusammenbruch nur hier, und drüben doch Anwandlungen von Idee? Warum Deutschland im Fühlen und Wollen allein, und alle andere Menschheit von ihrer Natur selbst ihm gegenübergestellt? Jetzt ist es dahin gekommen, daß eins nur bleibt, eins nur uns helfen kann: sie übertreffen an Gewissen des Geistes, und gerechter sein als sie. Schon ist Gerechtigkeit eine Macht geworden, höher als irgendeine derer, die ihr seht, die als Geld oder Armeen sich zählen und kommandieren lassen. Unsichtbar allgegenwärtig verfolgt die Macht des Wortes fortan die Frevler, sie droht auch unseren Besiegern, besinnen sie sich nicht auf ihr Gewissen, mit dem Untergang der sittlich-wirtschaftlichen Welt, die ihnen mit uns gemeinsam ist. Nur gemeinsam können wir sie retten. Jene anderen werden sich be-

264

sinnen, ihr Friede wird unter dem Anhauch des Geistes, den sie riefen, täglich zerbröckeln. Sie denken zuerst noch ihren Sieg zu Geld zu machen, dann erst gerecht zu sein. Der Völkerbund soll, nach der Hoffnung des Weisesten unter ihnen, wiedergutmachen, was der Friedensvertrag verdirbt. Sie haben noch keine Zeit. Beginne, Deutschland!

Trage deine Taten, verantworte dein Schicksal! Tu' es einzig für dich! Ob die Wahrheit dir bei deinen Besiegern nützen könnte: ihnen, die heute, in ihrer Siegergier, wenig wahrhaftig sind, schuldest du sie nicht zuerst, du schuldest sie dir selbst! Du hast zum Leben nichts weiter mehr als die Wahrheit. Dein Entschluß zur Demokratie kann keinen anderen Sinn haben als den, die Lüge abzuschwören, die dich so arm gemacht hat. Wozu noch das Feilschen und die Ausflüchte, — da doch einstmals die Rede so selbstverständlich von dem Welteroberungskrieg Deutschlands gehen wird, wie von dem des ersten Napoleon. Auch er klagte England an, und wirklich wollte es ihn vernichten; aber warum war er noch da, der schon nicht mehr da sein durfte? Ihr könnt nur einmal im Recht sein: als ihr das Kaisertum stürztet, oder nun ihr sein Verbrechen leugnet. War es denn nur unglücklich? So wäre es liebenswerter als vorher, und es stürzen, war gemein. Die deutsche Republik bekenne sich zu der Tat, mit der sie geboren ward! Unsere Enkel würden es uns nicht verzeihen, zwängen wir auch die Republik wieder, zu lügen. Unsere Enkel freilich könnten auch die nicht achten, die ein einzelner und sein Gesinde wie eine Tierherde in den Brand der Welt hineingejagt hätten. Würden sie es uns auch nur glauben? Sie könnten unser Leugnen nur würdelos finden, und gerade unsere Verstocktheit müßte es ihnen bestätigen, daß nicht ein Kaiser die Hauptschuld Deutschlands trägt, sondern die Art seines Untertans. Auch Absolutismus vermag nicht, der Nation einen ihr fremden Willen aufzudrängen; er verantwortet nur den nationalen Willen, den er erzogen hat, und nützt ihn für sich aus. Er ist fort, wir selbst sind verantwortlich — sogar für unsere Geschichte, wie viel mehr für unsere Nachwelt.

Der Streit aber um die Männer, die jetzt an unserer Spitze stehen, ist noch immer monarchisch. Ihr wollt sie rein und unbefleckt von der Vergangenheit? Dann also aus anderem Geschlecht als ihr, einer heiligen Ferne entsprossen, wie Lohengrin. Deutsche von 1919 sind „kompromittiert", sie haben manches hinter sich und sollten es einander nicht vorrechnen. Die Männer an der Spitze gehen mit allen anderen Überlebenden aus den Trümmern des Kaiserreiches hervor, sie sind bedeckt von dem Staub seines Zusammenbruches, — kann sein, daß sie sogar bereit waren, es zu retten. Dann würden sie die Gesamtheit mit um so mehr Recht vertreten. Denn die Gesamtheit hat nur aus Not eine Monarchie fallen gelassen, die durchaus fallen wollte, und einen geflüchteten Kaiser. Die Gesamtheit will nichts anderes als diese Übergänge zur Republik, noch nicht sie selbst. Die wenigen, abseits Denkenden, Erkennenden im Kaiserreich waren nicht Vertreter der Gesamtheit, sie waren ihre Vorhersager und Vorläufer. Sie standen keineswegs, wie Beschränktheit ihnen nachredet, zum Feind, sie standen zum kommenden Deutschland — und damit auch zu einer Welt, die erst noch kommt. Aber glaubten selbst die Vorläufer, im Gefängnis der Zeit, zu allertiefst an das, was sie doch wußten? Die handelnden Männer, die die Masse hinanträgt, würden zu den guten Tagen ihres Volkes nicht mithelfen können, hätten sie nicht auch an seinen schlimmen ihren Teil. Mirabeau, ein von Lastern zersetztes Geschöpf des alten Regimentes, grüßte dennoch in der Revolution die neue Seelenbefreiung, der er, auf verfallenem Gesicht schon den Tod, seine große Stimme lieh. So sind die Ersten. Übersetzet den großartigen Adligen von einst in euer Kleinbürgerliches. Es ist gerecht, Achtung zu fühlen für die meistbelasteten Träger des verwickeltsten, gefährdetsten Unternehmens, in das ein Volk gestellt werden konnte; es ist Pflicht gegen dies Volk. Wir sollen unserer Republik es nie vergessen, daß in ihr, wie immer sie heute erscheine, der gute Keim des zu erneuernden Geistes der Deutschen schläft. Warum nicht ihr, der im ernsten Anblick der Notwendigkeit geborenen, einen Teil wenigstens des Gefühls entgegenbringen, das

267

dem triumphal zur Welt gelangten Kaisertum so
leichtfertig hingeworfen ward. Das Kaiserreich war
alles, was es sein konnte, gleich anfangs, nichts kam
hinzu, als leicht Vergängliches. Die Republik wird
unser Gefühl länger und edler belohnen können,
denn sie lohnt am Herzen und Sinn. Die Zweiten
nach diesen werden bessere Republikaner sein, durch
Erleben. Die Dritten werden es von Geburt sein.
Geduld, jeder Volksstaat neigt zur Selbstreinigung,
Selbsterhöhung. Jener Mirabeau verfocht noch das
Vetorecht des Königs, und handelte wider Willen
doch derart, daß der König fiel. Die Abschaffung
des Hohenzollern heißt für Deutschland vor allem,
daß die Zeit der hochfahrenden Abenteurer vorbei
und die der geduldigen Arbeiter da ist. Demokratie wird durch Arbeit.

Das Volk mit seinen durchschnittlichen Fähigkeiten erwählt aus seiner Mitte eine große Anzahl
Personen, die im ganzen nicht mehr und nicht weniger begabt sind als es selbst. Diese sollen es führen: was werden sie tun? Natürlich nicht, mit
Überspringen einer langen Entwicklung, glanzvolle
Scheinerfolge davontragen, denn dies kann kein
Durchschnittsmensch. Natürlich auch nicht plötzlich
zusammenbrechen; denn Durchschnittsmenschen leben
friedlich und lange. Ein Volk irreführen und über-
anstrengen, ist Sache der großen Machtpolitiker, die
wir immer nur zu unserem endlichen Schaden kennen gelernt haben. Auch Friedrich der Große, auch

Bismarck waren nur die Volkskraft; aber da sie in ihnen sich sammelte und ganz an sie abdankte, mußten sie, grenzenlos überladen, das Gleichgewicht verlieren, das Maß und Urteil für Bleibendes und nur Befristetes, für Künstelei und für Natur. Zwanzig Jahre nach dem Tode des einen wie des andern brach ihr Werk nieder. Eine Demokratie bricht nicht nieder. Ihr ist kein einzelner das Verhängnis, die Nation wird nicht aufgepeitscht, nicht blindlings mitgerissen ins Ungewisse. Sie wählt, erkennt und geht geschlossen vor, soweit nur, wie wirklich ihre Kraft reicht. Sie muß nicht prahlen, nicht glänzen, die Demokratie braucht die Lüge nicht. Ihre Menschen leben vor aller Augen, jeder das Gewissen und der Mitverantwortliche des andern; und die Selbsterkenntnis der Gesamtheit erhält sie wahr. Die Macht, die so lange das Böse an sich war, geht, aufgelöst, in das allgemeine Leben ein, das weder gut noch böse ist, und das nur wahr sein muß, um gut zu werden.

Demokratie ist die Betätigung aller Begriffe, die wahrhaft menschlich machen. Sie ist der Wille der Mehrheit, der Völkerfriede, Freiheit im Innern, Ausgleich des Besitzes — und ist es in dieser Folge. Ihr könnt den Ausgleich des Besitzes nicht schaffen, bevor ihr die Geister gerecht gestimmt habt. Ohne den Völkerfrieden ist, ebensowenig als ohne den Willen der Mehrheit, soziale Gerechtigkeit denkbar. Deutschland zerfleischt sich jetzt im Namen des Besitzes, so ist es noch weit von Demokratie. Auf bei-

den Flügeln schreit es nach einer Diktatur und die
Mitte verharrt in ungerechten Klagen, so ist es kaum
erst aufgebrochen. Das zur eigenen Herrschaft ge-
diehene Volk wird die heute aufeinanderprallenden
Wellen des roten und des weißen Schreckens nicht
mehr kennen; wird aber auch nicht mehr verstehen,
wie irgendeine wirtschaftstechnische Auffassung zum
Angelpunkt alles Seins und Geschehens gemacht werden konnte. Der Ausgleich des Besitzes wird unserer, aus Not und Bekenntnis werdenden Demokratie
nur ein Teil des Notwendigen und Wahren scheinen,
und wie er zu sichern sei, nichts weiter, als eine Frage
der Gelegenheit. Glaubhaft ist, daß England, wenn
anders es zu „nationalisieren" schon begonnen hat,
das Ziel auch früher erreichen wird. Verdankt es dies
nur dem gewonnenen Krieg, nicht vielmehr seinem
Vorsprung in verwirklichter Demokratie? Am Anfang
steht das Recht aller; da denkt es sich nicht länger in
Klassen. Das System der Klassen, schon jetzt ver-
bogen an allen Enden, wird bald unbrauchbar werden. Wenn das Großkapital abgebaut und die äußerste Armut erlöst sein wird, das Bürgertum seinen
Anschluß an den ehemaligen Adel verloren, der einstige Proletarier den seinen an das Bürgertum gefunden haben wird; wenn kein Bürgeredelmann, sondern der Arbeiterbürger das Zeitgemäße sein wird:
was bleibt dann noch von Klassen? Ein weites
Kleinbürgertum, aus Kopf- und Handarbeitern; —
und die werden nicht in alle Ewigkeit um ihre Ge-

winne ſtreiten. Ihre Vertretungen werden weder
beſchränkt ſein noch ausſchweifen: ja, gerade ein Rä-
teſyſtem, ſofern es alle irgend Arbeitenden um-
ſchlöſſe, würde, indem es ſie von Grund auf politi-
ſierte, jedem vernunftwidrigen Äußerſten, ob Imperialismus oder Kommunismus, den Zugang ſper-
ren. Die Welt wird nicht als Vorſtellung von Be-
rufsorganiſationen da ſein; ſondern mehr Menſchliche als früher ſollen an ihr bauen. Kleinbürgertum
iſt erdenfeſt, darum iſt es, anders als die Lügner
und Abenteurer des Imperialismus, jenes Kaiſer
gewordenen Geldſchwindels, befähigt, die wirklichſten
Lebenstatſachen, die ſittlichen, anzuerkennen und Gerechtigkeit und Wahrheit ebenſo anzuſtreben wie ſeinen gediegenen Erwerb. Es wartet nur auf ſeine
Lehrer.

Der Sozialismus komme zum vollen Bewußtſein
ſeiner Größe. Er wäre wenig, wenn nur der Streit
um Geld und Gut ihn am Leben erhielte. Jene
hemmen ihn, die Politik mit Wirtſchaft gleichſetzen
und den Menſchen, Geiſt und Inhalt der Politik,
noch immer nur für ein Erzeugnis ſeiner Wirtſchaft
ausgeben möchten. Er ſoll ſie nun meiſtern lernen;
ſein Geiſt komme über den Stoff. Wenn das neun-
zehnte Jahrhundert an die Selbſttätigkeit der Materie glaubte, Grund war nur die Unzulänglichkeit
ſeiner eigenen menſchlichen Schöpferkraft. Es war
im ganzen eine Zeit des Verſagens, nach jenem
achtzehnten, das der Menſchengröße ſo reich vertraute

271

und darum ihr unvergängliche Beispiele gab. Unter uns Menschen des zwanzigsten Jahrhunderts lebt auf und handelt weiter die französische Revolution. Sie ist ewig, ist übernationales Geschehen im Angesicht der Ewigkeit. Im Schein von Blitzen hat sie einst für Augenblicke vorweggenommen, was noch die künftigen Jahrhunderte unserer Welt mit täglicher Wirklichkeit erfüllen soll. Der ihr befreundete, ihr gewachsene Geist Deutschlands, Kant, kehrt nun, von weither, zurück in den Worten Wilsons, da zeigt es sich erst, wie sehr Deutschland sich selbst entfremdet war. Die Republik, die sie meinte, ist kämpfendes Menschentum; wir können keine andere meinen. Nun er siegt, gehe auch der Sozialismus, durch verschmelzende Klassen, in kämpfendes Menschentum ein; sei Gesinnung, mehr als Lohnbewegung, Liebe, mehr als Haß. Ihn umfangend, ihn erst erweckend, erhebt sich die Demokratie, unsere Republik. Sie feierte der größte Sozialist Jaurès in Reden, worin von Wirtschaft kein Wort stand, als sittliches Gebilde des Menschen, und nicht anders feierten sie bürgerliche Demokraten von menschlicher Höhe. Betätigung aller Begriffe, die wahrhaft menschlich machen, ist Demokratie.

Ein Volk, das so im Innern lebt, äußert sich gegen Fremde nicht anders. Keins hat zwei Seelen. Die äußere Politik ist immer und überall eine Fortsetzung der inneren auf fremdem Boden, aber mit heimischen Mitteln. Wer zu Hause nur Gewalt

272

kennt, hat draußen nichts anderes zu bieten. Seine Bündnisse sehen aus wie er selbst. Die bisherigen „Realpolitiker" taten sich viel darauf zu gut, daß sie im Auswärtigen womöglich noch weniger als im Innern, das Herz befragten. Das Ergebnis war dennoch nur, daß Gleich zu Gleich kam; als es ernst ward, trennte ein Verbündeter sich ab, der zuletzt doch anderen Wesens war. Ein Volk aber, das künftig nur um sein Recht und Menschentum kämpft, anstatt für Raub? Es wird, um seiner selbst und seiner Sendung willen, unter den Völkern so viele Freunde haben müssen, wie früher Feinde: alle. Trennende Bündnispolitik ist ihm verboten, nicht nur von einem geplanten Völkerbund, vor allem von seinem eigenen Interesse. Es darf, auf sich selbst zurückgeworfen wie es nun ist, und in der heftigsten Krise seiner Erneuerung begriffen, sich nicht sogleich wieder mit Absichten auf die wirtschaftliche Ausnutzung eines fremden Reiches belassen, das selbst, wie Rußland, aus schwerer Umwälzung noch unfertiger, fragwürdiger und empfindlicher hervorgehen wird als wir. Zuerst Wohlwollen, zuerst ein menschliches Gesicht statt der Grenze, ein Erkennen; und die Politik, die den Handel betrifft, folge künftig aus der, die den Menschen angeht. Chimäre noch gestern, heute seid ihr darauf angewiesen! Das Interesse Deutschlands wird Anständigkeit, Wohlwollen sein bestes Geschäft, und der größte Realpolitiker der sein, der sich einer Welt sympathisch macht. Hammer und Amboß haben für uns ausgedient; Schwächere, die sich beherrschen lassen würden, kommen nicht mehr in Frage, und auf uns soll keiner hämmern, dem wir nicht mehr als Raub- und Truggenossen, nur als Menschen begegnen, als Bürger der einen großen Staatenrepublik, die im Werden ist. Denn noch so viele Rückfälle und Aufenthalte können ihr Werden nicht abbrechen; und der Sinn unserer Niederlage will, daß gerade Deutschland sie fördere.

Wir sind sehr mächtig — und sind es nicht nur durch unsere Zahl und Kraft und weil Menschen höhere Wirtschaftswerte bergen als verlorene Erz- und Kohlenlager. Wir sind mächtig, weil heute für uns der Geist zeugt, wenn anders wir ihn von Herzen bekennen und unsere soziale Demokratie auf ihn taufen. Die Revolution, noch Unbelehrte, war nicht unnütz, wenn sie das wahre Deutschland, das verschüttet war, freilegt. Das wahre Deutschland, das, auf einer höheren Stufe der Weltentwicklung, nun wiederstehen soll mit aller seiner Geduld, Einsicht und Gerechtigkeitsliebe, ist mächtig wie je. Als es am einflußlosesten schien, hat doch sein Geist für Jahrhunderte auf Erden mehr verändert, als das abgetane Kaiserreich auch nur für seine Spanne. Dieses verleugnete in seiner Politik, was von Deutschland Geist war. Die Schule der Politik, die öffentlich jetzt für uns begonnen hat, wird Deutschland gerade lehren, seinen Geist auf Zeit und Erde anzuwenden  und klug zu handeln  ohne Selbstaufgabe.

Der Friede auf Erden und die Gerechtigkeit der Welt
sind deutsche Gedanken, so gut es französische oder
griechische sind. Die großen Gedanken des Men-
schengeschlechtes entsprießen unvertilgbar da und
dort den Geistern der Völker. Über die weiten Grenzen Deutschlands gelangen alle Gedanken. Es sammelt sie, verstärkt sie mit dem seinen und bringt sie
zuweilen denen zurück, die vergeßlicher oder weniger
ausdauernd sind, — so wie andere jetzt ihm die Gedanken Kants zurückbringen. Sie haben drüben Frieden geplant und um Gerechtigkeit mit sich gerungen,
zu einer Zeit, als wir sie nicht wollten. Es war
vergebens, durch ihre, unsere Schuld. Erinnern wir
sie, mehr noch durch unsere Handlungen als mit
Worten, immer wieder daran, daß nach ihrer eigenen
Aussage die Zeit des nationalen Eigennutzes vorbei
ist und nur noch das Interesse der Menschheit in
Frage kommt. Ziehen wir alle Keime des Bessern
ans Licht, bei ihnen wie bei uns. Glauben, um zu
schaffen! Vergessen wir jenen Wilson nicht, blieb er
in seinen Erfolgen auch noch so weit hinter seinem
Gewissen zurück. Zählen wir getrost auf alle, die,
sei es nur mit halber Aufrichtigkeit, unserer heutigen
Vergewaltigung widerstreben: auf die Liberalen und
Sozialisten in England, die Arbeiter und Intellektuellen Frankreichs, das Volk von Italien, auf jene
Amerikaner, die wie ihr Oberhaupt fühlen. Viele
dieser empfinden klarer als wir, die wir tief in den
glühenden Schlacken unseres Zusammenbruches stecken,

bei dem, was uns geschieht, die Entwürdigung aller. Bemitleiden wir sie, die so handeln müssen, nicht weniger als uns, die wir es erdulden. „Dein Krieg könnte aus lauter Niederlagen bestehen und dein Besieger gleichwohl der Verzweiflung nahe sein." Sie werden, kraft der Gewalt, die sie uns antun, für eine Zeit nun selbst ihr verfallen und, im Innern nicht glücklicher als wir, bald vielleicht nicht einmal so frei wie wir sein: Frankreich, dem die sofort fühlbaren Grausamkeiten unseres Friedens zur Last fallen, und England, das die länger befristeten ausübt. Geben wir vor allem Frankreich die Würde und das edle Bewußtsein der menschlichen Gemeinsamkeit zurück, das nur die Versöhnung mit dem nächsten Genossen seiner Kulturwelt ihm sichert. Unser Zerwürfnis mit Frankreich war der Urgrund, auf dem alle erst Feinde wurden. An uns ist es, ihnen die Menschlichkeit zu erweisen, um die ihr Sieg sie gekürzt hat. Niederlagen werden aufgehoben einzig durch den steigenden Menschenwert des Besiegten. Der Geist unserer Demokratie könnte uns selbst erretten, und, wer weiß, auch die Welt.

Die Verantwortung jedes einzelnen von uns ist ungeheuer; vergebens würde jemand sie fliehen wollen, weil er zu klein sei, oder sie verschmähen, weil er sich zu groß dünkt. Selbst ein Geist, der über die Welt hinweg, im Ewigen zu planen dächte, führt die Stoffe seines Zeitalters mit, und die Frage ist, ob der Äther der Ewigkeit ihn rein genug finde.

Das Mal des Kaiserreiches auf seinen Geistern waren Verfälschtheit und Dünkel. Sie hielten zu viel auf ihre sinnvolle Erhabenheit, um in die Niederungen des Tages sich hinabzulassen, gar mit zu kämpfen, politisch, wie ein Eintagsmensch. Auch wäre dies nicht das Gesetz Betrachtender, Gestaltender. Nur die vollkommene Geistwidrigkeit eines Zeitalters wie des abgetanen Kaiserreiches hat manchen für Kämpfe verpflichtet, die zu beenden das Ersehnteste wäre, was die Demokratie ihm gewähren möge. Nicht sie will ein solcher besitzen: nur sich selbst; und wie nur einer will er, leidenschaftlich der Welt zu- und abgeneigt, sie geißeln oder anbeten im Sinngedicht seiner selbst. Geister sollen fortan weder kleiner noch weltlicher werden; in die Steuergesetzgebung werden sie nicht eingreifen müssen; und nicht einmal Anerkennung verlangt von ihnen die Demokratie. Sie erkennt sie zuerst selbst an: da werden freilich einmal auch die deutschen Geister erfahren, was es heißt, nicht mehr fremd und wie ein Wunder dabeizustehn, ja, die Welt zum Freund zu haben und einmal doch, wenn noch so kurz, ihre Summe und höchste Rechtfertigung zu sein. Kein Geist, der es sich nicht gewünscht hätte, wenn noch so kurz.

Denn dies dauert nicht. Das Einverständnis mit der Welt, wer zweifelt, daß es im Leben des Geistes die Ausnahme sei. Hört er erst auf, ein Fluch und Vorrecht zu sein, so fehlt nur eine Strecke und er würde gemein. Dann trennen die Wege Geistes und der Welt sich aufs neue. Dem Geist befreundet, wird die Demokratie Geister gebären, die sie töten werden, nur weil sie sie überragen. Sie ist der Zweck des Lebens nicht, es hat den einen Sinn, Geist zu werden. Gewinnt durch einige nur er, werden durch sie auch die vielen gewinnen. Nichts hindert, zu hoffen, daß in dem redlich und wahr sich mühenden Deutschland des kommenden Lehr- und Prüfungsalters aus gesammelter Volkskraft Helden des Geistes entkeimen, Beherrscher einer Zeit, die nicht mehr trennt, was eins sein sollte: Macht und Weisheit.

Lightning Source UK Ltd.
Milton Keynes UK
UKHW020634110119
335238UK00006B/263/P